U0529388

国家社会科学基金项目"基于双层效率评价的农村公共产品与服务供给模式研究"（项目编号：13CGL084）

国家社会科学基金项目"社会主要矛盾转变背景下被征地农民社会保障供给优化研究"（项目编号：18BGL196）

湖南省社会科学基金重点项目"社会主要矛盾转变背景下城市农民工社会保障供给优化研究"（项目编号：18ZDB014）

湖南省自然科学基金面上项目"被征地农民'民生三感'的测度及提升路径研究"（项目编号：2019JJ40113）

湖南农业大学公共管理学科博士点建设专项（项目编号：HNNDbx2018001）

乡村振兴战略下
中国农村社会保障研究

乡村振兴战略下
中国农村贫困人口
社会保障研究

李立清　胡扬名　江维国　著

中国社会科学出版社

图书在版编目（CIP）数据

乡村振兴战略下中国农村贫困人口社会保障研究/李立清，胡扬名，江维国著. —北京：中国社会科学出版社，2019.1
（乡村振兴战略下中国农村社会保障研究）
ISBN 978-7-5203-3969-8

Ⅰ.①乡… Ⅱ.①李… ②胡… ③江… Ⅲ.①农村—贫民—社会保障—研究—中国 Ⅳ.①F323.8

中国版本图书馆 CIP 数据核字（2019）第 010767 号

出 版 人	赵剑英
责任编辑	刘晓红
责任校对	周晓东
责任印制	戴 宽
出　　版	中国社会科学出版社
社　　址	北京鼓楼西大街甲 158 号
邮　　编	100720
网　　址	http://www.csspw.cn
发 行 部	010-84083685
门 市 部	010-84029450
经　　销	新华书店及其他书店
印刷装订	北京君升印刷有限公司
版　　次	2019 年 1 月第 1 版
印　　次	2019 年 1 月第 1 次印刷
开　　本	710×1000 1/16
印　　张	19.25
插　　页	2
字　　数	233 千字
定　　价	86.00 元

凡购买中国社会科学出版社图书，如有质量问题请与本社营销中心联系调换
电话：010-84083683
版权所有 侵权必究

作者简介

李立清,管理学博士,湖南农业大学公共管理与法学学院教授,博士生导师,中国社会科学院博士后,美国密歇根州立大学高级访问学者,主要从事农村社会保障等领域的研究。先后主持国家级、省部级课题10余项,获全国高等学校科学研究优秀成果三等奖、省科技进步二等奖等多项奖励。发表论文60余篇,出版专著6部。

胡扬名,湖南农业大学公共管理与法学学院副教授,博士生导师,湖南省普通高等学校优秀青年骨干教师,湖南省民政厅社会组织评估委员会专家,主要从事农村社会保障等领域的研究。发表论文40余篇,出版著作、教材5部。

江维国,管理学博士,湖南农业大学公共管理与法学学院副教授、高级经济师,硕士生导师,主要从事农民社会保障研究。主持在研、参与完成国家社会科学基金项目各1项,主持在研省级科研项目4项。发表论文近60篇,出版专著6本。

总　序

务农重本，国之大纲。习近平总书记多次指出："重农固本，是安民之基""没有农村的小康，特别是没有贫困地区的小康，就没有全面建成小康社会""中国要强，农业必须强；中国要美，农村必须美；中国要富，农民必须富。"农业、农村、农民问题是关系国计民生的根本性问题，"三农"问题也是全党工作的重中之重。2017年10月18日，习近平总书记在党的十九大报告中提出乡村振兴战略，全面解决"三农"问题的战略蓝图应运而生。作为多年研究"三农"问题的学者，我对此深感欢欣鼓舞！

当前，中国特色社会主义建设进入一个新时代，我国的社会主要矛盾已经转化为人民日益增长的美好生活需要和不平衡不充分发展之间的矛盾。乡村振兴作为国家战略，是新时代做好"三农"工作的新旗帜，是从根本上解决城乡差别、乡村发展不平衡不充分问题的总抓手，它关系到中国整体发展的均衡，关系到城乡统筹一体化的可持续发展。乡村振兴战略的总要求包括"产业兴旺、生态宜居、乡风文明、治理有效、生活富裕"，其中，生活富裕是最能体现农民群众获得感的根本，关系着农民群众最关心最直接最现实的利益问题。因此，从根本上看，乡村振兴战略的实施需要坚持"以人为本"宗旨，造福于民；乡村振兴战略实施的关键在于积极培育农村人力资源，保障民生，丰富优质的农村人力资源是振兴乡村的原动力。2018年中央一号文件《中共中央国务院关于实施乡村振兴战略的意见》对战略的实施进行了宏观布局，要求加强农村社会保障体系建设，其主要内容包括：完善城乡居民基本养老保险制度，构建多层次农村养老保障体系，创新多元化照料服务模式；统筹城乡社会救助体系，完善最低生活保障制度，做好农村社会救助兜底工作；完善统一的城乡居民基本医疗保险制度和大病保险制度，做好农民重特大疾病救助工作；将进城落户农业转移人口全部纳入城镇住房保障体系；健全农村留守儿童和妇女、老年人以及困境儿童关爱服务体系；加强和改善农村残疾人服务；等等。这些内容体现了我国农村社会保障体系建设的重点和方向。

湖南农业大学公共管理与法学学院劳动与社会保障系的教师，专注于农村社会保障研究，笔耕不倦，持之以恒。此次，他们在李立清教授的带领下，发扬团队合作精神，共同撰写"乡村振兴战略下中国农村社会保障研究"系列丛书6部，包括《乡村振兴战略下中国农村贫困人口社会保障研究》《乡村振兴战略下中国农村老年人社会保障研究》《乡村振兴战略下中国农村儿童社会保障研究》《乡村振兴战略下中国农村妇女社会保障研究》《乡村振兴战略下中国农民工社会保障研究》和《乡村振兴战略下中国农村残疾人社会保障研究》。这些著作紧扣中央一号文件关于农村社会保障建设主旨，详细论述了在乡村振兴战略下重点人群社会保障体系的完善工作。这套系列丛书以习近平新时代中国特色社会主义思想为引领，具有研究选题的前沿性、研究内容的系统性、研究方法的规范性、学术观念的创新性等特点，每本著作既相对独立，六部著作合成又体现出农村社会保障建设的完整体系，洋洋百万余字，为我校公共管理一级学科博士点社会保障方向的发展立下新功，可喜可贺！

尽管这套系列丛书仍然存在有待进一步完善之处，但作者们立志学术、奉献"三农"、服务社会的精神令我甚感欣慰！故而，应邀为之作序，祝愿他们在中国农村社会保障领域取得更加丰硕的成果！

李燕凌

2018年8月12日于长沙勺水斋

序

  贫困问题是中国社会发展历程中的一个重大难题，尽管中国近四十年来经济持续高速发展，创造了巨大的财富，但贫困问题仍是横在我们面前的一道难题。中国的贫困问题，主要集中在农村。进入21世纪以来，我国在农村的生产、教育和医疗领域都出台了新的政策，像减免农业税、免收义务教育阶段学费、建立覆盖全体农村居民的新型农村合作医疗制度等。帮助农村贫困人口走出贫困，摆脱贫困，不仅仅局限在对他们的经济援助方面，更要帮助他们增加风险抵抗和自我发展能力。而要增加贫困人口的抗风险能力和自我发展能力，不仅需要提高他们的收入水平，更需要完善各项社会保障制度，以减少贫困人口因病致贫，因病返贫的概率，从源头上消灭贫困。

  正是基于此，本书综合运用人口学、社会学、管理学、贫困经济学等学科知识，在城乡统筹发展、城乡公共服务均化、社会主要矛盾转变、乡村振兴等重大战略思想以及国外社会保障理论、福利经济学理论、贫困理论等的指导下，综合运用文献研究法、计量分析法、案例分析法等研究方法，围绕"乡村振兴战略下中国农村贫困人口社会保障"这一核心议题展开研究，以期为完善中国农村贫困人口社会保障制度，顺利推进乡村振兴，进而促进社会和谐发展提供理论参考与实践指导。全书布局合理，结构严谨，叙述清晰，论证有力，文笔流畅。

该著作者团队是一支长期坚持奉献"三农"、牢牢守护农村公共管理研究阵地的学者群体。特别是李立清教授，社会保障理论知识深厚、研究经验丰富、学术功底扎实。近年来，她主持国家社科基金课题专注于农村社会保障研究，取得了丰硕成果，为我校公共管理一级学科博士点社会保障专业的建设与发展做出了突出贡献。李立清教授关注乡村、关注社会保障、关注农村贫困人口，大爱无疆，大道无垠，其学风与精神都令我十分欣慰与敬佩。期待她及其团队出更多学术精品，为中国农村贫困人口社会保障事业建设与发展做出更大贡献！

是为序！

李燕凌

2018年10月24日于长沙勺水斋

目 录

第一章 绪论 …………………………………………………… 1

　第一节 问题的提出 …………………………………………… 1
　　一 研究背景 ………………………………………………… 1
　　二 研究意义 ………………………………………………… 5
　第二节 国内外研究现状 ……………………………………… 8
　　一 国外研究现状 …………………………………………… 8
　　二 国内研究现状 …………………………………………… 16

第二章 中国农村贫困人口社会保障基本理论分析 ………… 40

　第一节 中国农村贫困人口及贫困状况分析 ………………… 40
　　一 中国农村贫困人口及识别 ……………………………… 40
　　二 中国农村贫困人口类型及致贫原因 …………………… 44
　　三 中国农村贫困人口现状 ………………………………… 50
　第二节 中国农村贫困人口的脱贫实践 ……………………… 53
　　一 中国扶贫政策的演变 …………………………………… 53
　　二 中国农村的主要扶贫模式 ……………………………… 60
　第三节 中国农村贫困人口社会保障制度安排 ……………… 62
　　一 农村贫困人口社会保障相关概念体系 ………………… 62

二　中国农村贫困人口社会保障制度的功能作用 …… 78
　　三　农村贫困人口社会保障与乡村振兴的关系 ……… 81
第四节　农村贫困人口社会保障理论基础 ……………… 84
　　一　反贫困理论 ………………………………………… 84
　　二　社会公平理论 ……………………………………… 85
　　三　马斯洛需求层次理论 ……………………………… 86
　　四　不平衡增长理论 …………………………………… 87
　　五　收入再分配理论 …………………………………… 88
　　六　参与式发展理论 …………………………………… 88
　　七　社会救助理论 ……………………………………… 89

第三章　中国农村贫困人口社会保障现状分析 …………… 91

第一节　农村贫困人口社会救助体系建设现状 ………… 91
　　一　农村贫困人口社会救助存在的问题 ……………… 92
　　二　农村贫困人口社会救助存在问题的原因分析 …… 103
　　三　结论与启示 ………………………………………… 106
第二节　农村贫困人口社会保险制度建设现状 ………… 114
　　一　农村贫困人口社会保险制度建设进展 …………… 114
　　二　农村贫困人口社会保险存在的问题及原因
　　　　分析 ………………………………………………… 116
　　三　结论与启示 ………………………………………… 120
第三节　农村贫困人口社会福利制度建设现状 ………… 124
　　一　农村残疾人社会福利制度建设现状 ……………… 124
　　二　农村儿童社会福利制度建设现状 ………………… 139

第四章　中国农村贫困人口社会保障绩效评价研究 …… 147

第一节　社会保障绩效分析方法 …… 147
一　社会保障绩效评价基本概念 …… 147
二　社会保障绩效的典型评价方法 …… 149

第二节　农村贫困人口社会保障绩效评价研究 …… 154
一　文献回顾 …… 154
二　三阶段 DEA 模型构建 …… 155
三　指标选取与数据来源 …… 160

第三节　农村贫困人口社会保障绩效评价的实证研究 …… 163
一　第一阶段结果分析 …… 163
二　第二阶段结果分析 …… 166
三　第三阶段结果分析 …… 169

第四节　结论与启示 …… 175
一　研究结论 …… 175
二　政策启示 …… 177

第五章　乡村振兴战略下农村贫困人口社会保障制度目标 …… 179

第一节　乡村振兴战略的阶段目标 …… 179
一　我国经济社会发展的阶段目标 …… 179
二　乡村振兴战略的阶段目标 …… 181

第二节　乡村振兴战略下农村贫困人口社会保障制度评价体系 …… 182
一　有关农村贫困人口社会保障指标体系的研究 …… 183
二　乡村振兴战略下农村贫困人口社会保障制度评价体系 …… 187

三 乡村振兴战略下农村贫困人口社会保障制度评价体系的使用方法 …………………………………… 193

第三节 乡村振兴战略下中国农村贫困人口社会保障制度目标 …………………………………………………… 211

一 乡村振兴战略下中国农村贫困人口社会保障制度2020目标 …………………………………… 214

二 乡村振兴战略下中国农村贫困人口社会保障制度2035目标 …………………………………… 218

三 乡村振兴战略下中国农村贫困人口社会保障制度2050目标 …………………………………… 222

四 乡村振兴战略下中国农村贫困人口社会保障制度阶段目标的对比分析 ………………………… 226

第六章 乡村振兴战略下农村贫困人口社会保障制度目标的实现机制 …………………………………………… 233

第一节 "精准扶贫"与社会保障的关联 …………… 233

一 社会保障公平促进"精准扶贫" ……………… 233

二 "精准扶贫"对完善社会保障的促进作用 …… 235

三 社会保障应体现"精准扶贫"的保底作用 …… 238

四 精准扶贫与社会保障目标的统一性 …………… 240

第二节 农村扶贫开发战略的举措 …………………… 242

一 开发式扶贫与最低生活保障制度的结合 ……… 242

二 政府主导和社会扶贫的结合 …………………… 244

三 扶贫开发与区域发展的结合 …………………… 249

四 扶贫开发与农村普惠性政策的结合 …………… 254

第三节 乡村振兴战略下农村精准扶贫体系的构建 …… 263

一　乡村振兴战略与农村精准扶贫的关联 …………… 263
二　乡村振兴战略背景下农村精准扶贫的成就 ……… 266
三　中国农村精准扶贫的主要问题和成因 …………… 268
四　乡村振兴战略背景下农村精准扶贫创新生态
　　系统的构建 ……………………………………… 271

参考文献 ……………………………………………… 284

后记 …………………………………………………… 291

第一章 绪论

第一节 问题的提出

一 研究背景

贫困（Poverty）是世界各国共同面临的重大挑战之一，它与污染（Pollution）、人口（Population）一块被称为现今世界面临的"3P"问题。依照2015年世界银行发布的《消除绝对贫困、共享繁荣——进展与政策》中陈述，发现每人每日平均1.9美元的国际贫困线尺度之下，全球现在仍有7.02亿的贫困人口。中国作为一个传统的农业大国，受其历史、地理、文化、经济模式和人口基数等一系列因素影响，与其他国家相比，其贫困人口规模更大，尤其是我国广大的农村地区由于恶劣的自然条件以及长期以来政策上的忽视致使我国贫困人口中农村贫困户占绝大多数，扶贫开发已然成为我国政府对贫困区域长久以来实行的一项重要战略性工作，同时也是一项与国家长治久安息息相关的重要政策。

自中共十一届三中全会的召开以来，党中央就高度重视我国的反贫困工作的进展，随着党中央和国务院陆续颁布了多项扶贫攻坚政策以及扶贫开发纲要，在很大程度上改变了贫困区域原有的落后的经济与社会状况，其整体的反贫困工作成效显著。依照我国扶贫的标准，从1978年至2015年年末，我国大陆的贫困群体规模从2.5亿迅速地缩减至5575万。改革开放四十年来，我国扶贫开发历经了从普遍性贫困到部分贫困再到基本解决贫困的阶段，满足了人民群众的基本温饱需求，大幅度地提高了贫困人口的生产生活质量，缩小了地区之间发展差距，进一步推动了贫困地区经济的发展，摸索出了一条带有显著中国特色的扶贫开发道路，为推动社会经济进步和扶贫脱贫事业做出巨大贡献，同时为今后我国扶贫工作提供了宝贵的经验。并且，随着政府财政逐渐向乡村地区倾向，对乡村地区的公共物品供给的财政支持力度日益增强，农村居民经济收入和生活水平得到了极大的改善，使贫困农民实现减贫、脱贫的可能性不断增强。

然而，由于我国历史条件、地理条件以及现实条件等方面制约，整体的贫困现象依然非常严峻，我国扶贫开发工作还有很长的一段道路需要攻克，贫困仍然是现阶段我国社会发展面临的内生结构性难关。特别是步入21世纪之后，我国乡村贫困人群规模的缩减存在放慢的趋向，原先以经济发展和扶贫项目为主要方式的反贫困策略在现阶段已经无法发挥其原先的效果。我国政府对于贫困问题的关注从未停歇，反贫困工作一直在前进的路上。在这样的情形之下，贫困户应增强自身的抗风险能力，这不只是单纯依靠增加贫困户的经济收入就可以完成的，还应该进一步完善事关困难人群的各项社会保障制度，以便消除贫困的根源。因此，实施针对农村贫困人口的社会保障就成为有力的脱贫措施之一。

随着农村贫困问题的变化，我国制定的反贫困策略也在不断调整中，社会保障的反贫困作用越来越凸显。在我国，有六成以上的贫困对象是因病或者因灾致贫的，如果将这部分的贫困人口纳入社会保障的保障体系之中，这样将为扶贫工作带来强有力的助力，同时也可以提高保障政策的长期效用。因此，应该充分发挥社会保障的反贫困功能，将社会保障与我国扶贫工作衔接与组合起来，共同致力于脱贫致富的目标。所以，我国政府在反贫困工作中采取了经济发展、开发式扶贫、社会保障三种方式并举的方法。

自2007年以来，如何实现社会保障与农村扶贫之间有效的联动是政府与学术界一直关注的领域之一。当前，我国乡村地区贫困人口社会保障制度以社会救助制度，尤其是最低生活保障制度为主要内容。党的十七届三中全会首次明确提出了"实现农村最低生活保障制度与扶贫开发政策有效衔接"的概念。我国政府于2009年发表的《关于开展农村最低生活保障制度和扶贫开发政策有效衔接试点工作的通知》（国开办发〔2009〕1号）标志着农村低保与扶贫开发两项政策开始正式衔接，并且当年就在全国部分农村地区展开了相应的试点工作。2010年政府进一步加大试点工作，并将其试点范围扩展到了中西部80%以上的扶贫工作重点县。《中国农村扶贫开发纲要（2011—2020年）》阐明了在新的历史背景下我国反贫困工作的总体方向：坚持开发式扶贫与农村低保之间持续有效联动。① 其中，把扶贫开发当作我国贫困人口减贫脱贫的主要手段，帮扶和激励具有劳动能力的困难人口通过自己的能力实现脱贫致富；把社会保障当作保障困难人群基本生活的重要方式，逐步完善我国社会保障体系。② 习近平总书记于2013年在湖南湘西考察时，初次提出"精准扶贫"，这一概念的提出是党中央对我国扶

---

① 《中国农村扶贫开发纲要（2011—2020年）》，《老区建设》2011年第23期。
② 国务院办公厅：《国务院办公厅转发扶贫办等部门关于做好农村最低生活保障制度和扶贫开发工作有效衔接扩大试点工作意见的通知》（国发〔2010〕31号）2010年5月7日，http://www.gov.cn/xxgk/pub/govpublic/mrlm/201005/t20100511_56510.html，2018年9月13日。

贫开发理念的进一步丰富与创新，对新时期的扶贫工作带来重要而深远的影响。同时，习近平总书记强调要加强扶贫开发与农村最低生活保障制度两项政策的联动以共同推动乡村地区反贫困的进程。精准扶贫的重点与难点都在于其工作的精确度，因此习近平总书记在精准扶贫的理念上提出了"六个精准"和"五个一批"，在"五个一批"当中更是明确指出要用社会保障来帮助一批贫困村、贫困户实现脱贫致富。2016年，我国政府再次出台了《农村低保与扶贫开发衔接的指导意见》，对衔接的具体工作、程序提供了详细的、明确的要求：强调要"应扶尽扶""应保尽保"，即按照相关的规章和流程对与农村低保标准相符的已建档立卡的困难人群纳入低保的范畴之中；依照相关的流程将符合扶贫条件的低保户纳入建档立卡的对象之中，再根据贫困对象的致贫成因施行分类帮扶的措施；按照各地区的实际状况对不满足建档立卡条件的低保户、特困人群等统筹利用有关的扶贫资源实施援助。同时进一步指明了衔接的重点、任务以及方法，为实现贫困群体"保障基本生活，提高收入水平和自我发展能力"①奠定了良好的政策环境。

在党的十九大报告中习近平总书记再次指出，在现行的贫困线的之下，加快达成到2020年所有贫困县、所有乡村困难人群悉数脱贫、彻底解决区域性贫困的目标，从而推进全面小康社会的建成。同时，提出了乡村振兴战略，指出"三农"发展是我国社会发展的根本，势必要将"三农"问题放在全党、全国工作的重点之上。乡村振兴战略的施行，还要求要依据"三农"优先发展的原则，依照产业兴旺、生态宜居、乡风文明、管理有效、生活富裕

---

① 国务院办公厅：《关于做好农村最低生活保障制度和扶贫开发有效衔接扩大试点工作的意见》（国办发〔2010〕31号）2010年5月7日，http://www.gov.cn/zhengce/content/2010-05/11/content_6477.htm，2018年9月13日。

总的政策方针，按照统筹城乡一体化发展的总体思路，加速完善城乡一体化发展，从而加快农业现代化发展的步伐。而农村地区扶贫工作是实现乡村振兴战略的根本任务与首要环节，社会保障与开发式扶贫则是农村扶贫工作必不可少的举措。

当前，中国反贫困工作已进入到了攻坚拔寨的关键阶段，减贫、脱贫的任务繁重，时间紧急。如何攻克这个最后最艰巨的难关、如何防止脱贫人口返贫从而实现全面建成小康社会的目标，这是一项非常艰巨的任务，要确保到2020年贫困人口如期脱贫，精准脱贫则是根本途径，而农村贫困人口社会保障制度则是兜底。本书的研究背景就是在现行的农村贫困人口社会保障体系之下，探讨如何充分地发挥农村贫困人口社会保障的兜底效用以及实现与扶贫开发的有效衔接，从而顺利完成2020年全面脱贫的目标，为实现我国乡村振兴战略奠定基础。

二 研究意义

（一）是完善与发展反贫困理论、农村社会保障理论的重大举措

目前我国的贫困人口主要集中在农村地区，所以农村扶贫政策是否有效的贯彻与落实将直接影响到我国整体反贫困政策目标的顺利达成。通过研究农村贫困人口的社会保障问题，特别是研究农村低保与扶贫开发的政策衔接，将在一定程度上有助于促进农村反贫困工作的进展，进而丰富与发展中国反贫困理论，有助于丰富与发展我国反贫困理论体系，为整体反贫困工作提供了基本的理论框架和思路，为减贫工作奠定理论基础。同时，就我国地方性社会救助理论研究而言，其发展较为缓慢，不利于我国社会救助的有效发展。所以，本书对于农村贫困人口社会保障的研究也将有助于完善和丰富我国社会保障理论体系。

(二) 是全面实现小康社会的基本路径

社会主义的本质要求便是消除贫困、实现共同富裕，这也是中国共产党人的历史重任。目前我国已进入全面建成小康社会的决胜阶段，但现阶段城乡之间仍然在自然条件、文化水平、政策倾斜力度等方面存在一定程度的差距，导致全面小康社会的实现还存在巨大压力。农村贫困人口社会保障以农村社会救助制度为主要内容，而社会救助具有兜底的重要功能，它能够维持贫困人口的最低生活使之不会因为贫困而无法生存，并且它经过国民收入再分配从而在一定程度上缓解了社会矛盾，为社会的发展创造了稳定的环境，在一定意义上实现了人们共享发展成果，为全面建成小康社会打下基础。

(三) 是我国当前阶段扶贫开发转型的需要

现阶段，研究与重视农村贫困人口社会保障制度是我国扶贫工作转型的迫切需要。2013年之后，经济新常态给整个社会发展带来了巨大的变化，为扶贫开发工作带来了新的挑战和新的压力。随着经济增长速度的放慢，扶贫的成效也随之下降，这也为当前的扶贫开发带来新的难题和压力。经济新常态的出现说明我国扶贫减贫的动力机制发生了新的转变。此外，经济新常态也在减少贫困方式方法上发生了新的变化，这不仅是农民收入来源的变化，也表现为贫困地区人口就业形式的转变，因此，新常态为我国反贫困的资金筹集带来了新的压力与挑战。社会保障作为精准扶贫工作中"五个一批"中的一个，具有重要的作用，是我国扶贫工作中的一种规范化可预期的长效机制。因此，研究与优化农村贫困人口社会保障有利于强化社会保障兜底扶贫的作用，是实现扶贫开发向精准扶贫转变的重要路径之一。

（四）是实现我国 2020 年扶贫脱贫目标重要途径

社会保障权是一项基本人权，是任何公民都可以从政府与社会当中获取的一项保障其基本生活的权利。然而由于城乡二元结构的长时间存在，致使农村居民社会保障权十分匮乏，这不但不利于社会的和谐安稳，同时也导致了乡村地区因老、因病致贫返贫等问题频繁存在。农村社会保障制度是农村风险管理机制的重要形式之一，它能够利用互助共济和分散风险机制从而保障为农民生存与生活，对促进农村贫困对象缓解贫困风险和顺利脱贫起到不可或缺的作用。农村贫困人口社会保障制度的不断健全与发展同经济扶贫的目标具有一致性，无论是社会保险、社会救助还是社会福利，都是为了增强贫困对象的"造血能力"，提高其自身的发展能力，增加其脱贫的概率及减少返贫的现象，进而实现 2020 年全面脱贫的目标。

（五）是实现乡村振兴战略的必然要求

乡村振兴战略是我国农村地区未来一段时期内发展的目标，而实现乡村振兴战略的前提条件则是贫困区域脱贫致富。国务院扶贫开发领导小组的专家咨询委员会主任范小建明确表示，如果广大农村贫困区域无法实现脱贫目标，乡村振兴战略就无法有效的实施。① 由此可见，贫困群体能否实现脱贫的目标与民生问题息息相关，解决广大农村地区的贫困难题是乡村振兴的根本要求。② 现阶段，脱离贫困、消除贫困在我国仍然是一项重要的政治任务，也是我国乡村振兴战略的重要组成部分。首先，实现乡村振兴战略第一

---

① 朱羿：《乡村振兴是精准扶贫的 2.0 版——访全国人大代表、甘肃省委党校常务副校长范鹏》，《中国社会科学报》2018 年 3 月 23 日。

② 徐虹、王彩彩：《乡村振兴战略下对精准扶贫的再思考》，《农村经济》2018 年第 3 期。

步便是要找到脱贫途径，而社会保障是维持困难人群最基本生活的一道防线，健全与完善贫困地区社会保障制度利用风险分散和转移机制保障困难群体的基本生存，增强贫困对象的发展能力，为脱贫致富奠定基础。① 其次，社会保障是贫困区域发展经济的"助推器"，它可以依照当地的经济社会的承受力度，在不妨碍其发展的同时，努力提升乡村贫困群体的社会保障层次，在有效维持贫困人口基本生活的基础之上，提高其发展能力，从而推进乡村振兴战略的进展。最后，贫困地区社会保障是维护贫困地区社会运行的"稳定器"，它通过统筹使用国家财政资金与社会资源为困难群体提供过渡性的物质补助，有力地保证了其基本生存的权益，同时也减少了许多社会潜在的矛盾，为实施乡村振兴战略塑造了安稳的社会环境。因此，研究与完善农村贫困人口社会保障制度是乡村振兴战略的必然要求。

第二节　国内外研究现状

一　国外研究现状

（一）国外对贫困问题的研究

英国学者朗特里于 1901 年在对约克郡的贫困进行研究时，首次比较系统地对于贫困的概念进行了界定：认为当人们的经济收入水平不能够获得维持其身体机能正常运转而需的最低生活必需品（主要是指吃、穿、住、行以及其他日常生活必需的项目）时，人

---

① 公丕明、公丕宏：《精准扶贫脱贫攻坚中社会保障兜底扶贫研究》，《云南民族大学学报》（哲学社会科学版）2017 年第 6 期。

们就处于贫困状态。

国际上关于贫困的定义，最具权威性的分别是世界银行和联合国给出的界定。世界银行发布的《世界发展报告》在最大程度上详细地介绍了贫困的现状，同时，在面临风险时，也有一定的外力因素，使对贫困的定义不再具有确定性。在世界银行的《1980年世界发展报告》中，对"贫困"一词进行了清晰的界定：如果个人或者家庭缺乏充足的资源去获取他们所在社会所公认的、绝大部分社会公众都拥有的食品、生存条件和参加各种社会活动的机会，那么个人或者家庭就被认为陷入了贫困状态。① 此次定义对贫困的内涵进行了进一步的扩展，当个人或家庭缺乏拥有身体健康、接受教育等最基本的生活本领时，个人或家庭就面临贫困。联合国相关部门也提出，在21世纪对贫困的定义应该更加精准，不应该仅仅局限在"物质收入"中，也应该包括人类实现长远发展应该具备的发展机遇和选择权利的失去。② 这个定义直接影响了世界范围内反对贫困战略的核心：提升人类的知识产权以及提高生存发展的能力。

而国外学术界对贫困问题的研究大概经历了三个阶段：一是从经济、物质层面对贫困进行定义，以英国学者朗特里为代表，该观点指出如果家庭总的经济收入不能维持其家庭成员的最基本的生存需要，那么这个家庭就陷入贫困的局面，所以这个层面定义的贫困就是个人或家庭无法获取其生存必需的物质资源；二是从社会与精神方面的定义，以英国学者汤森为代表，认为随着社会的发展，人们越来越注重对社会、文化等方面的重视，因此，贫困不仅仅是指

---

① 世界银行：《1980年世界发展报告》，中国财经出版社1980年版，第22页。
② 联合国开发计划署：《1997年人类发展报告》，美国通信发展有限公司1997年版，第83页。

缺少生存必需的食品和参加各项社会活动，也包括缺少基本社交资源等；三是从贫困形成的本质缘由的角度进行定义，以阿玛蒂亚·森提出的"能力剥夺贫困"为典型代表。除此之外，也有其他很多致力于贫困问题研究的专家学者给出了不同的定义，但是大体上国外对于贫困内涵的研究主要集中于这三大类。

除在概念上给贫困进行主观上的界定之外，国外学者还利用测量工具对贫困进行量化界定与研究。1990年世界银行对贫困的定义进行了扩充，将健康状态以及受教育水平等因素也纳入了贫困成因之一，同时提出了国际判断贫困的重要标准——贫困线。早在1960年，奥尔辛斯基就通过相关研究制定出贫困线作为识别贫困与否的标准，他将个人基本生存需要的食品的消费支出乘以3所得的数字作为贫困线，如果家庭收入比测算得到的贫困线低，那么就判断其为贫困，这一定义被美国官方统计机构采用。[①]

此外，较为典型的有英国学者朗特里的预算标准法和美国营养学家阿特华特的营养标准法，以及在此基础上发展的马丁法、恩格尔系数法。预算标准法，即首先制定出由社会公认的能够维持最低生活需求的必需品清单，一般这些必需品包括基本的衣食住行以及家庭或个人的其他必要消费等，随后按照市场的物价水平来将购买这些生活必需品的所需支出加总起来得到一个总金额，这个额度就是所谓的贫困线。营养标准法，由美国营养学家阿特华特创始，首先确定个人所需的食物能量标准，然后按照这一标准确定所需要的支出金额，这个金额数量就是贫困线。与预算标准法不同，食物能量法主要注重的是单纯食品的消费而没有考虑食品之外的其他消费，因此依据此法制定出的贫困标准较低。马丁法，首先明确维持

---

① 蔡荣鑫：《国外贫困理论发展述评》，《经济学家》2000年第2期。

个人基本生存所需食物的消费支出,然后利用相关统计数据构建总消费支出与食品消费之间的数学模型,继而得出的数额便是贫困线。经由上述数学模型计算可以得到的两条贫困线,其中一条是较低的贫困线,即食物贫困线与最基本的非食物必需品花销的总和,另外一条是较高的贫困线,是指达到食物线的普通家庭的花销支出。恩格尔系数法,指的是食物方面的支出占其总消费支出额的比重,一般而言,恩格尔系数越高说明该家庭在食物方面花销就越多,而用于其他发展性活动的可能性就越低,因而得出该家庭生活水平也就越低。按照联合国粮农组织认可的标准,如果一个家庭的恩格尔系数超过了60%,那么则判断其为贫困。以上都是计算绝对贫困线的主要方法,从这些方法可以看出,绝对贫困线的划分主要依据就是其生活物资需求方面的满足。

随着社会的发展和对贫困研究的深入,学者们对于单纯地采用绝对贫困来作为衡量贫困状况的标准产生了争议,因此,相对贫困这一概念也随即被提出。Rimciman 运用相对剥夺理论对"贫困"进行了深入的探析,为相对贫困概念的提出奠定了理论基础。而最早对相对贫困进行相关概念定义的是经济学家 Fuchs Victor,他于 1967 年对贫困进行研究时便使用了相对贫困线这一工具。随之,英国经济学家唐森德对相对贫困的概念做了更具体的描述,他指出贫困是相比较而言的,只要社会存在收入差距,就不可能完全消除贫困。

国外学者对于相对贫困线也有所研究,例如,经济合作与发展组织的大部分成员国对于贫困线的制定主要采用的是收入比例法,即把处于中位线的家庭总收入的一半界定为贫困线,而欧盟国家则是把中位线家庭总收入的 60% 界定为贫困线。

(二) 国外对反贫困的研究

国外学术界研究贫困问题的时间起点相对较早,并且已经形成了一个相对完善的研究体系。关于贫困问题的研究其大部分是围绕着"反贫困""减少贫困"等为中心的,且这部分的研究主要是集中在贫困的成因以及反贫困的具体举措等领域。

1. 国外对贫困成因的研究

英国经济学家马尔萨斯最早对贫困现象进行了探讨,他通过研究认为贫困是任何社会都不可避免的一种状态,资本主义社会中的贫困现象并不是由资本主义制度本身导致的,贫困户之所以贫困的原因在于其自身,即有限的生活资料满足不了过速增长的人口需求。[①] 1953年,美国经济学家纳克斯提出了"贫困的恶性循环"理论,指出人均国民收入和储蓄率水平都较低是不发达国家长时间陷入贫困的主要缘由,由此不发达国家可用来投资的资金与产品需求都严重不足,从而无法有效形成资本规模,因而造成了一种恶性循环。[②] 美国经济学家纳尔逊于1956年提出了"低水平均衡陷阱"理论,他认为欠发达国家资本匮乏是致使其经济发展水平落后的主要原因,发展中国家由于掉入低水平收入均衡陷阱而造成了贫困的存在。1957年缪尔达尔提出了"循环累积因果论"理论,认为在市场正常运行过程中,一些区域由于具有一定的初始优势,其发展在一开始就会超前于其他区域,并且这种优势会得以持续保持,在这样的情形之下,发展快的区域其发展速度会更快、发展慢的区域其发展则会更为缓慢,这种区域之间发展的不均衡必定会致使部分

[①] [英] 马尔萨斯:《人口原理》,王惠惠译,陕西师范大学出版社2008年版,第179页。

[②] [美] 拉格纳·纳克斯:《不发达国家的资本形成问题》,谨斋译,商务印书馆1966年版,第131页。

区域陷入贫困的处境。诺贝尔和平奖得主尤努斯认为造成贫困的主要原因是社会机制的不健全，因此他主张反贫困要尊重贫困人口的主体性，以及进行适度的社会制度改良。

2. 国外对反贫困措施的研究

（1）人力投入开展扶贫。

世界银行指出，国家要为贫困人口和贫困地区提供一定的发展机会而采取一定的行政方面的举措。此外，也要在人力资源方面相应地增加投入力度，确保贫困地区和贫困人口实现"造血式"脱贫。美国学者西奥多·舒尔茨认为，人力资本比物质资本更重要，贫困现象的形成主要是由人力资本的投入不足而导致的，贫困地区和贫困国家之所以陷入贫困的成因，不是物质资源的短缺和经济发展水平的落后，而是国家和社会对人力资本的忽视。[①] 舒尔茨的观点也为我国的扶贫开发提供了重要的理论依据，脱贫、减贫的重点应该让贫困人口积极主动地融入社会当中，政府应该在贫困地区提供更多的能让贫困人口参与经济、社会和政治的机会，通过保障最低工资和提高农产品价格、增加对贫困人口的公共投资等方式来提高贫困人口反贫困的能力。阿玛蒂亚·森在其研究中同样指出影响贫困的形成因素不单单是个体的经济收入不足，其中个人在社会当中无法得到合适发展机会更是其深层次的原因，无法得到良好的机会就致使个体无法在实践之中不断地掌握与锻炼自身的各项技能。因此，他认为只有当贫困人口接受了良好的教育才能够发展与具备减贫脱贫的能力，进而实现摆脱贫困的目标。此外，新经济增长理论的观点也认为只有人力资本才能够带动整个社会经济的发展。

---

① ［美］西奥多·舒尔茨：《人力资本投资》，商务印书馆1984年版，第38页。

（2）社会改革开展扶贫。

瑞典学者冈纳·缪尔达尔认为世界反贫困理念是指，全球反贫困的进程需要多方力量的积极主动投入和参与，包括发展中国家更快、更为有效的大规模改革以及发达国家更多的关注和更实质性的贡献。[①] 并且提出发展中国家可以借鉴这种模式的经验，即通过深化改革土地、教育、权力等要素之间的关系，借助改革来实现摆脱贫困的状态。与中国的扶贫研究进行对比，西方国家的研究大不相同，比如，西方国家的研究对象中，贫困农民只是整个贫困群体的重要组成部分，而不占绝大多数。对西方国家的研究成果生搬硬套是不行的，并不是全部符合社会主义发展的道路，在学习借鉴的过程中需要有选择性。

（3）发展经济开展扶贫。

萨缪尔森从经济学的视角对贫困问题进行了相应的研究，他提出贫困问题不仅是单独个体的问题，更是社会性的问题，要站在整个社会和经济发展的高度去看待问题，要从宏观的角度去解决问题，仅依靠单独的扶贫行为是无法消除贫困的，通过政府财政调控手段制订国民收入再次分配方案，为妇女、残障人士等弱势人群提供平等就业与平等收入的机遇，保障老年人的社会福利与收入水平等方面的规章制度。[②] 经济学家保罗·罗森斯坦则指出，其发达国家与地区应该主要依靠加大对各行业的资金投入力度进而加速资本的形成的方式来实现减贫脱贫的目的，强调要在大力建设与优化配套的基础设施设备的基础之上，推动整个国家第一、第二产业的发

[①] ［瑞典］冈纳·缪尔达尔：《世界贫困的挑战》，顾朝阳等译，北京经济学院出版社1991年版，第170—173页。

[②] 黄爱军、朱奎：《美国扶贫减困的主要特点及启示》，《江西农村经济》2010年第8期。

展，从而极力促进该国家或地区 GDP 的迅速上升。①

（4）资源瞄准开展扶贫。

20 世纪 70 年代之后，发达国家对反贫困研究主要集中于扶贫资源瞄准方面，这对我国的精准扶贫工作的开展具有一定的借鉴作用。Brian Nolan 在研究 1997 年爱尔兰实施的一系列反贫、减贫政策时，分析发现这些反贫、减贫措施最具创新性的地方和关键点在于对贫困人口的实行精准识别以及相关机制的构建。Grosh 认为，集中分配贫困资源有利于减少财政支出，也有利于将贫困资源分配给最需要的贫困人口。学者 Weiss 以亚洲开发银行对亚洲部分国家在精准扶贫领域的实践作为案例进行探讨，发现其在精准确认以及有效的控制机制等领域明显面临不少的困境，对此他提出了要确认标准、范畴和成本收益的意见。阿尔伯特·帕克在其实证研究当中发现我国政府关于老少边穷区域的贫困村进行的瞄准机制具有较大的可操作性，但是我国中、东部相对而言经济情况较好的区域在反贫困工作中存在一些明显的漏洞，他认为以家庭作为基本单位的识别方法具有继续探索与研究的价值。

（三）国外对社会保障反贫困的研究

国外学术界除了以上四种主要的反贫困模式的研究之外，学者们还提出了社会保障反贫困模式，该方法主要运用于欧美发达国家，这种模式主要是经过为贫困人口提供广泛的社会保障来实现减贫脱贫的目的，从而有效地缓解阶层之间的矛盾以及社会的稳定和谐。国外社会保障的研究时间起点较早，在 1601 年英国就颁发了《伊丽莎白济贫法》，这部法令代表了全世界社会保障的起源。经

---

① 尚玥佟：《发展中国家贫困化理论与反贫困战略》，博士学位论文，中国社会科学院研究生院，2001 年，第 20 页。

过多年的研究，国外的社会保障体系较为完善，能够为反贫困策略提供指导与帮助。国外学术界对于社会保障的研究主要集中于人权、公平以及经济投资等领域，学者们指出农村贫困问题得到有效的解决是社会公平和发展的必然要求，并且认为得到救助是任何一个贫困对象的权利。这表明了社会保障体系十分有必要存在，也为社会保障体系的发展提供了理论依据与指导意见。

国外学术界认为社会保障反贫困主要有两种方式：其一是以工代赈，该方式最早是由罗斯福政府为了解决经济危机而提出的，美国在全国推行这种扶贫模式，它不仅有效减轻了就业压力，而且也缓解了失业人口的经济困境，维护了社会的稳定。其二是福利国家，这种方式的实施主体是政府，它经过调整养老金、卫生医疗保险、失业保险等方法来保证社会公众共享社会福利。除此之外，世界上其他国家还有一些依据实际国情而制定的相应措施，也在一定程度上起到了反贫减贫的效果。

二 国内研究现状

（一）对贫困问题的研究

我国学术界对于贫困的概念主要是从三个方面来定义的：其一，从收入角度而言，把经济收入当作衡量个体或者家庭是否贫困的标准，指出贫困就是"个人或家庭的经济收入不能达到所在社会'可接受生活标准'的那种生活状况。"[①] 我国部分学者比较倾向用这种方式即经济收入低从而不能维持其最基本的生存需要的生活状态来定义贫困。其二，从社会权利角度而言，不同于第一个角度只是从单一经济方面的视角看待问题，这个观点认为的贫困更应

---

① 周彬彬：《向贫困挑战——国外缓解贫困的理论与实践》，人民出版社1997年版，第7页。

该从社会权利入手对其界定,认为贫困是"在特定社会背景下,一些社会成员由于缺乏必要的资源而一定程度上被剥夺了正常获得生活资料和参与经济和社会活动的权利,并使他们的生活持续地低于该社会的常规生活标准。"① 其三,从贫困者个人能力方面来定义贫困,这类观点形成的时代背景正是全球步入知识信息时代,受到这样的环境氛围影响而产生的,比如胡鞍钢等提出的知识贫困,是指人们缺少获得、接收以及交流知识信息的能力与路径。② 换句话来理解,就是个体或家庭的贫困,从本质上而言是困难群体发展能力表现欠缺。在我国,关于贫困的定义还有很多,但大多数可以总结归纳为以上三个方面。

贫困具有丰富的内涵,可从多个维度来进行相应的分析。基于马斯洛的需求层次理论和阿玛蒂亚·森的可行能力理论,我国学者徐虹和王彩彩采用多维视角反映贫困人口的不同生活需求,以能力贫困来表示这种多维需求和贫困的本质,认为贫困问题具体表现为经济收入、身体健康、知识素养、信息沟通、生活环境、社会权力等方面的贫困。归根结底,是由于个人自身能力的不足而致使其无法实现经济收入、身心健康、生活环境等方面的需求。摆脱收入贫困是要实现个人基本的生理需要,增强个人的生存能力;摆脱身体健康、生活环境贫困则是要满足安全的需求,增强个人创造良好生活的能力;摆脱信息贫困是指实现社交的需要,增强个人利用新科技、新知识进行交流的能力;而摆脱权利贫困是指满足个人尊重的需求,实现人们平等参与和共享发展成果的能力;摆脱知识贫困则

---

① 关信平:《中国城市贫困问题研究》,转引自同春芬、张浩《关于相对贫困的研究综述》,湖南人民出版社1998年版,第88页。
② 胡鞍钢、李春波:《新世纪的新贫困:知识贫困》,《中国社会科学》2001年第3期。

是满足自我实现这一层次的需要，增强个人实现自我目标的机会与能力。① 因此，反贫困工作要从消除个体能力贫困这一根本途径着手。其中的首要环节便是要完全了解能力贫困具有多维度这一特征，不同维度在各种贫困人群身上的具体体现形式也存在差异，即困难群体在不同维度中各自的困难层次存在差异，这就要求扶贫部门与工作人员在反贫困进程当中要逐一地瞄准，并且对于贫困人群要采取分类帮扶的措施。

（二）对精准扶贫与社会保障衔接的研究

1. 对精准扶贫内涵的研究

扶贫开发是我国政府在反贫困领域进行的一项具体的、长期的政策，它的主要目标便是要减轻贫困区域的困难程度，逐步缩减贫困区域的困难群体的规模。根据中央政府所公布的《中国扶贫开发纲要（2001—2010年）》中所描述的，扶贫开发即"以经济建设为中心，在政府的帮扶之下，经过提高生产力，提高贫困者自我发展的能力"②。

精准扶贫是我国政府在新时期针对扶贫领域制定的新政策，它是一个较新的理念，与过去的粗放式扶贫不同。对于精准扶贫这一概念，国内学者纷纷进行了相关的界定，但是学术界至今并未形成一致性观点。大部分学者依照中办发〔2013〕25号文件对精准扶贫的内涵进行较为详细的探析，大体上是从对精准扶贫工作的四个过程进行相应的分析：识别、帮扶、管理和考核。换言之，就是要瞄准到贫困户个体，对识别出的贫困对象进行积极引导并且合理有

---

① 徐虹、王彩彩：《乡村振兴战略下对精准扶贫的再思考》，《农村经济》2018年第3期。

② 国务院：《国务院关于印发中国农村扶贫开发纲要（2001—2010年）的通知》，《中华人民共和国国务院公报》2001年第23期。

效配置各类扶贫资源，实施相应的有针对性的扶贫举措以及进行动态管理，加速建立健全有效的扶贫机制，为科学的反贫困创造良好工作平台，最终实现可持续脱贫目标。在精准扶贫四个方面中精准识别是前提，只有准确把握贫困群体的实际状况，了解其困难程度以及致贫的根本因素，才能做到对症下药，为后续的扶贫工作奠定基础；精准帮扶是指在扶贫工作中具体帮扶措施，这要求扶贫工作人员既要把握实际、长远考虑，又要善于整合当地的优势资源、鼓励多主体的参与；精准管理则是指要在扶贫工作过程中对扶贫的资源、对象以及举措等进行及时准确的管理，这要求管理工作应该信息化、动态化，及时地把握扶贫的相关信息，保障脱贫目标的完成。

学者王思铁将精准扶贫界定为政府对于不同困难地区的困难人群的有差别的实际情况，从而利用科学高效的帮扶机制对贫困群体实施准确识别、精准帮扶、精确管理等扶持形式，即瞄准每一个贫困对象并采取相应的针对性与区别性的帮扶举措。[①] 李昌平则指出，精准扶贫的实质就是通过多种方式来扶持低收入人群（家庭人均纯收入要低于现行贫困线）以达到提高其经济水平的目的。[②] 汪三贵等提出，精准扶贫是指各项帮扶政策以及具体措施的实施目标人群应该是真正的贫困群体，经过对这部分困难人群的针对性与区别性扶持，从而有效地避免各种影响贫困产生的因素与障碍，提高贫困人口的自我发展能力，促进可持续性的减贫脱贫。[③] 而庄天慧等从精准扶贫与粗放扶贫之间存在差异的角度入手，将其定义

[①] 王思铁：《"十三五"时期四川脱贫攻坚构想》，《党政研究》2016年第1期。
[②] 汪磊、许鹿、汪霞：《大数据驱动下精准扶贫运行机制的耦合性分析及其机制创新——基于贵州、甘肃的案例》，《公共管理学报》2017年第3期。
[③] 汪三贵、郭子豪：《论中国的精准扶》，《贵州社会科学》2015年第5期。

为，是一种由过去"粗放漫灌"转变为"精准滴灌"的扶贫形式，以定点、定时、定量削减贫困为任务，以政府、社会、贫困群体等多方共同合作为基础，以统筹资源、供需平衡作为保障，从而对困难群体采取精确识别、帮扶、管理的扶持方法。① 黄承伟等则提出，精准扶贫是指在经由一系列的有效瞄准机制对相应的贫困群体进行准确识别以及动态监管，深入探析其致贫成因，并对瞄准的目标人群实施有相对应的、有差异的帮扶举措。② 虽然各个学者对精准扶贫的具体定义不尽相同，但可以得出该概念的核心在于精确。《中国精准扶贫报告（2016）》指出，在精准扶贫工作中瞄准是前提、准确帮扶是关键、精确管理是保证、精准考核是保障，只有真正地实践了以上四点要求，扶贫开发才是真正高效的精准扶贫。③

2. 对精准扶贫与农村贫困人口社会保障衔接内涵的研究

当前，我国扶贫开发与农村贫困人口社会保障两项制度的联动主要体现在精准扶贫与农村最低生活保障（农村低保）的衔接这一领域。当前，针对扶贫开发与农村最低生活保障两项政策衔接的内涵的相关定义甚少，在大部分的研究中几乎都是引用了《中国农村扶贫开发纲要（2010—2020 年）》以及中央政府的《关于做好农村最低生活保障制度和扶贫开发政策有效衔接试点工作的指导意见》（国开办发〔2009〕60 号）中针对两项政策衔接的论述。学者们认为农村低保与扶贫开发衔接是指经过扶贫部门和民政部门在贫困对象的识别、管理等方面信息共享、相互配合，再按照贫困

---

① 庄天慧、陈光燕、蓝红星：《精准扶贫主体行为逻辑与作用机制研究》，《广西民族研究》2015 年第 6 期。
② 黄承伟、覃志敏：《论精准扶贫与国家扶贫治理体系建构》，《中国延安干部学院学报》2015 年第 1 期。
③ 陆汉文、黄承伟：《中国精准扶贫报告（2016）》，社会科学文献出版社 2016 年版，第 18—20 页。

人口的不同致贫成因,对绝对贫困人口实施物质上的帮扶从而解决其生存问题;对拥有劳动能力的困难人群给予扶贫项目的支援,以提升他们自身的发展能力;对边缘化和暂时性的困难者,既要满足其基最低生活需要,也要提高其发展能力,赋予其最低生活保障和扶贫项目的双重帮扶,塑造全面多维的反贫困局面,是一项有效的可持续的辅助贫困对象减贫脱贫的一项公共政策。现阶段我国贫困现象复杂易变,农村低保与扶贫开发的联动是我国反贫困策略的一大发展与创新,也是实现反贫困目标的必要途径。

3. 对精准扶贫与农村贫困人口社会保障关系的研究

扶贫开发和贫困人口社会保障制度是当前我国政府主要施行的两项民生工程,扶贫开发是贫困区域至关重要的民生政策,而贫困人口社会保障是特困人口基本生存的最后防线。从顶层设计的角度,作为反贫困的两项基本政策,农村最低生活保障的目标人群是那些经济条件明显在贫困标准之下的,且最低生存保障也无法得到有效保证的困难农户,而扶贫开发工作的对象则是最低生存需求能够得到一定的满足,有劳动能力但发展需求无法满足的农村困难人群。① 由此可知,两者的目标人群并不完全一致,存在一定的差别,各自的分工清晰明了。

然而,两项政策均是反贫困战略的主要形式,同时从两者的内在关联来看,它们也都是缓解广大农村地区贫困程度、推动农村地区脱贫致富的重大社会政策。乡村地区的扶贫形式目前主要可以划分为救济式与开发式扶贫两大类。其中,救济式的扶贫工作直接性较强,主要采取的是直接给予目标对象相关的生产、生活必需品的

---

① 周凯:《反贫困立法视角下扶贫开发与农村最低生活保障制度衔接研究》,硕士学位论文,甘肃政法学院,2015 年,第 13 页。

方法，主要是确保困难人群基本生存的权益，农村贫困人口社会保障制度便是一项常见的救济式帮扶措施。而开发式扶贫工作则主要保障的是困难群体的发展权利，其核心的方法是要将"输血"转变为"造血"，不断地增强困难对象的发展能力，扶贫开发制度就属于该模式的范畴。

除此之外，在新时期精准扶贫与社会保障制度在其根本性质以及目标上都是一致的，两者都是为了加快减贫、脱贫步伐进而实现共同富裕的方法。而且，社会保障还作为精准扶贫的"五个一批"中的重要内容之一。因此，一方面，推动精准扶贫工作的展开，将有助于完善我国社会保障体系，是实现共同富裕的一种紧要手段；另一方面，强化社会保障制度的范畴和力度，可以有效地减缓贫困和缩小贫富两极差距，进而为社会的发展提供了安稳的环境。[①] 所以，精准扶贫只有在社会保障制度的基础上健康发展，才能够加快我国农村减贫脱贫目标的完成。这也表明在新时期要注重二者的有效联动，充分反映二者在反贫困过程之中的帮扶救助功能。[②]

(三) 精准扶贫与贫困户社会保障衔接之间困境的研究

1. 对象识别存在偏差

(1) 识别指标不科学。

识别目标人群是实行精准扶贫与有效救助的前提，因而瞄准对象是两项制度运行的关键环节。学者们把其衔接的目标人群划分成单一的扶贫人群、单一的低保人群以及同时具有低保与建档立卡的人群三大类。但是，精准扶贫和农村低保在目标人群的判别标准与

---

① 吕晨、王前强：《广西农村地区"精准扶贫"问题研究——基于社会保障制度的视角》，《农村经济与科技》2018年第11期。

② 吕永强：《精准扶贫背景下农村扶贫开发与低保政策的有效衔接》，《沈阳工业大学学报》（社会科学版）2017年第2期。

条件方面均有所差别。根据相关的规定，精准扶贫的目标人群是具有劳动能力的且家庭年人均纯收入与政府所公布的乡村扶贫标准相比较而言更低的那部分人，而农村低保的目标人群则要求是家庭年人均纯收入要与该地区乡村最低生活标准相比还要少的农民。① 另外，两项政策关于识别对象采取的标准都是以单纯的"家庭人均纯收入"为指标，但是目前农民获取经济来源的途径多种，这样导致了农民家庭收入测算十分复杂和困难，且对其收入进行量化的难度较大。② 并且，虽然相关的工作人员会对两项政策所针对的目标群体进行反复的调查走访，但是往往会存在因为个人利益而隐藏真实收入的状况，造成了在瞄准过程中存在信息真实性不强的问题，以导致不符合条件的人口纳入帮扶救助范围之内享受本应该属于真正贫困者的资源，而真正符合条件的人口却没有纳入制度范畴。

（2）审查机制尚不健全。

由于我国人情社会的长期存在，对帮扶资源的分配公平公正与否造成了很大程度的影响，并且在资源的配置过程中还存在寻租现象，从而容易导致帮扶救助资源落入非贫困对象的手中而不是真正弱势群体，目标人群出现偏离。有学者甚至发现，在部分农村地区，低保甚至成了村里的"能人"福利，存在"关系保""人情保""平均保""拆户保"，帮扶救助资源偏离性溢出，现象严重。因此，现阶段我国社会救助与扶贫制度的衔接既存在资源供需的不均衡现象，又面临资源溢出的难题，这不仅降低了两项政策的效

---

① 向阳生：《扶贫开发与农村低保制度的有效衔接及评估与改革》，《贵州社会科学》2013年第12期。

② 杜志雄、詹琳：《实施精准扶贫新战略的难题和破解之道》，《中国发展观察》2015年第8期。

率，也不利于体现社会救助应有的公平公正，这是现阶段我国扶贫工作与社会救助衔接的所面临的重大难题之一。①

另外，主管与实施这两项政策的主体并不是同一个部门，各个部门的工作安排和工作进程也存在差别，因此辨别的目标群体的过程当中——村民委员会核查、民主评议、乡（镇）政府审查、县级部门审批、公布民主评议与审批结果等环节，都是分割开来进行的。② 民政部门对低保对象复核时，因为与扶贫部门的协作力度不够，对于两项政策中的重叠人群能否共同获得两项制度的帮扶救助，无法作出明确地表述。这就导致了：一方面，一些具备劳动能力的低保农民没有被纳入扶贫的范畴之中，从而致使了在目标人群的瞄准过程中存在"脱靶"的问题；另一方面，对于部分具备劳动能力的困难人口同时享受两项政策的援助，造成了这些贫困人口虽然具有劳动能力但是却对政府存在依赖心理从而不愿意提升自身的发展能力，易形成"贫困陷阱"。

此外，针对困难群体进行的动态治理在具体实践方面面临不少阻碍。在农村地区因灾、因病、因学而陷入贫困的现象较为常见，扶贫和低保识别对象存在较大的变动，识别工作动态管理难度较高。③ 并且由于农村低保与扶贫开发在运行方面存在逻辑上的矛盾，带来了管理上的困境，包括在两项政策的实施中如何把握救助与帮扶的关系以及贫困对象的及时退出管理等。④

---

① 刘欣：《功能整合与发展转型：精准扶贫视阈下的农村社会救助研究——以贵州省社会救助兜底扶贫实践为例》，《贵州社会科学》2016 年第 10 期。
② 杜毅、肖云：《扶贫开发政策与农村最低生活保障制度运行衔接研究》，《西北人口》2012 年第 5 期。
③ 牟秋菊：《贵州农村扶贫开发与低保制度衔接现状调查研究》，《科技经济市场》2011 年第 8 期。
④ 向德平、刘欣：《构建多元化反贫困政策：农村低保与扶贫开发政策的有效衔接》，《社会工作与管理》2014 年第 3 期。

2. 政策衔接渠道不顺畅

（1）多部门管理。

扶贫工作和农村低保两者均是"特惠"政策，应该要大力提升其针对性。并且两者与民生问题息息相关，所以务必要注重两者之间的相关性。但两项政策属于不同部门分开管理，整体协调水平较差。农村低保主要由民政部门负责管理并运行，精准扶贫则由扶贫部门主导，除此之外，两项制度的衔接还涉及其他部门，如统计部门、调查部门、残联部门等，但是由于这些部门种类较多且分割管理易导致信息不对称、各自为政、标准不统一等问题，造成部门间在反贫困工作中协作力度较弱，帮扶救助资源分散，无法实现政策合力、集中资源共同反贫的效应。① 同时，因为缺乏实践经验，两项制度在衔接运行上仍不成熟。例如，治贫发展的扶持力度不强，无法充分调动社会多方资源以及一系列配套的社会保障措施协作欠缺。②

（2）数据共享平台不健全。

部门之间缺乏协作与联动还体现在贫困对象识别环节缺乏配合以及基础信息共享力度不充分。扶贫和低保分别属于扶贫部门和民政部门管理，两者之间各自都拥有一套自身特有的工作方法与章程，因此在数据指标的选取方面、瞄准目标人群的信息统计方面以及统计方法的使用等方面均存在差异，而两个部门关于贫困群体的数据管理程序也有所不同，导致了两项政策之间的信息很难统一核实。③ 当前，尚未建立起一个统一的两个部门间数据互通的机制，

---

① 朱冠穆：《农村低保与扶贫开发有效衔接机制的研究》，《学术论坛》2012年第4期。
② 张举国：《精准扶贫与农村低保制度的融合发展研究》，《三农问题研究》2015年第10期。
③ 牟秋菊：《贵州农村扶贫开发与低保制度衔接现状调查研究》，《科技经济市场》2011年第8期。

数据的利用仅仅是部门内的循环，部门与部门之间的数据信息统筹整合力度十分欠缺，无法实现跨部门的信息共享，或者是在获取另一部门的信息时，由于需要通过多层的批示，极大地影响了援助工作的时效性。①

3. 相关法律法规不健全

现阶段，扶贫工作与农村低保衔接缺乏相应的健全的法律法规体系，法制化水平表现较为低下，严重阻碍了实践工作的进展。目前，中央政府和地方政府颁布的各种条例、意见、通知、办法等是这两项政策实施的行政依据，而针对两项政策的法律法规匮乏，立法层面表现不完善。《关于在全国建立农村最低生活保障制度的通知》的存在是当前农村低保运行的主要政策支撑，政府针对低保制度依然没有制定专门的《社会救助法》，仅仅只有近几年制定的《社会救助暂行办法》，其权威性与规范性远远不够；我国扶贫工作从一开始直到如今仍然没有相应的《扶贫开发法》。由于立法层面的缺失，导致两项政策在实践当中屡屡存在规范化较差的问题，相关部门的协作也缺乏立法依据，并且易造成各级政府在责任认定、对象识别、财政资金投入、监督和责任追究机制等方面缺乏严格统一的标准，效率和公平很难实现，不利于农村反贫困的发展。②

4. 资金方面面临困境

（1）资金匮乏。

精准扶贫与农村低保衔接联动的成本较高，一项新的政策的运行不仅需要实践成本，而且要负担制度变迁当中的衔接成本。所

---

① 杨芳、郭小敏：《农村扶贫开发与低保联动的现实困境与优化路径》，《岭南学刊》2018年第1期。

② 吕永强：《精准扶贫背景下农村扶贫开发与低保政策的有效衔接》，《沈阳工业大学学报》（社会科学版）2017年第2期。

以，在两项政策衔接联动的初期，其衔接成本会阻碍精准扶贫持续扶持农村贫困人口发展自身能力。① 一方面每一项制度的运行成本花销均较高，另一方面学者在实地调研过程中分析，无论是扶贫开发还是农村低保都存在资金不足的问题。尽管扶贫开发的财政投入在逐年递增，然而总量依然较少，中央给予各省的财政扶贫资金的数额与各省贫困对象所占的比例存在差距，尤其是对于一些西部省份而言。②

（2）资金分散。

目前，扶贫工作的资金主要来源于中央财政，但中央提供的财政资金是直接划分到各个相关部门。各部门的扶贫资金在使用方向、原则、程序和管理办法上各不一致，各部门的项目资金大多数是专项资金，有其严格的规定，在具体使用扶贫资金存在各自为政的现象，各部门之间的利益不同，为了维护各自的利益很难实现扶贫资源的优化整合，无法充分地发挥出预想中的扶贫成效。③ 在资金具体利用过程中，面临着资源分散、整体利用效率低下、政府财政投入"碎片化"的困境，致使困难人口很难真正意义上实现受益。④

5. 评估机制不完善

（1）缺乏科学的评估指标体系。

在政策的具体运行过程中，怎样进行判别贫困户是否脱贫减贫

---

① 王三秀：《可持续生计视角下我国农村低保与扶贫开发的有机衔接》，《宁夏社会科学》2010 年第 4 期。
② 牟秋菊：《贵州农村扶贫开发与低保制度衔接现状调查研究》，《科技经济市场》2011 年第 8 期。
③ 韩广富：《论我国农村扶贫开发机制的创建》，《东北师范大学》（哲学社会科学版）2007 年第 6 期。
④ 辜胜阻、李睿、杨艺贤等：《推进"十三五"脱贫攻坚的对策思考》，《财政研究》2016 年第 2 期。

为其考核重心，怎样制定科学而可量化的指标体系则是其考核的难点所在。① 指标体系的建立不仅能够为制度实施提供目标导向，而且能够清楚了解制度实施成效，有利于实施精细化管理，为接下来的工作提供依据与指明方向，防止因为缺乏科学可量化的指标对政策的具体运营成效以及资源利用的流程与效率的追踪反馈，致使一些扶贫开发项目无法充分有效地发挥其原有的作用，或者在支付与使用低保资金等方面存在违法、贪污及使用无效等现象。②

（2）缺乏外部监督与评估机制。

各级政府是扶贫工作和农村低保的主导者，他们既是政策的制定者，也是政策的执行者，又是政策实施成效的直接评估方。这种由上级政府对下级政府进行监督与评估的方法大部分是形式上的检验，对政策的具体运行全过程缺乏强有力的监督，并且其过程缺乏民主、公开、透明，无法实现社会的监督，不利于保证社会公众的知情权。因此，不仅造成了资源的浪费，无法实现政策预想的效果，同时在一定程度上也助长了困难人群过分依赖政府的思想，甚至导致了弄虚作假，以及政府相关部门不作为、乱作为等腐败行为的发生。③

6. 政策宣传不到位

农村低保与扶贫开发的政策衔接缺乏全面深入的宣传，导致相当多的基层工作人员与农村居民无法准确掌握这两项制度衔接的内涵与意义，甚至其认知还发生了严重的偏差，认为两项政策衔接只是简单意义上的低保制度，甚至一些农户对这两项制度衔接的认同

---

① 廖小东、滕湘君：《精准扶贫的现实难题与方略要务》，《华侨大学学报》（哲学社会科学版）2016年第2期。
② 吕永强：《精准扶贫背景下农村扶贫开发与低保政策的有效衔接》，《沈阳工业大学学报》（社会科学版）2017年第2期。
③ 同上。

感较差，在基层工作人员进行入户调查等实践工作过程中存在隐瞒或谎报家庭经济收入的行为。① 还有一些困难人群对政府实行的扶贫政策采取消极态度，如困难家庭中具备劳动能力的成员不愿意接受相关的帮扶生产专业化培训，不愿意积极主动地通过提高自身的能力而摆脱贫困的面貌实现脱贫致富，对政府的依赖程度很强。②

（四）优化精准扶贫与农村贫困人口社会保障政策的路径研究

针对两项政策衔接中面临的困境，我国学者也纷纷对优化精准扶贫与农村贫困人口社会保障制度进行了大量的研究，主要从顶层理念和衔接实践两个层面对两项制度如何实现有效衔接展开了探讨。

1. 顶层设计层面

有的学者指出实施负所得税既能够充分地发挥扶贫开发与农村低保各自的制度优势，而且可以在一定程度上克服两项政策存在的种种不足之处，由此得出负所得税能够充分地代替这两项制度的作用，是实际工作中两项政策有效联动的必然趋势。③ 王三秀从社会学的角度入手，基于可持续生计理念研究，指出通过复合型衔接可以保证民政部门在农村低保与扶贫工作中的功能：一是民政部门直接帮助其保障对象提高其脱贫能力，二是以协议方式与政府或社会扶贫力量进行整合，因此认为复合型衔接模式能有效解决两项政策

---

① 李凤荣：《青海省库泽县藏区农牧区扶贫开发与农村最低生活保障制度有效衔接的调查》，《社会保障研究》2012年第2期。

② 陈晓慧：《农村最低生活保障制度与扶贫政策耦合研究——以贵州省为例》，《管理观察》2015年第20期。

③ 李庆梅、聂佃忠：《负所得税是实现扶贫开发与农村低保制度有效衔接的现实选择》，《中共中央党校学报》2010年第5期。

衔接面临的困境。① 徐月宾等在 2004 年农村住户问卷调查数据的基础上，对我国乡村贫困群体的特征以及致贫原因进行了探讨，并对社会救助的实施成果进行了较为科学的评价，指出乡村的扶贫工作应从社会救助逐渐转变为社会保护的形式，并且提出了由普遍性的医疗保障、普惠型社会福利、选择性的社会救助和新型开发式扶贫政策所构成的反贫困政策体系。② 部分学者从社会福利的角度入手，经过建立农村微观行为主体的行为模型，借助实地调研而得来的一系列相关数据，运用系统动力学的模型，得出在我国今后相当长的一段时间里扶贫开发与社会保障衔接的最优组合应该是"紧保障、宽扶贫"的结果，认为我国减贫工作的重点是要逐步提升困难人群的资源整合的水平、技术能力，以及加大扶贫资源的投入与利用效率。③

2. 衔接实践层面

（1）完善识别机制

①建立瞄准的机制。建立精准扶贫与农村贫困地区社会保障瞄准机制，提高社会保障兜底扶贫精准度，提高救助资源递送效率。其一，要建立严格申请、审查、评议、公示等机制，在技术层次上改善调查农户经济收入的方法，构建统一的、科学的、精准的识别指标体系和经济收入核查机制，以实现综合评价农户贫困程度，把评估的结果同入户走访、民主评议等结果共同考量进来，发挥大数据在扶贫开发和农村贫困人口社会保障识别对象中的积极作用，实

---

① 王三秀：《可持续生计视角下我国农村低保与扶贫开发的有机衔接》，《宁夏社会科学》2010 年第 4 期。
② 徐月宾、刘凤芹、张秀兰：《中国农村反贫困政策的反思——从社会救助向社会保护转变》，《中国社会科学》2007 年第 3 期。
③ 李志平：《扶贫开发与社会保障政策的最优组合与效果模拟》，《经济评论》2017 年第 6 期。

现精确瞄准；其二，应该从规则层次上规范识别程序，保证在识别目标人群过程中的公平、公正与公开，并且充分地发挥扶贫工作小组在社会救助制度辨认与核实目标人群的过程当中的积极意义，找出积极应对现阶段农村劳动力大量外流、家庭支出型贫困等致贫根源的战略，健全识别机制，真正实现救助资源传递到最需要的人手中。①

②因户制宜、分类帮扶。如何针对贫困对象实施有效的扶贫工作与社会保障政策，首先应该要着重关注困难人群的类型与特点，进而制定相对应的、具有针对性的反贫困措施。并且由于资源本身具有稀缺性与有限性两大特征，这使扶贫资源务必尽快提高其利用率，从而实现有限的资源发挥出最优的作用，所以，关于不同的贫困现象要相应地采取区别性的扶持举措。②学者们采取因户制宜的原则，依据贫困人口的分布状况进行分类扶持与救助：第一类是对于那些丧失劳动能力和生活在恶劣的自然条件下而导致其生活面临困境的农村困难群体，即所谓的失能或者半失能的困难人群采取兜底型帮扶，将其列为低保范围，完善相关的数据库，实施"固态管理"。第二类是对有劳动能力的困难人口采取共享型帮扶，在保障其基本生活的基础上，采取开发式扶持。第三类是对于临时返贫的人口要实施交叉型的帮扶，如果临时返贫的人口不具备劳动能力，应该将其及时纳入农村低保中；如果临时返贫的人口具备劳动能力，那么对能够保证其基本生活的贫困人口不应该实施低保救助但可以采取开发式扶持，对无生产条件和生产资料的贫困人口要将

---

① 刘欣：《功能整合与发展转型：精准扶贫视阈下的农村社会救助研究——以贵州省社会救助兜底扶贫实践为例》，《贵州社会科学》2016年第10期。

② 杨宜勇、吴香雪：《农村反贫困：开发式扶贫与社会保护的协同推进》，《西北人口》2016年第3期。

其纳入农村低保范围中进行相应的培训后实施动态管理,对拥有一定生产资料的贫困人口实行多种类型的种植、养殖业开发扶持,多部门相互配合,资源、信息共享。①

③实施动态管理,完善进入、退出机制。扶贫开发和农村贫困人口社会保障在其衔接的实践过程中,应该加快构建动态管理机制,实施动态化的监测与管理,统筹与完善困难人群建档立卡和社会保障登记信息数据平台,大力推动两项政策在目标人群、援助水平等多方面的健康有序联动,实现"应保尽保,应退尽退"的要求。②与此同时,应加速构建与完善两项制度有效衔接的动态化调整机制,依照不同区域的实际状况,了解困难人口的变化规律,通过科学的方法制定调整帮扶目标数与资金投入量的周期,使调整的过程简单化,从而便于基层具体实践。且在实践当中要擅长将自下而上的决策机制同自上而下共同结合起来,彻底地转变单独凭借中央政府或者地方政府一方通过自身的各种渠道所得到的贫困数据作为反贫困工作的主要依据,扶贫与救助工作应该要尽可能细化,在有需要的乡村地区甚至可以根据当地的实际状况实施"一村一策"。县级以上的政府部门还应重视"生存贫困线"与"发展贫困线"之间的关系,将其同该时期的经济发展状况、政府的财政状况以及物价水平的高低综合起来共同考量,强化其联动关系,从而不断提升帮扶与救助的水准,并相互参考对方的扶持标准,从而使我国农民的社会保障水平同国民经济发展、物价水平、居民收入整

---

① 王卫群:《坚持开发式扶贫方针实现农村低保制度与扶贫政策的有效衔接》,《老区建设》2009年第21期。
② 公丕明、公丕宏:《精准扶贫脱贫攻坚中社会保障兜底扶贫研究》,《云南民族大学学报》(哲学社会科学版)2017年第6期。

体水平实现同步上升。①

优化动态监测与管理机制,在把所有贫困农民,即扶贫以及低保的目标人群的信息统筹归纳到共同的数据信息平台的基础上,根据基层工作人员的实地走访、调研,最大限度地实现动态化的监测乡村困难人口的贫困状况,对其进行及时的动态化调整,在第一时间把满足保障标准的困难农户纳入社会保障的范围内,把不再符合保障条件的群体及时地清除到保障范围外,实现有限的资源能够得到最大化的利用。②各区域还应从当地的实际经济状况与财政能力的角度入手,制定并及时地调整当地农村的最低生活保障水平,提高社会保障水准。

(2)强化政策联动机制。

①部门协同。随着社会的不断发展,不仅要着重关注扶贫工作与农村低保之间的协调运行,同时还要特别注意对与此相配套的一系列的政策措施加强制度化的联动配合以及分工合作。部门间的协同合作是两项制度衔接所面临的重大阻碍之一。因此,在制度的层面,应该着重强化其顶层制度设计以及整体战略部署,以扭转部门分割的局势,加大各方的协同力度,实现部门与部门之间资源的高效整合优化以及区域与区域之间在行动上的共进退。新时期的反贫困工作自开展以来,在我国政府的大力推动之下构建了一系列跨地区的协调机制,中央政府现已批准十一个省份。③民政部门对于绝

---

① 向阳生:《扶贫开发与农村低保制度的有效衔接及评估与改革》,《贵州社会科学》2013 年第 12 期。

② 国务院:《国务院关于印发"十三五"脱贫攻坚规划的通知》(国发〔2016〕64 号)2016 年 12 月 2 日,http://www.gov.cn/zhengce/content/2016-12/02/content_5142197.htm,2018 年 9 月 13 日。

③ 张举国:《精准扶贫与农村低保制度的融合发展研究》,《三农问题研究》2015 年第 10 期。

对贫困的农村居民进行相应的核查并将那些情况属实的困难人员纳入低保范围,而扶贫部门则主要负责乡村地区的扶贫开发工作,对经济能力十分低下的贫困农民采取相应的扶持措施,用扶贫项目的形式来帮助部分具备劳动能力且暂时不至于面临生存危机的绝对贫困户。① 除此之外,还应逐渐形成两项制度衔接的常态化工作机制:扶贫开发工作的数据信息管理平台要为低保人群做好相应的转移程序,将扶贫政策覆盖建档立卡的困难户、长期低保人群以及生活贫困的残疾群体视为其主要的方向;农村低保可以以社会救助联席会议作为平台对建档立卡困难户进行转移,要着重关注与重视低保人群的医疗问题、教育状况以及住房安全等民生领域。目前,按照国务院的意见与指导,部分区域已经建立了针对贫困家庭生活救助的领导工作小组,主管贫困家庭生活的日常救助事项。② 贫困家庭生活救助工作是农村低保的一项重要的补充方法,也是我国反贫困政策以及两项制度有效衔接的一大创新与发展,有利于进一步推动乡村地区反贫困的进程。

②信息共享。完善社会保障与扶贫工作的数据信息共享平台,加速推进两项政策之间信息的互联互通。加强各部门之间数据信息的共享力度,把双方各自所掌握的数据信息、实施程序、扶持信息、政策规章等资源相互结合,将极大地助力于扶贫开发工作与农村低保政策的有效对接,有助于全面实施与推动反贫困工作。例如,民政部门应该对农村低保的救助对象的数据统计、家庭收入情况等同扶贫部门加强信息沟通联系,这一方面能够为扶贫开发工作

---

① 谢有林、谢百胜:《农村低保与扶贫开发如何有效衔接的调查与思考》,《老区建设》2009 年第 21 期。
② 左停、贺莉:《制度衔接与整合:农村最低生活保障与扶贫开发两项制度比较研究》,《公共行政评论》2017 年第 3 期。

提供科学合理的补充建议,另一方面也可以弥补低保系统自身信息方面存在的缺陷。①

(3) 建立健全相关的法律法规。

针对当前两项政策法律法规不健全的现状,学者们纷纷提出了不少建议。首先,要提高扶贫工作与农村低保的法律保障层面,经过中央以及地方人大立法机关制定《国家扶贫法》与《社会救助法》,并且修改与完善已有的相关法律,从而增加两项政策的权威性与规范性,进而有助于维护农村贫困人口的生存权与发展权,还明确了贫困对象在享受权益的同时应具备的基本义务;②其次,统筹各地已有的有关的规章政策,使其形成一个完整的法规体系,让两项政策在其具体运行过程当中可以便利快捷地找到相关政策依据做到有法可依。只有在立法层次上对两项政策进行规范,才会使农村低保和扶贫开发在实施中得到法律的保障,解决我国扶贫工作规范性不足的问题,使两项制度能够更有效地衔接,促进制度性反贫困的形成。③

(4) 扩展筹资渠道,整合资金使用效率。

①加强财政投入。政府财政作为两项制度的主要资金来源,随着社会不断向前发展,人们的各项需求也日益增多,其财政投入也应该相应程度地上升。就两项制度的资金来源现状而言,无论是农村低保还是精准扶贫,其资金来源渠道单一,主要是以政府财政支持为主。所以,在新的历史时期不仅应构建稳步上升的财政资金支

---

① 胡园平、陈发平:《扶贫开发和农村低保政策衔接的思考》,《老区建设》2013年第9期。

② 张运书、丁国峰:《日本最低生活保障制度对我国农村低保建设的启示》,《农业经济问题》2011年第1期。

③ 谢有林、谢百胜:《农村低保与扶贫开发如何有效衔接的调查与思考》,《老区建设》2009年第21期。

持机制，根据中央政府与地方政府财政收入的逐年增加而按照一定幅度调整扶贫资金的投入，确保扶贫资金的上调能够得到科学有序的管理，从而不断地提升扶贫开发工作的能力，促进贫困人口稳步地实现脱贫致富的目标。① 同时不能单单依靠国家财政的支持，还要拓宽扶贫资金投入渠道，充分调动政府、市场、社会的多方资源进行协作化运作，构建多元的筹资模式。②

②优化资金整合。要大力整合与优化扶贫资源，加强统筹低保与扶贫开发资金的力度，增强各个部门的协调与合作，由以往主要单纯依靠扶贫部门的力量逐步走向由众多部门配合协作以及全社会共同参与的"大扶贫"工作布局。③ 首先，政府应该制定相关的政策以提高优化整合扶贫救助资金的力度，统筹规划投入到"三农"发展方面的全部支农资金与社会救助资金，将其集中的规模化投入实施整村推进的贫困村，从而真正意义上实现扶贫救助资源的整合；其次，应充分有效地发挥政府财政的引导与带动功能，把财政扶贫救助的资金视作有效调控的杠杆，加大财政扶贫贴息资金的总额，进而通过其引导与带动更多的社会扶贫救助资金的投入。

（5）完善评估与监督机制。

①建立科学评估机制。对反贫困整体策略进行相应的评估是极为必要的，只有经过科学合理的评估，才可以得出有效的评价结果，才能深入地了解该项政策是否到达预期效果，针对其存在的弊端加以分析并采取相关的举措以防止在下一次实施过程中再现，从而实现政策整体的优化，进而有助于各项扶贫项目与举措能够实现

---

① 蒙秋宏：《实行农村低保制度与扶贫开发工作的思考——以纳雍县沙包乡天星村为例》，《农技服务》2009 年第 4 期。

② 刘娟：《贫困标准上调与扶贫开发思路调整》，《理论探索》2010 年第 1 期。

③ 牟秋菊：《贵州农村扶贫开发与低保制度衔接现状调查研究》，《科技经济市场》2011 年第 8 期。

其预期目标，也使那些为我国反贫困工作做出真正巨大贡献的部门或者工作人员可以得到政府和社会的赞同，为全面推进反贫困工作创造良好的社会氛围，进一步加快反贫困工作的步伐。①

对政策的运行成果进行科学评估与反馈时，需要着重注意两个方面：其一，评价指标的形成，评价的指标具备导向性的特征，无效的评价指标可能会导致政策在运转过程中与其预定的目标出现偏离现象；其二，评估的主体，由于政策的制定者和政策的执行者本身存在利益取向，如果由他们作为政策评估的主体，可能会为了自身的权益而在评估过程中故意将其评估的结果转变为对自己有利的局势，甚至会因此存在腐败的行为，是以在评估主体方面，学者们纷纷建议要积极地引入第三方评估机制。②

②完善监督机制。首先，要健全政府内部的监督，这主要可以分为加强审计部门对社保资金的监管力度以及加快统筹各监管部门。对社保资金的监管，要做到将社会保障的行政管理、基金管理和业务管理分离开来，厘清各自的职责界限，保证资金的专款专用，避免出现挪用、占用甚至以权谋私等行为，审计部门应该采取定期与不定期相结合的形式对主管社保资金的机构进行检查，确保贫困区域的社保扶贫资金全部落到实处；加快统筹各监管部门，既要界定清楚各监管部门的具体职责，又要强化各部门间的沟通与交流，增强各监管部门之间的合作，促进管理的科学化和有序化，大力推动农村社会保障工作的开展。其次，要善于利用社会这一主体进行监督，社会监督的一大前提是政府相关部门必须将社会保障的

---

① 贺页仔：《瞄准贫困群体有效实现农村低保与扶贫政策的衔接》，《老区建设》2010年第3期。

② 刘宝臣、韩克庆：《中国反贫困政策的分裂与整合：对社会救助与扶贫开发的思考》，《广东社会科学》2016年第6期。

具体运转过程向社会公众公开披露，对于骗取社会保障资金的现象，应充分地利用大众媒体的监督功能，增加对这些违法违规行的报道，发挥舆论监督，对这些潜在不良现象施加舆论压力。

（6）社会力量的参与。

在当前"小政府，大社会"的理念之下，单单依靠政府的力量是无法全面保障所有的弱势群体的，势必要团结社会力量参与当中。因此，务必要构建一个以政府为主导的，社会多方力量广泛参与的新型救助体系，以加大对困难群体的各项专项救助与低保帮扶的力度，优化整合各项反贫困策略。① 现阶段，在国外的反贫困工作中已经有部分社会组织参与其中并且发挥了重要的作用。因此，应借鉴国外的经验教训，在依据我国实际国情的基础上积极地探索以社会组织为主的社会力量加入反贫困格局中来，社会组织具有整合资源、灵活、创新等多方面的扶贫优势，可以有效地弥补社会救助资源不足以及利用效率不高的缺陷，推进政府帮扶理念的更新与发展，实现两项制度的可持续联动。②

（7）加大宣传力度。

基层工作人员应该增强农村低保与扶贫开发政策的宣传力度，让广大乡村地区的农村居民能够深入地认识与了解新时期我国的反贫困工作，并使其对反贫困工作产生强烈的认同感，从而保证反贫困政策的顺利实施。基于两项政策所帮扶的对象的身份是农民，因此应根据他们的文化程度和理解能力使用通俗易懂的宣传手段，如召开村民大会、村委广播、开设宣传栏等方式，相关工作人员在宣

---

① 吕晨、王前强：《广西农村地区"精准扶贫"问题研究——基于社会保障制度的视角》，《农村经济与科技》2018年第11期。

② 刘欣：《功能整合与发展转型：精准扶贫视阈下的农村社会救助研究——以贵州省社会救助兜底扶贫实践为例》，《贵州社会科学》2016年第10期。

传过程中对农民重点关心的问题结合实践做出详细的解说使农民可以准确地理解两项政策，及时纠正理念上的偏差并且在宣传的过程中要注意与农民的沟通形式。①

---

① 陈晓慧：《农村最低生活保障制度与扶贫政策耦合研究——以贵州省为例》，《管理观察》2015年第20期。

第二章　中国农村贫困人口社会保障基本理论分析

第一节　中国农村贫困人口及贫困状况分析

贫困是全世界共同面临的难题，也是社会发展面临的最大困境之一。党中央已明确表示，截止到2020年，我国所有重贫困县以及乡村地区全部贫困人群要实现全数脱贫致富。要实现这一伟大目标，就要清楚地了解中国农村贫困史，了解中国农村贫困户的现状，了解致贫原因，才能真正解决贫困这一难题。

一　中国农村贫困人口及识别

"贫困"一词是一个主观的概念，如何判定个体或家庭是否陷入贫困，应有客观的评判标准进行相应的评估。国际上通常采用贫困线这一工具来识别贫困对象，我国对扶贫开发的研究要晚于西方国家，在扶贫工作中借鉴了较多的国外先进的经验。

中国乡村贫困线标准由国家统计局根据相关的调研数据而拟定的，这个标准不是固定不变的。中国农村贫困线标准同社会经济的不断向前发展而进行不断地调整。通过第一次农户调研而得到的相关数据，我国中央政府于1985年采用"食物份额法"的方法，拟定了我国首个正式的贫困标准。该种确定贫困线的方法与世界银行采用的"马丁法"大体一致,是指预先假设贫困对象的食物支出占生活消费总支出的60%,依此得出的便是贫困线。按照这种方法测算出来的标准是绝对贫困线,它关注的是人们的基本生存需求,其本质是温饱标准。并且,我国政府明确指出,之后的贫困线制定要每隔3—5年,按照农民的消费价格指数的变动而重新拟定。

然而,"食物份额法"中所谓的合理食物消费的判断是经验的、主观的和武断的,没有一个可测量的客观标准。为了避免这一弊端,政府于1995年对制订农村贫困线标准的方法进行了改良,这次及之后的我国贫困线的制定主要使用的是由世界银行经济学家马丁·丁拉瓦利恩创造的马丁法。使用马丁法制定贫困线的程序大致上是:首先,依照农户抽样调查的数据测算得出低收入群体的食物花销清单,依据营养学家提出的人均每天必须摄入2100千卡热量的食物来调整食物消费的总量,再乘以当时的物价标准并且加总求和,得到的数字就是食物贫困线;其次,利用回归的方法明确必需的非食品的花销,即非食物贫困线;最终把两项贫困线加总起来便是总的贫困线。[①] 经过该过程测算获得的贫困线应该是低贫困线。由第一章对马丁法的介绍可以了解,这种方法还包含了一条高贫困线。在现实生活中,在测算贫困线的同样要综合考虑到各个地区的消费习惯、家庭结构、生产状况等因素之间的不同对居民消费支出,尤其是食品消费支出的影响。在20世纪,由于我国农村普遍贫困,并且政府对于扶贫开发投入的资源十分有限,是以当时政府将这条低贫困线当作农村贫困户的衡量尺度,用来测量和监测农

---

① 张全红、张建华:《中国农村贫困变动:1981—2005——基于不同贫困线标准和指数的对比分析》,《统计研究》2010年第2期。

村贫困情况。

为了真实地反映我国广大农村地区的实际情况，以及方便与其他国家相比较，我国政府于1998年开始拟定较高层次的贫困标准，自2000年以低收入人口标准这一概念向人民发布。该标准是基于上面所描述的食物贫困线，将低收入群体的食物花销比重按照总生活费的60%进行测算。由此可见，我国农村低收入人口标准的制定，与国际粮农组织采取的是一个假设，即如果个体或家庭的恩格尔系数超过了该比重，一般将其判定其生活贫困。

在衡量贫困线和低收入线的年份，中国普遍采用消费者价格指数（CPI）来减少贫困线和低收入线，主要涵盖了收入和消费两个方面。如果只考虑衡量贫困的收入指标，可能会导致收入暂时低于贫困线的家庭被纳入，而忽略其收入暂时略高于贫困线的其他家庭。而如果单纯地考虑消费，容易因为其滞后性的特点而不能够及时地反馈扶贫的成效以及潜在的风险所带来的危害，甚至会把部分拥有特殊消费的群体纳入贫困户范围。因此，考虑到单纯使用一种指标所存在的弊端，政府将两种指标同时使用，认为当个人或家庭的收入低于贫困线并且其消费低于贫困线的1.2倍，或者个人或家庭的支出低于贫困线标准并且收入低于贫困线标准1.2倍时才是真正的贫困。

表 2-1　　　　　我国不同年份贫困线标准　　　　　单位：元

年份	1978	1984	1985	1986	1987	1988	1989	1990	1991
贫困线	100	200	206	213	227	236	259	300	304
年份	1992	1993	1995	1997	1998	1999	2000	2007	2008
贫困线	317	440	530	640	635	625	625	785	1067
年份	2008	2010	2011	2014	2015	2016	2017	2018	
贫困线	1196	1274	2300	2800	2968	3146	3335	3535	

第二章 中国农村贫困人口社会保障基本理论分析 / 43

农村贫困人口的识别是精准扶贫的基础,是经由特定的方式把低于贫困线的家庭和人口准确识别出来,并且完全掌握致使这部分家庭或人口致贫的根本原因。① 精准识别主要以贫困线为标准,将农村居民人均纯收入与全国贫困线相比较,如果小于贫困线的则判断其为贫困人口,并且将其建档立卡。同时,除了贫困线这一标准之外,还应统筹考虑"两不愁,三保障",即不愁吃、不愁穿、教育、医疗以及住房保障。②

精准识别主要利用的是"一进二看三算四比五议六定"的途径。"一进"是指村干部、驻村工作队(第一书记)在村庄进行挨家挨户的调查走访,了解各家实际情况。"二看"是要观察农民的居所条件和相关的设施建设等。"三算"是指根据贫困标准对各个农户进行收入与支出的计算,寻找致贫根源。"四比"是指和村里其他家庭的生产生活水平相比。"五议"是指标准,统筹考虑,慎重评议,必须经过大部分村民赞同,务必向村民公示、公告。"六定"是指由村委会和驻村工作队推荐,乡镇政府审核通过,正式判定为贫困户。

精准识别的程序主要分为四个关键环节:申报、初步审核、入户核查、再次审核。申报:在经过村委会、驻村工作队对政府的扶贫政策文件宣传的基础上,农民以自愿申请的方式填写并递交申请书。初步审核:依据"四议两公开"的形式,明确初步目标对象,经过第一次公布没有异议的情况下,上报乡镇政府核查。入户核查:村委会、驻村工作队针对申请的家庭采取上述方法进行实地考察。再次审核:基层政府核查初选人员,明确困难群体的具体人

---

① 汪三贵、郭子豪:《论中国的精准扶贫》,《贵州社会科学》2015 年第 5 期。
② 韩俊:《关于打赢脱贫攻坚战的若干问题的分析思考》,《行政管理改革》2016 年第 8 期。

员,并在每个村庄进行第二次公布,在其他农民无争议的情况下,上报到县扶贫办再次审查,判定合格之后在各个村庄进行公示。①县扶贫办对拟录入信息系统的贫困人口同其他部门的信息进行比较,在经由公告无争议之后纳入贫困人口数据信息系统。

二 中国农村贫困人口类型及致贫原因

近年来,我国政府高度重视扶贫工作的进展和社会民生问题,通过相关的调查发现,在较为富裕的村庄里依然有部分农民仍面临生活困境。这部分困难家庭的人均纯收入与当地社会的平均标准相比还存在较大的差距,急需政府的持续重视与大力扶持。

(一) 中国农村贫困户类型

现阶段,大体上而言,我国乡村地区的贫困人口无论是在数量方面还是在其具体组成人员方面,均没有发生明显的变化。其贫困群体的数目仍然停留在农村总人口数的5%左右,而其具体人员组成则可以按照贫困状况将农村贫困户分为这三类:

(1) 极端贫困户,约占乡村农户总数的1.5%,其无论是生产经营还是居家生活,都高度依赖各级党政组织提供全程扶持和救济。

(2) 一般贫困户,约占乡村农户总数的2%,其基本上能够吃饱饭,但其生产经营,还需要经常性扶持,停止扶持,就有可能陷入极端贫困状态。

(3) 准贫困户,约占乡村农户总数的1.5%,其有能力解决温饱问题,而且人均纯收入已超过现有贫困线的标准,但数年间始终难以进入小康户、富裕户行列。

现阶段,由于各种原因,乡村地区的部分残疾人家庭一直处于

---

① 李祥:《当前扶贫工作中精准识别的问题与对策》,《创造》2016年第4期。

贫困的边沿，急需政府或者社会的扶持来保障其最低生活。正因如此，国家还为穷人提供了一系列特殊补贴。相关部门按照农户的实际情况，例如，其生活水平是否超过了最低生活保障、有无劳动能力等，对其进行划分为扶贫户、低保户和五保户三大类。

这里必须提到的是，贫困家庭基本上划分成绝对贫困和相对贫困。绝对贫困户是无法保证最基本的生活而面临生存危机的农户，在对其进行确定标准时，仅仅以刚好能够保证身体功能正常运转而务必要采买的，并且采买的物品务必是最经济实惠的；相对贫困家庭则是该家庭勉强能够维持最低的生活，然而，其生活状况同社会平均水平而言，存在非常大的差距。

(二) 中国农村贫困人口致贫原因分析

贫困，一方面，是因为拥有资源的稀少，导致了其生活状况远达不到社会可以接受的最低水平；另一方面，是因为个人能力的严重匮乏，这也是其陷入贫困困境的最为根本的成因。

贫困的分类依据有多种，在这里，笔者将中国农村贫困分为两大类：一类为先天性致贫，由于天生自身条件、生存环境和社会氛围而造成的；另一类为后天性致贫，由于天灾人祸、家庭消费资金结构失衡等致使的。

1. 先天性致贫

(1) 因劳动能力不强致贫。

因劳动能力弱致贫，是指因为没有接受相应的教育而使农村居民文化层次低、知识素养不强、各项技能匮乏，从而导致农民无法有效地改进农业生产，即使外出务工也无法寻找到满意的工作，进而造成了整个家庭的贫困以及严重阻碍了"三农"的发展和整个社会的前进。因劳动能力弱致贫，这不仅是致贫的成因之一，同时还是贫困的具体表现。另外，当部分或者全部家庭成员的劳动能力均较弱或者不具备劳动能力（例如，身患残疾、年老体弱）时，容易造成因为个别成员的劳动能力差从而影响整个家庭的经济能力不强，容易陷入贫困。

（2）自然环境恶劣致贫。

我国贫困村县大多都坐落于偏远地区以及自然条件极其恶劣的区域。在我国偏远的地区，由于本身的自然条件，例如，土壤不够肥沃、土地面积不够广阔等，无法开展高效的农业生产，甚至有时候连当地人口的基本生活都无法得到有力的保证。并且由于这部分地区的地理位置较为偏僻，其交通状况非常落后，该地区的农民无法通过有效的渠道和外界取得联系从而掌握最先进的农业技术来发展生产，也很难把当地特色的物品运转到外面广泛的市场上销售从而扩展其经济来源。另外，由于这些地区的长此以往落后的历史状况，使当地薄弱的经济基础无法为改进贫困地区的自然环境提供有力的物质支撑，如此循环往复，贫困现象将愈演愈烈。

（3）因基础设施建设落后致贫。

目前，我国乡村地区的基础设施均远落后于同时期的城镇。农村居民无法接受到与城镇居民一样的教育，他们无法拥有相关的农业知识以及掌握先进的各项技术，从而无法在根本上发展自身而实现脱贫致富的任务。除教育资源之外，在我国乡村地区其他的基础设施与资源都十分欠缺，例如，医疗机制不健全、交通条件落后等，无法为"三农"的发展提供有力的物质基础，也严重阻碍了广大乡村贫困群体的脱贫致富的步伐。[1]

（4）制度、政策方面不均衡和政府帮扶力度不够致贫。

---

[1] 余秀飞：《山区农村贫困原因及脱贫机制实证探讨》，《现代经济信息》2018年第2期。

城乡二元结构的存在，导致农村居民的基本权益无法得到有效的保证，乡村地区社会保障长期处于整个社会保障体系的边沿。另外，政府财政转移支付存在不均衡的问题，长期以来，农村居民在收入再次分配过程中一直没有得到政府的重视，使乡村和城镇的发展相互孤立，乡村地区的贫困现象同长久以来实行的二元体制紧密联系。农村居民无法拥有与城市居民同等的权利与资源，逐渐演变为"三农"发展的制度性困境。

政府已经对乡村地区开展了一系列的扶持工作，并且初见成效。然而，其具体的工作力度还有待进一步的提升，部分农村困难家庭的生活状况依然没有得到有效的改良，大部分家庭仅仅能够满足自身最基本的温饱需要。造成这种现象的原因在于，基层工作人员或者村委会在上报村民的实际情况时，存在权力寻租或者顾虑人情等腐败现象，从而致使其故意隐瞒某些真实情况，公平性缺失。另外，基层工作人员的具体扶持措施仍然采用的是老方法——"任务式"的走访，这种方法所得到的信息的真实性、准确性有待进一步考量。[①] 并且，有一部分困难家庭甚至由于受到政府的长期扶持，产生了严重的依赖性，他们不愿意积极主动地加入减贫、脱贫的队伍。

（5）贫困文化习惯束缚发展致贫。

贫困文化，是指贫困群体由于长期生活在落后的地区，从而形成了一套固有的行为习惯、思想观念、生活方式等。因此，农村居民无法也不愿意同外界沟通交流，他们的想法和观念更加保守，接受新观念的能力欠缺，不利于鼓励农民积极主动地发展各项能力实

---

① 余秀飞：《山区农村贫困原因及脱贫机制实证探讨》，《现代经济信息》2018年第2期。

现脱贫致富。这样，贫困文化就成为阻碍人们发展的一种理念。并且，该文化也将给周边的人群带来不良的影响。它不鼓励个体发展自身能力反而倡导农民安稳地对待政府援助，逐渐演变成为一种惰性思想。人们在长期交往过程中，这种思想也会随之影响到其交际人群中。

长久以来，我国反贫困工作一直都是以经济性分析为主要形式，这容易导致在深究乡村地区贫困成因之时存在盲目性和短期性的问题，同时，仅仅从经济学的视角来探析贫困，往往容易忽视其他因素对于贫困的作用，例如文化素养就常常没有充分考虑。[①] 文化贫困，具有丰富的内涵，也可以把其划分成绝对文化贫困与相对文化贫困两大类。现阶段，在我国乡村地区两种文化贫困均存在，并且暂时无法动摇其根基。一些已经实现脱贫目标的农户尽管他们的经济生活状况得到了较大程度的改善，然而他们的精神面貌、行为举止、道德素质却没有相应地得到提升，依然停留在原来的层次，甚至有的困难农户仍然保留着封建时期的生活方式以及思想观念。例如，许多乡村地区男方家庭在结婚时需要向女方提供高额的彩礼费用，这将可能导致原本普通的农户因为所谓的彩礼而在其结婚后迅速地陷入困境。

2. 后天性致贫

（1）因病、残致贫。

因病致贫是指由于患有慢、重、大型疾病的个人无法通过自身的劳动来获得生活来源，并且在接受治疗过程中还要承担高额的医疗费用，这些费用可能会花费该家庭绝大多数的经济储蓄，使整个

---

① 王博：《农村现期贫困原因与反贫困对策研究——基于甘肃14个贫困村的调查数据》，《财经理论研究》2017年第5期。

家庭面临困境或者陷入了更深层次的贫困。疾病问题也成为大部分农民,尤其是贫困农民担忧的难题之一。

在乡村地区,村民面对较高医疗花销,一旦患有稍微重大型的疾病,普通的农户都无法负担,更何况贫困户。因此,"小病拖,大病扛"现象屡屡存在,常常出现原本轻微的病情经过长时间的拖延不去治疗而演变为重大病情。同时,身体或者心理方面存在障碍,也是致贫的重要成因之一。

(2) 因灾祸致贫。

各项灾害是农户陷入困境或者重返贫困的一个主要成因。因灾祸致贫,可以分为天灾和人祸两类。天灾,是指自然灾害,主要是各种气象灾害,例如,台风、干旱、洪涝、泥石流、冰雹等,这些都会给乡村地区的经济带来严重的损失,甚至会致使一部分以土地为主要经济来源的农户陷入生存危机。人祸,是指人为的意外事故,这往往会导致部分或者全部家庭成员暂时或者永久失去劳动能力,从而致使该家庭迅速面临贫困。

(3) 因学致贫。

这是一种新的致贫成因,亦称"因教致贫"。从其字面便可以理解,是指家庭中由于其部分成员接受教育而造成的困境。这是因为,一方面,教育成本高昂,但是其收益却无法与成本持衡的水平,再加上贫困区域基层财政薄弱,对于教育的支持力度严重不足,为了保持教学工作的正常运行,只得增加学生的费用来填补这一空缺,因而给有学生的家庭增加了经济负担;另一方面,接受过高等教育的人才由于种种原因选择留在城市发展,进而致使乡村地区人才的外流,使乡村教育资源不足的现象更为严峻。

三 中国农村贫困人口现状

（一）在经济上，中国农村贫困人口的经济水平呈现不断上升的趋势，与全国农村平均经济水平的差距进一步缩小，精准扶贫初见成效

据 2018 年国家统计局报告显示，在 2013 年至 2017 年这五年时间里，中国贫困户每年人均可支配收入平均增加 12.4 个百分点，除价格变动影响之外，其实际增加 10.4 个百分点，其经济发展的速度要略快于同期中国农村经济发展水平。[①] 根据中国农村贫困监测调查表明，2017 年中国贫困户人均可支配收入比上一年度增加了 10.5 个百分点，除价格变动影响之外，其实际增加 9.1 个百分点，其增长速度要快于同期中国农民人均可支配收入。并且，2017 年中国贫困户人均可支配收入是中国农村居民人均可支配收入的 69.8%，其比例逐年上升，并且与我国乡村平均水平的差异进一步缩小。

表2-2　　　　　2010—2017 年东中西部农村贫困状况

年份	农村贫困规模（万人）			农村贫困发生率（%）		
	东部	中部	西部	东部	中部	西部
2010	2587	5551	8429	7.1	17.2	29.2
2011	1655	4238	6345	4.7	13.1	21.9
2012	1367	3446	5086	3.9	10.6	17.5
2013	1171	2869	4209	3.3	8.8	14.5
2014	956	2461	3600	2.7	7.5	12.4

---

① 国家统计局：《2017 年全国农村贫困人口明显减少贫困地区农村居民收入加快增长》，2018 年 2 月 1 日，http://www.stats.gov.cn/tjsj/zxfb/201802/t20180201_1579703.html，2018 年 9 月 13 日。

续表

年份	农村贫困规模（万人）			农村贫困发生率（%）		
	东部	中部	西部	东部	中部	西部
2015	653	2007	2914	1.8	6.2	10.0
2016	490	1594	2251	1.4	4.9	7.8
2017	300	1112	1634			

资料来源：国家统计局住户收支与生活状况调查。

（二）在地理位置方面，乡村贫困群体大多分布在我国中西部

依照2017年的相关数据表明，中国东、中、西部地区的农村贫困人口数量户分别为300万、1112万和1634万，其中中西部地区的贫困人口数占中国贫困人口的90%。由此可见，中国贫困户主要分布于中西部地区，并且主要集中于"黑河—腾冲线"附近的山地丘陵区。

2018年，全国共计585个贫困县，其中大部分位于云南、西藏、贵州、新疆等中西部区域，并且集中在革命根据地、少数民族区域和边疆区域。其中，云南省的国家级贫困县最多，其次是西藏自治区、贵州省、陕西省、甘肃省、河北省、四川省以及河南省。

（三）在数量上，近年来，我国乡村贫困人群的规模明显缩小

依据当时的贫困标准，1978年我国农村贫困人口规模7.7亿，其贫困发生率高达97.5%；2016年乡村贫困群体共计4335万，其贫困发生率降至4.5%；截止到2017年年底，贫困农民的数量为3046万人，其贫困发生率为3.1%，比上一年度下降了1.4个百分点。[1] 由此可知，我国乡村地区贫困群体规模逐渐缩小，贫困发生

---

[1] 国家统计局：《2017年全国农村贫困人口明显减少贫困地区农村居民收入加快增长》，2018年2月1日，http://www.stats.gov.cn/tjsj/zxfb/201802/t20180201_1579703.html，2018年9月13日。

率也随之不断下降。

表2-3　　国家级贫困县及农村贫困人口分布情况

省（市、区）	国贫县数量（个）	贫困人口数量（万人）	省（市、区）	国贫县数量（个）	贫困人口数量（万人）	省（市、区）	国贫县数量（个）	贫困人口数量（万人）
北京	0	*	安徽	19	237	四川	37	306
天津	0	*	福建	0	23	贵州	50	402
河北	39	188	江西	13	155	云南	73	373
山西	32	186	山东	0	140	西藏	69	34
内蒙古	31	53	河南	19	371	陕西	50	226
辽宁	0	59	湖北	26	176	甘肃	43	262
吉林	8	57	湖南	20	343	青海	15	31
黑龙江	14	69	广东	0	*	宁夏	8	30
上海	0	*	广西	28	341	新疆	22	147
江苏	0	*	海南	5	32	全国	585	4335
浙江	0	*	重庆	9	45			

注：*表示数值较小，统计上不显著。

资料来源：《中国统计摘要（2017）》。

自改革开放以来，中国乡村地区贫困群体规模缩减了7亿。21世纪之前，乡村地区贫困人群降低了3.1亿，占改革开放以来农村减贫数量的44.0%，贫困发生率下降了47.7个百分点，贫困人口年均减少2.2%。步入21世纪之后，乡村地区贫困群体规模减少了3.9亿，乡村地区贫困群体规模缩小的数量所占减贫总数量的比例为56%，贫困发生率下降42.6个百分点，贫困人口年均减少9.7%。2010年之后，中国农村贫困人口下降速度显著加快。2010年，农村贫困发生率为17.2%，贫困人口规模为1.66亿，至2016

年,其人口数量缩减了12232万人,同时贫困发生率下降12.7个百分点。

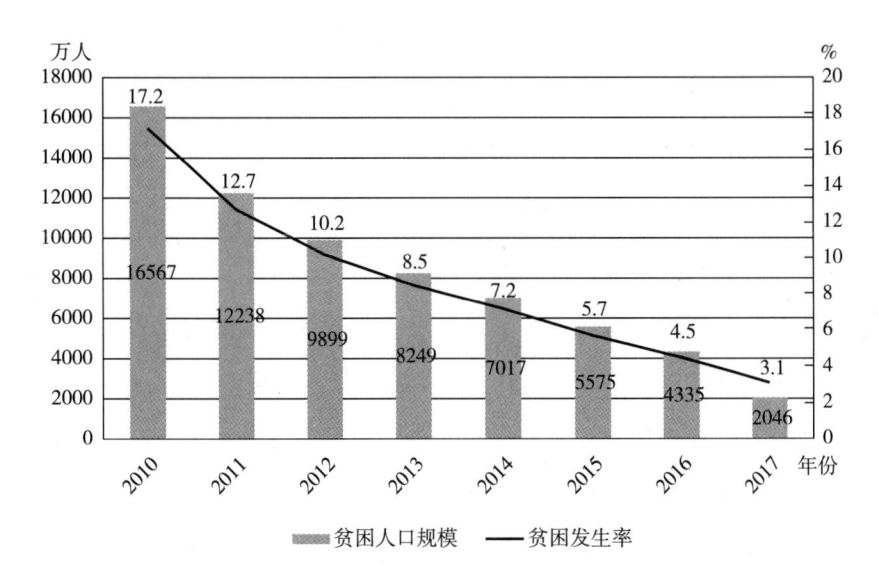

图 2-1 2010—2017年来中国农村贫困人口变化情况

资料来源:《中国农村贫困监测报告(2017)》。

第二节 中国农村贫困人口的脱贫实践

一 中国扶贫政策的演变

(一)全国农村普遍贫困及扶贫阶段(1949—1985年)

自1840年鸦片战争爆发至1949年中华人民共和国成立,中国不断遭受帝国主义国家的入侵,战争频繁,半殖民和半封建的社会经济制度严重桎梏了生产力的发展。特别到1949年中华人民共和国成立时,中国在遭受长期严重的战争创伤之后,经济萎靡不振,通货膨胀,市场紊乱。

为了快速地改变这种状况，追上并且超越发达国家，综合考量国内外情况，我国政府制定了以行政方式为主的计划经济资源分配机制。并且，明确指出要优先加快重工业的发展，加速我国工业化的进程。然而，当时我国的实际国情是农民数量要远超过城镇居民，而且乡村经济十分薄弱，无法为我国工业化的发展提供有力的物质保障。从20世纪50年代初期开始到70年代左右，政府利用土地等重要的生产资料的集体所有、农产品的指令性低价收购以及社区内的平均分配等具体措施，大量地集中农村资源支持工业，另外也在一定程度上满足农村居民的基本生存需求，极大地有效地缓解了全国性的贫困难题。[①] 由于该体制自身的弊端以及我国经济发展在摸索过程中出现了一些挫折，虽然我国整体的经济状况与社会水平取得了一定的成果，工业化的进程也较为迅速，但是国民的整体生活状况仍然较为艰苦，大部分人民处于绝对贫困线之下。

1978年中国实行改革开放。经过了一段时间的探索，我国政府开始尝试以市场经济为主要方式进行资源的分配。用比较优势发展战略替代了重工业发展优先战略，确立了"让一部分人先富起来，最终实现共同富裕"的执政兴国方针。同时，乡村地区开始实施家庭联产承包责任制，对农村也进行了相应的改革，大力激励乡镇企业的发展。这些改革措施极大地促进了农村经济的发展并使多数农村人口受益。农民收入和消费水平的迅速提高大大缓解了中国农村的贫困状况，使大多数农民摆脱了极端的贫穷。中国的改革开放政策也使东部沿海地区的经济迅速崛起，并由此带动了整个中国经济的发展。

---

① 朱婷：《多源流理论视角下我国农村扶贫政策变迁研究》，硕士学位论文，云南师范大学，2017年，第15页。

这一阶段，可以分为两个不同的发展时期，第一个时期是1949—1977年，这一时期，除制定村庄财产公有制之外，当时政府针对提高农业生产水平也制定了许多具有可操作性的举措：加强全国各个地区的基础实施建设，改进乡村的灌溉设施与交通状况，从而不断地提升农村生产水平，为"三农"的发展奠定基础；构建了专门的农业科技服务网络，在全国各地共计成立了40000个左右的农技推广站，大体上形成了一个全覆盖的乡镇的农业技术推广服务网络系统，使许多先进又具有操作性的农业技术得到了有效的运用以及推广；成立了乡村地区合作信用体系，提升我国乡村地区的金融服务水平；① 乡村地区的基础教育和基本医疗卫生服务实现了飞速的发展，有效地保障农村居民的正当权益；初步成立了以农村"五保"为主要内容的乡村社会保障制度，保障了乡村地区不具备劳动能力以及面临生存危机的特困群体的最低生活需求。②

第二个时期为1978—1985年。自1978年起，市场经济手段开始发挥特有的作用，制定相关的农村地区发展改革的一系列政策制度。在该阶段，我国在扶贫领域开展的活动具体有：成立了"支援经济不发达地区发展资金"，以专门促进老革命基地、少数民族区域以及贫困边远区域的社会经济发展；我国政府于1982年开始对甘肃省定西、河西以及宁夏回族自治区西海固等地制定了"三西"的帮扶措施，年均资金投入量为2亿元；③ 开展了"以工代赈"的扶持举措，加强贫困区域的基础设施建设；制定了《关于

---

① 吴华：《中等收入阶段中国减贫发展战略与政策选择》，博士学位论文，财政部财政科学研究所，2012年，第57页。
② 张庭余：《济南市农村扶贫问题及对策研究》，硕士学位论文，山东大学，2009年，第8—9页。
③ 文建龙：《改革开放以来中国共产党的扶贫实践》，《大庆师范学院学报》2016年第1期。

尽快改变贫困地区面貌的通知》，明确了对贫困区域发展的大力支持。①

（二）扶贫攻坚区域扶贫阶段（1986—2012年）

当农村的改革所带来的增长和减贫效应减弱后，20世纪80年代中期，农村经济增长和农民生活改善状况又陷入停滞。特别在中西部的一些落后的地区，农民的收入和生活水平提高缓慢，与沿海地区的农民的收入差距扩大。在这样一种背景下，中央政府于1986年正式制定了直接针对贫困区域有计划有组织的大规模帮扶工作。为此，从中央到地方都成立了专门的扶贫开发机构，中央政府在全国确定了数百个重点扶持的贫困县并拟订了针对性的投资规划，鼓励社会力量参与到帮扶工作之中。尽管20世纪80年代末，乡村经济的增长速度逐步放缓，但脱贫人口仍然在持续上升。

我国政府于1993年制订了"八七扶贫攻坚计划"，明确指出，要在未来的七年之内即21世纪到来之前，基本上实现8000万乡村绝对贫困群体过上不愁温饱的日子。同时，还根据当时的具体状况，进一步地调整乡村地区反贫困工作：其一，贫困县的名额增多；其二，扶贫资金的财政投入量得到了提升；其三，实施定点帮扶，加强区域之间在反贫困领域的协同合作力度；其四，通过制定相关的政策来倡导社会力量参与到反贫困工作中来；其五，着重注重对我国西部进行人力资本的投入；其六，强化反贫困的动态监管。在20世纪末，在高速经济增长和大规模扶贫开发的共同作用下，中国的农村贫困人口进一步减少到2000年的3200万，占全国农村人口的3.4%。

---

① 余吉玲：《贫困与反贫困问题研究——以平凉市少数民族贫困片带扶贫开发为例》，硕士学位论文，兰州大学，2011年，第14—15页。

进入21世纪以来,中国经济持续高速增长,但是城乡之间和区域之间的差异日趋扩大。为了尽快实现全面小康社会,政府强调要大力发展"三农",从而使农村的发展逐渐追上城镇发展的步伐,有效地缩短城乡间的差异。步入21世纪之后,政府发布了《中国农村扶贫开发纲要(2001—2010)》,确切地指出,要加快实现国民温饱不愁的目标,逐步改进贫困区域的社会经济状况,巩固反贫困的成效,并且在此基础之上继续推进反贫困的步伐。同时,提到21世纪的反贫困工作要以村庄作为基本单位来实施,力图经过推进村庄的发展、劳动力培训转移以及产业化扶贫等方法来加快当地的社会经济发展,逐步提升困难人群的生活条件。新时期农村开发扶贫的另一个重要特点是强调困难群体自身的参与。随着困难人群规模的不断缩减,我国乡村地区反贫困工作的难度逐渐增加,因此在这一阶段,有专门的扶贫部门来加快反贫困工作的制度化、专业化进程,其采取的具体措施主要有:

(1)对乡村地区开展开发式帮扶措施,即在政府的有力支撑下,充分利用贫困区域优势的资源开展特色产业,通过这些产业来带动困难群体提升自身各方面的能力,从而加快实现减贫脱贫的目标。

(2)制定贫困标准,以县作为基本单位来明确重点帮扶区域。①

(3)持续推行"支援不发达地区发展资金""以工代赈""三西扶贫"政策,采取信贷帮扶措施。②

---

① 余吉玲:《贫困与反贫困问题研究——以平凉市少数民族贫困片带扶贫开发为例》,硕士学位论文,兰州大学,2011年,第15页。
② 文建龙:《改革开放以来中国共产党的扶贫实践》,《大庆师范学院学报》2016年第1期。

（4）提升贫困群体的生活水平，大力建设乡村地区基础设施，改进贫困区域的自然状况，从而为该地区的社会经济发展奠定基础，进一步推动了反贫困工作的进程。

（5）把少数民族区域、老革命根据地、边疆区域以及特困地区视作我国反贫困工作的重心，另外，着重关注对残疾农民的扶持，加大对其帮扶的力度。

（6）大力推动农村产业化经营模式，加快乡村农产品的市场建设，增强困难农民的发展能力。

（7）利用先进的科学技术对困难群体进行帮扶，在乡村地区开展与"三农"息息相关的科技培训，大力增强农民使用先进科技的能力，从而促进反贫困的步伐。

（三）逐个突破精准扶贫阶段（2013年至今）

我国乡村地区反贫困工作正式起源于20世纪80年代中期，随着党中央和国务院相继出台了多项扶贫攻坚计划与扶贫纲要，我国贫困地区的治理成效甚为明显。但是，这一时期的反贫困工作中同样存在不少困境，例如，帮扶对象模糊不清、具体状况不了解、针对性较弱、资金的用途不确切等。

2013年，习近平总书记在湖南湘西考察时，提出"扶贫要实事求是，因地制宜，要精准扶贫，切忌喊口号，也不要定好高骛远的目标"，同时初次提出"精准扶贫"，这一概念的提出是党中央对我国扶贫开发理念的进一步丰富与创新，势必对新时期的扶贫工作带来重要并深远的影响。随后，同年12月，党中央国务院发表了《关于创新机制扎实推进农村扶贫开发工作的意见》，明确地要求尽快成立精准扶贫工作机制和完善干部驻村的帮扶工作机制。2014年公布的《关于创新机制扎实推进农村扶贫开发工作的意见》，为我国今后的扶贫工作制定了战略性的部署，强调成立精准扶贫工作机制：由政府统一制定拟定扶贫对象识别的标准，各个地方政府在总结现有工作的经验教训的同时，要尽快实现扶贫开发与农村低保政策的有效互动，把县作为其帮扶的基本单位，依照规模把控、分级负责、准确识别、动态治理的规则，对各个贫困村庄、困难家庭实施建档立卡工作，完善统一的扶贫信息网络系统；① 将扶贫举措同贫困户识别的结果相联系，进而探析贫困户致贫的成因，并在此基础上根据因人制宜的原则拟定恰当的帮扶举措，从而集中资源帮扶贫困人口，真正意义上做到扶真贫、真扶贫，保证在原定时间内实现稳步脱贫的目的。习近平总书记于2015年将云南省作为第一调研地区，并且再次强调，要确切地实践精准扶贫的理念。扶贫开发的重点与难点都在于其工作的精确度，精准扶贫是否能够有效地实现也在于精准度。各地政府要为了做到目标人群、项目帮扶、资源使用、因户施措、因村派人（第一书记）、扶贫效果等领域都达到准确的目标，而采取相关的措施适应当地的实际情况，从而有效地实现精准扶贫的目标。② 并提出了"四个一批"，即经过促进生产与就业发展一批、经过移民搬迁安置一批、经过低保政策兜底一批、经过医疗救济帮扶一批，为中国的精准扶贫、精准脱贫指出了明确的方向与目标。党的十八届五中全会更是提出了，在我国现行的贫困线的标准之下，2020年农村贫困对象实现全面脱贫、贫困县全数摘帽，彻底解决区域性贫困的难题，实现全面建成小康社会的目标。之后发表的《关于打赢脱贫攻坚战的决定》成为新时期各省区实施精准扶贫的纲领性文件。在脱贫攻坚

---

① 韩连贵、李铁君、刘春生等：《农村脱贫致富综合开发治理、科学精准扶持建设方略规程》，《经济研究参考》2017年第57期。
② 郭建文：《农村经济企业化理论初探——兼论农村精准扶贫产业帮扶战略升级的路向》，《华中师范大学研究生学报》2018年第1期。

决胜的期间，党的十九大报告再次强调，要坚决打赢脱贫攻坚战，保证达成在我国现行贫困标准之下到2020年贫困户全部脱贫、贫困县全数摘帽，做到脱真贫、真脱贫。

精准扶贫是粗放扶贫的相对面，这一概念的提出能够有效地避免过去反贫困工作所遇到的种种问题，使帮扶工作做到精准化、准确化，明确了反贫困工作当中资源的具体使用过程、使用效果、目标对象，有助于将有效的帮扶资源用到真正需要扶持的困难农民手中，极大地预防了数字扶贫、人情扶贫、关系扶贫等弄虚作假的现象。

二　中国农村的主要扶贫模式

《中国农村扶贫开发纲要（2011—2020年）》进一步指明了，要加快巩固已有的扶贫成效、继续推进反贫困的进程、改进贫困区域的生态条件、增强困难群体自身的能力、不断缩短区域间的差异，进而推动更深层的反贫困工作的开展。我国反贫困工作坚持把开发式扶贫同社会保障两项政策衔接起来，专项扶贫、行业扶贫以及社会扶贫联动，外部力量和贫困户自身能力相结合，进而构成了中国式扶贫模式，主要有：

（一）整村推进

在新时期，政府在全国反贫困工作的经验教训的基础上，把村庄作为反贫困工作的基本单位，从而全方位地推行"参与式整村推进扶贫"，这标志着"整村推进"的新模式正式形成。

"整村推进"是为了实现以村庄为单位的乡村地区的全方位发展，坚持开发和发展同时进行，一次性规划，分阶段实行，突出重心，在整体上推行。它主要内容是通过以政府财政支持为主、整合各个村庄闲散的资源和大力倡导与鼓励社会力量参与其中，集中所有资源全面推进各个村庄的减贫脱贫进程，从而进一步促进"三农"的快速发展、提高困难农民的经济能力,同时大力发展乡村地区的各项基础设施、设备。

(二)产业扶贫

产业扶贫主要是一种以市场竞争为导向,以追求经济利益为中心,以产业发展为依托的扶贫帮扶方式。① 其本质是采取扶持优势产业来提高贫困地区的"造血"机能,它与单纯的企业扶贫、项目扶贫比较而言,具备更强的辐射力和带动力。② 因此,具体而言,是通过发展该地区优势产业,来带动周围贫困区域、困难农民的经济发展。

(三)搬迁式扶贫

移民安置扶贫模式,又称异地扶贫搬迁模式,它与救济式帮扶与开发式帮扶两者均有所不同。该模式主要是针对那些生活在自然环境较为恶劣地域的贫困人口而言的,对此可以采取将这些贫困人群搬迁到自然条件相对而言较良好的地区的方式以提高他们的生产、生活水平,具体的安置模式有:中心村就近安置、小城镇安置以及农业示范园区安置等模式。③

现阶段,搬迁式扶贫在实践过程当中又可以具体地分为三类:一是另外选址安置移民,即由政府作为主导进行规划,有计划地组织移民到自然地理条件较为发达、社会经济状况较为良好的地区,为移民人口的发展创造了良好的环境;二是插户移民,即由贫困农民作为主体,积极主动地投靠自己的亲朋好友,政府在这一过程当

---

① 胡振光、向德平:《参与式治理视角下产业扶贫的发展瓶颈及完善路径》,《学习与实践》2014年第4期。
② 吴理财、瞿姣春:《反贫困中的政府、企业与贫困户的利益耦合机制》,《西北农林科技大学学报》(社会科学版)2018年第3期。
③ 张茹、王耀麟、张爱国:《陕西省定边县扶贫移民安置模式分析》,《中国人口·资源与环境》2014年第S3期。

中为移民群体提供一定的资金支持，分散移民；三是分步移民，即先选择并建立移民地，在移民地建设完善能够满足人们的基本生活需要以后，再全体搬迁。

(四) 社会扶贫

社会扶贫是指在政府大力倡导与鼓舞下，社会各方力量全面参与的一种扶贫形式。在反贫困工作当中，在坚持政府的主体作用下，极力倡导社会力量积极主动地参与帮扶工作中，能够有助于贫困区域的社会经济发展，进而推动我国整体反贫困工作的进展。

第三节　中国农村贫困人口社会保障制度安排

一　农村贫困人口社会保障相关概念体系

(一) 社会保障

社会保障是我国重要的社会政策之一，国内外学者们对于社会保障这一概念的界定有多种，目前国内学术界较为公认的是郑功成的观点，即社会保障是国家或社会依法建立的、具有经济福利性的、社会化的国民生活保障系统。[①] 具体来说，社会保障又可以分为基本社会保障和补充社会保障两类：基本社会保障是经过立法规定、以政府作为主体，涵盖了社会福利、社会保险、社会救助以及对军人的社会保障等内容；补充社会保障是在政府的支持下整合各方社会力量与资源，大致涵盖了互助保障、慈善事业和企业年金

[①] 郑功成：《社会保障概论》，转引自禹宁《中国农村社会保障问题研究》，复旦大学出版社2003年版，第4页。

等,这些内容均是基本社会保障的延伸,对基本社会保障机制具有补充和辅助的作用。

(二) 农村社会救助

农村社会救助是指政府与社会针对乡村地区中没有法定义务抚养人、不具备劳动能力、无任何经济来源的老年群体、残疾人群、未成年人等社会脆弱人群,采取实物扶持或者款物救济以及社会服务等形式,以有效地保证这些群体的最低生活需要。

由此可知,我国农村社会救助制度的主要作用是保证农村居民能够维持其最基本的生活标准。在农村社会救助制度中,具体工作的主导者是我国的民政部门。中央政府颁布的《社会救助暂行办法》,更是明确了农村社会救助的范围,涵盖了农村最低生活保障制度、灾害救助、医疗救助、教育救助、住房救助、就业救助、临时救助等多个领域。并且自改革开放之后,我国社会救助在实践过程中,逐渐发展与完善,现阶段已初步形成了以最低生活保障制度和农村特困人员救助供养制度为核心,以医疗救助、住房救助、教育救助等专项救助为辅,以临时救助为补充的新型社会救助体系。①

1. 农村最低生活保障

在农村贫困人口社会保障的研究当中,农村最低生活保障制度是其中一项关键的机制,其作用至关重要。最低生活保障这一概念最早是由英国经济学家帕特里克·明福德提出的,他认为这是一项国家保障贫困人口最低生活标准的制度。② 随着我国学术界对农村

---

① 刘喜堂:《建国 60 年来我国社会救助发展历程与制度变迁》,《华中师范大学学报》2010 年第 4 期。
② 唐钧:《最后的安全网——中国城市居民最低生活保障制度的框架》,《中国社会科学》1998 年第 1 期。

最低生活保障制度研究的不断深入，学术界也出现了从多个角度对其进行定义。许多研究者以社会保障为理论基础，认为这是一种"由财政负责供款，为贫困者提供生活救助，以保障其最低生活水平的社会保障制度"①，它的实质是通过转移一些社会资源来实现社会福利水平的提升。而有的学者则从反贫困的角度入手，指出最低生活保障制度是一种"差额补助"的方式，它是一项能够维持贫困人口最基本生活的制度。②

2. 农村特困人员救助供养

特困人员救助供养，是我国整体社会救助当中的重要构成内容之一，它的目标对象是生活最为贫困、能力最为欠缺的群体，即所谓的无依无靠、无人照料的城乡"三无"群体，充分体现了我国社会主义的优势。

为了有效地处理好"三无"人群的生存权益困境，自20世纪50年代以来，政府依次针对乡村地区制定了五保供养政策，针对城镇则相应地制定了"三无"人员救济措施。农村五保主要是指政府或者集体关于乡村地区的无法定义务赡养者、不具备劳动能力、无任何经济来源的老人、孤儿以及残疾群体而实行的供养制度。③是在中华人民共和国成立之后，在乡村集体经济的基础之上，建立的一项区别于封建社会施舍慈善活动的，制度化、规范化的互帮互助的社会保障政策，是我国传统农村社会救济的一项重大创新，它既带有养老制度成分，又有农村居民最低生活保障成分。④它的实施

---

① 高宏伟：《完善农村低保制度的思考》，《中国特色社会主义研究》2013年第5期。
② 左菁：《中国"反贫困"社会救助法律制度——农村最低生活保障制度实施的制度障碍分析》，《河北法学》2007年第7期。.
③ 王先进：《五保供养政策的历史传承与制度创新》，《学习与实践》2007年第9期。
④ 张文兵：《"五保"制度：从互助共济到政府救助进程中的问题与对策》，《经济研究参考》2007年第45期。

能够有效地维持乡村地区最为困难的弱势群体的基本生活,使之不至于陷入生存困境之中,从而充分地表现出了我国社会主义的本质优势。

自21世纪以来,中央政府在原有的政策文件的基础上修订并且实现了新的《农村五保供养工作条例》,该条例明确地指出,随着我国乡村地区实际情况的变动,农村五保的集体补贴不复存在,要逐步转向以政府财政支持为主。政府于2014年推行的《社会救助暂行办法》,把乡村地区的五保与城镇"三无"人员救助有机地结合为共同的特困人员供养。之后,政府颁布的《关于进一步健全特困人员救助供养制度的意见》,要求把满足相关规定的所有特困群体悉数纳进救助供养工作之中,务必保证应救尽救、应养尽养。截至目前,在国家大力的支持下,城乡特困群体的救助工作取得了显著的效果。

(三)农村社会保险

社会保险是社会保障的核心,在整个社会保障中处于社会救助与社会福利两者之间,涵盖了养老、医疗、失业、工伤和生育保险等具体项目。现阶段,我国农村社会保险主要由养老保险和医疗保险构成。

1. 农村养老保险

农村养老保险制度发端于20世纪80年代,经历了农村社会养老保险、新型农村社会养老保险以及城乡居民基本养老保险三大发展历程。

"老农保"于20世纪80年代在一些经济发达省份开始试点,并在90年代推广的一种养老保障模式,是按照参保人缴费为主、集体补贴为辅、政府提供制度支持的原则,参照商业保险一次性收缴一定养老保险费"以息养老"的模式,以银行高利率回报支撑方式建立起来的一种养老保险。"老农保"本质上并不是真正意义上的社会养老保险，它主要强调个人缴纳养老保险费为主，国家只是政策的提供方而不是资金的供给者，并且在那个时期，我国乡村地区实行了各项改革，在改革之后乡村集体经济不复存在，因此集体补贴形同虚设，"老农保"究其实质而言，只是农民的自我储蓄养老。经过一段时间的发展，"老农保"的各项弊端纷纷显露出来，在20世纪末的时候，政府发现它无法发挥其有效的作用，因此暂停该项政策。

"新农保"是在2009年开始实行的，一项以政府为主导的、保障乡村地区人们在其年老时的基本生活需求的社会养老保障政策。在这项政策之中，农民的养老金待遇主要包括基础养老金与个人账户两个部分，养老金的发放期限是从农民一旦到达该规定的年龄一直持续发放到其死亡为止。中央政府以人均每月55元作为基础养老金的补贴额度，而各地方政府能够按照当地的具体状况适当地提升基础养老金的水平，针对参保年限越长的村民，可以酌情增加养老金的发放额度，而这一部分加发的资金由地方财政承担。另外，个人账户的每月发放的额度是按照个人账户全部储蓄除以139（与现行城镇职工基本养老保险个人账户养老金计发系数相同）而得出的。当参保者去世之后，他本人个人账户中剩余未发放完的金额，其法定继承人能够获得。同时，随着社会经济的不断发展以及物价水平的不断上涨，政府也会每间隔一段时间随之对养老金的发放标准进行适量的提升。"新农保"与"老农保"的最大区别在于由国家进行保底，这在历史上是第一次从本质上较为充分地满足了农村居民在其年老时的基本需求，凸显了养老保障政策的普惠性。

城乡居民基本养老保险制度是政府在总结新型农村社会养老保

险和城镇居民社会养老保险工作的经验教训的基础上，把这两项政策整合起来共同推行而来的，从而实现构建全国统筹的一项养老保险政策。城乡居民基本养老保险是指由国家主导实行的，能够有效地维持城乡居民在其年老之后的基本生活需求的一项保障措施。它具备鲜明的低费用、强保障、广受益的特征，有助于缓解我国日趋严重的老龄化所带来的种种压力，为社会的持续健康发展创造了稳定的环境基础，有利于进一步地推进小康社会以及乡村振兴的步伐。

2. 农村医疗保险

农村合作医疗是我国乡村地区医疗保障的主要内容之一，它的资金来源于国家财政拨款、乡村集体补贴以及村民的参保费三大方面。整体而言，它是一项具有互助互济功能的农村医疗保障制度。农村合作医疗在我国最先起源于20世纪50年代老革命根据的保健医社和卫生合作社，这也是我国乡村地区医疗保障的最早源头。中华人民共和国成立之后，社会不断地发展，这种医疗形式也得到了不断地完善与丰富，在三大改造时期，我国乡村地区的医疗政策大体上保留了之前的制度，但是增加了"合医合防不合药"（免医疗服务费和预防保健费，药费农民自理）的内容，在一定程度上缓解了农村居民的经济压力。一直发展到20世纪60年代，逐步形成了现在所看到的合作医疗大体框架，当时的领导人指出在农村地区具体实施医疗保障时要采取"村办村管""村办乡管""乡村连办"等途径。这种形式随后在全国范围内广泛推行起来，在1978年之前，它大体上实现了广覆盖的目标。但是，在十一届三中全会之后，我国乡村地区进行了各方面的改革，改革为乡村地区带来了发展动力的同时，也使乡村集体经济不复存在，从而导致农村合作医疗失去了主心骨，甚至一度陷入了停滞的状态。

以上所说的农村合作医疗，现在被称为"老农合"，它只是一种村集体之间互帮互助的社区保障，只是在以村庄为地域界限的范围之内，对本村集体内的农民进行保障与帮扶的一项政策，而且其保障与帮扶的程度与该集体经济发展的水平息息相关。并不是真正意义上的社会医疗保障，不是我国政府依据立法机关制定的相应立法而实行的保障、帮扶政策。在这一阶段，政府财政也没有对其起到任何作用，不具备真正社会保障所拥有的再分配功能。

在老农合陷入了停滞状态之后，再加上我国乡村地区长期落后的经济状况，导致农民"小病挨、大病拖、重病才往医院抬"的现象屡屡存在，由于重大、慢性疾病而使家庭陷入贫困或者重返贫困的情况十分严峻。

因此，政府于2002年作出了《关于进一步加强农村卫生工作的决定》，在这一决定中确切地提出了，要分步骤地构建一个完整的以大病统筹为核心的新型农村合作医疗制度，即所谓的"新农合"。随后，在下一年度，我国政府便开始在全国各地区逐步开展了新农合的试点工作。试点工作开展至2010年时，已经大体上实现了全覆盖的目标，在很大程度之上保障了农村居民的身体健康状态，减少了村民的经济压力，同时也为反贫困工作贡献了一份力量。

新型农村合作医疗，不同于"老农合"，它是指政府根据相关的法律规定而主导实施的，以农村居民自愿参保为原则的，由国家财政、集体经济以及参保农民个体三方共同筹集资金的，以大病统筹为核心内容的一项维持村民在其身患疾病之时的基本生活的医疗互助政策。我国中央政府在2012年实施了《关于开展城乡居民大病保险工作的指导意见》，该文件以明文的形式指出，关于我国现有的医疗保障制度中面临的大病负担压力大的难题，要积极地引入市场力量，成立相应的大病保险机制，以充分有效地分担公民患有重大疾病时所应支付的费用，并且强调针对重大疾病的报销比重不能够少于治疗费用的一半。这一项规定有助于我国政府处理好"因病致贫、返贫"困境，能够有效地保证人们即使身患重大疾病也依然可以维持基本生活而不至于因为医疗费用陷入生存困境中。城乡居民大病保险，是在基本医疗保障的基础上，针对患有大病的人群应支付的高额医疗费用提供进一步报销的一项制度性安排，可进一步放大保障效用，有效地弥补与完善了我国基本医疗保障的内容，是对基本医疗保障的丰富与发展。① 这一项政策将能够在很大程度上缓解患者家庭的经济压力，可以促进因病致贫、返贫困境的进一步处理，充分体现了互助共济的特征，有助于社会的稳定发展。

中央政府在2016年发布了《关于整合城乡居民基本医疗保险制度的意见》，明确地指出，要实现把城镇居民基本医疗保险与新型农村合作医疗整合起来构建城乡居民基本医疗保险（"城乡居民医保"）。截至目前，我国医疗保障已经完成了全覆盖的目标，广泛而有力地保障了我国公民的医疗权益。

（四）农村社会福利

农村社会福利是指政府以及社会为了进一步优化与健全农村居民特别是贫困群体的社会生活的一项政策制度，可以划分成整体性农村社会福利与农村特殊群体社会福利两大类。其中，整体性社会福利是指为了改善乡村地区整体村民的生活条件的各项服务项目，从而按照相关的规定保障广大农民群体的各类福利待遇和基本权

---

① 国家发展和改革委、卫生部、财政部、人社部、民政部、保险监督管理委员会：《六部门关于开展城乡居民大病保险工作的指导意见》，2012年8月31日，http://www.gov.cn/gzdt/2012-08/31/content_2214223.htm，2018年9月13日。

益。而农村特殊群体社会福利是针对部分生活能力较差的特殊人口的社会照顾和政策措施，如农村儿童社会福利、农村老年人社会福利、农村残疾人社会福利等。

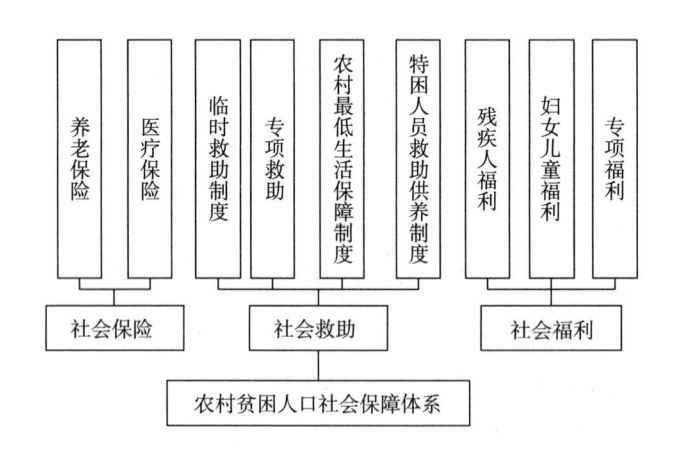

（五）农村贫困人口社会保障

农村贫困人口社会保障是政府和社会从多渠道筹集资金，在精准识别农村贫困人口的基础上，采用多种保障形式向困难群体基于资金、实物或社会服务等扶持措施，以有效地保障困难人群的基本生活和权益。农村贫困人口社会保障是以农村社会救助制度为核心的，包括社会保险和社会福利在内的一系列社会保障制度。

图 2-2　中国农村贫困人口社会保障体系

1. 农村贫困人口社会救助

社会救助是最基础的社会保障形式，也是农村反贫困的基本制度安排，在保障贫困人口基本生存和缓解其贫困程度方面具有积极意义。我国社会救助具体而言，包括最低生活保障、特困人员供养、专项救助和临时救助四大领域。2014年出台的《社会救助暂行办法》是农村贫困人口社会救助的主要制度依据。

(1) 农村最低生活保障制度。

农村最低生活保障制度是指对于不具备劳动能力或者生存面临危机的农村困难人群，政府根据相关的规定以一定标准给予这部分群体能够维持最低生存状态的物质或资金方面的帮扶，它也是整个社会保障制度的"最后一道防线"。

《中华人民共和国国民经济和社会发展第十三个五年规划纲要》确切地提出，针对部分不能够通过产业帮扶以及就业扶持减贫脱贫的农户利用社保的托底作用，把全部满足帮扶标准的困难农户纳进低保范畴，完成应保尽保的要求。

2015年制定的《中共中央国务院关于打赢脱贫攻坚战的决定》要求务必坚持把扶贫开发和社会保障两项政策衔接联动起来共同对抗贫困问题。该文件对于农村低保也有所规定，要求应尽快实现低保在每个省份内构建一个有效的衔接机制，同时要不断提高低保的保障水平，使其与经济发展速度保持一定的幅度。

随后，民政部门颁布了《关于贯彻落实〈中共中央国务院关于打赢脱贫攻坚战的决定〉的通知》，对低保的顶层设计进行了细化分析，主要内容涵盖了明确农村低保目标人群、保障标准的动态调整机制、救助扶持的重点人群等方面。

(2) 特困人员救助供养制度。

该项救助主要内容是农村五保与特困人员救助供养。农村五保是一项具有中国特色的社会救助项目，它所保障的对象的具体标准在前文已经提及过，广义上来说，它的目标人群是我国乡村地区生活最为困难、生存已经面临危机的弱势人口。特困人员救助供养制度，作为我国社会救助项目之一，它的重要性不言而喻，无论是在反贫困领域还是在经济发展领域中均起到了重要的作用。因此，它也是我国反贫困战略当中重要的举措之一。政府在2016年发布的

《国务院关于进一步健全特困人员救助供养制度的意见》，明文要求要加快关于特困人员救助供养体系的发展与完善，并且指出区域与区域之间要尽快建立特困人员救助供养与城乡居民基本养老保险、基本医疗保障、最低生活保障、孤儿基本生活保障、社会福利等政策的衔接机制。

（3）专项救助制度。

该救助覆盖了灾害救助、医疗救助、教育救助、住房救助、就业救助等多个领域。专项救助制度主要针对农村贫困人口面临"因灾致贫""因病致贫""因教致贫""因住致贫"等困境时提供相应的援助，用于缓解其面临的困境。

（4）临时救助制度。

农村贫困人口临时救助是对农村贫困人口面临突发意外事故、重大疾病等状况时，无法维持其基本生活甚至面临生存危机，其他救助项目暂时难以顾及或经过一定的救助以后其生存生活依然无法保证时而提供的救急性扶持措施。这种救助的主要形式有：救助金、物品以及社会服务等。临时救助制度的主要功能和作用体现在两方面：一是可以有效地处理好贫困人口面临的暂时的、突发的意外事故；二是可以在一定程度上缩减群体间收入的差异，进而体现减贫脱贫的制度功能。成立一个完整的临时救助体系，能够有效地弥补社会救助中存在的漏洞，可以补"短板"、扫"盲区"，从而实现对农村贫困人口基本生活的全方位保障。因此，临时救助制度是社会救助体系的重要组成部分，能够有力地保障贫困群体的基本权益，缓解社会矛盾，为整个社会的发展进步创造了稳定和谐的环境。

《中共中央国务院关于打赢脱贫攻坚战的决定》确切指出，要加快推进临时救助制度在贫困区域的落实进展。另外，《民政部关于贯彻落实《中共中央国务院关于打赢脱贫攻坚战的决定》的通知》要求充分地发挥临时救助的托底作用、增强兜底保障的能力和救助时效、加强"救急难"、组织实施"同舟工程"等，着重注意贫困群体的个案性紧急难题。

2. 农村贫困人口社会保险

（1）农村贫困人口养老保险。

养老保险是政府以及社会对法定范围内的劳动者在其年老时，仍然可以获得有效而稳定的资源以充分地维持其基本生活的各项需求的一项保险政策。养老保险在反贫困实践中具有极为重要的作用。当前尚未脱贫的农村贫困人口中老弱病残占比大，多数缺乏脱贫的内生动力，基本上难以靠其自身努力而脱贫。应进一步完善城乡居民养老保险的制度设计，完善相关配套政策，在现有社会救助济贫的基础上，建立城乡居民养老保险与低保、救助等相关保障扶贫的协同机制，织密、织牢社会保障"安全网"，力图缓解老龄化所带来的种种压力，有效地发挥其减贫的功能。

早在1986年，我国农村贫困人口养老保险便开始了探索，并于1991年正式在全国有条件的地区开展农村社会养老保险制度的试点，到2005年，全国基本上建立了我国最早的农村贫困人口养老保险制度，通常被称为"老农保"。随着中国步入老龄化社会，并且老龄化进程不断加速，以及计划生育国策的推行使家庭养老压力日趋严重，再加上土地养老的功能也随之弱化，老农保已经不再能够满足农民的需求。中央政府于2009年开始实行了《国务院关于开展新型农村社会养老保险试点的指导意见》，在全国各地正式推行新农保的试点工作。2012年，新农保在全国范围内全面展开，在我国乡村地区大体上呈现出全面覆盖的局势。党的十八大正式提出要把新型农村社会养老保险和城镇居民社会养老保险合并，政府制定了《关于建立统一的城乡居民基本养老保险制度的意见》，对关于进一步建立全国统一的城乡居民基本养老保险的工作进行了详细的规划。我国城乡居民养老保险逐渐步入了正规化的轨道，不再存在户籍方面的区别。

目前，我国农村养老保险制度是以政府为主导力量进行具体运转的，它的根本目的是要维持农民在其年老时的基本生活水平，其资金来源于农民参保费、集体补贴以及政府财政支持三个方面，参保人群为不小于 16 周岁（不含在校学生）且没有参与城镇职工基本养老保险的所有农民，这部分人群按照自愿的原则参保。其基本原则是"保基本、广覆盖、有弹性、可持续"，中央设有每年 100元、200 元、300 元、400 元、500 元 5 个缴费档次，地方政府依据其自身的具体状况可以适量地增加档次，农民可以自由地决定哪一档次参保，并且实现多缴多得的政策。养老金主要包括基础养老金以及个人账户两个方面，中央财政给予每人每月 55 元的补助，而地方政府则在此基础之上依照该地的财政状况与经济能力，适量地提升基础养老金水平；个人账户养老金的每月发放的额度是按照个人账户的全部额度除以 139（与城镇职工基本养老保险个人账户养老金计发系数相同）而得出来的。

在现有城乡居民基本养老保险制度中已有反贫困救助方面的考量，如中央政府按基础养老金标准，为我国中西部提供全数补贴；各地方政府对于部分无法支付参保费用的困难群体代为缴纳部分或者全数最低档次的参保费等。

（2）农村贫困人口医疗保险。

医疗保险是一种防范与分担就医经济风险的社会制度，这种制度由政府、组织和参保人共同缴费组成医疗保险金。我国农村贫困人口医疗保险主要涵盖了合作医疗、医疗保险、统筹解决住院费及预防保健合同等领域，其中合作医疗是农村贫困人口医疗保险的主要形式，是最为重要的农村贫困人口医疗保险制度。

尽管在20世纪70年代我国乡村地区早已有初级的农村合作医疗，但是由于特定的历史条件与经济状况，政府与农民双方均没有意识到其重要性，导致其发挥的作用不大，甚至一度遭到中断。在21世纪，政府逐渐重视"三农"的发展，作出了《中共中央国务院关于进一步加强农村卫生工作的决定》，决定建立以大病统筹为核心内容的农村合作医疗体系。① 并于2003年开始在全国选取试点地区开展试点工作。② 随后，不断地扩大试点范围，同时加强对试点地区的财政补贴力度。2012年的《关于印发"十二五"期间深化医药卫生体制改革规划暨实施方案的通知》明确提出推进城乡统筹的基本医保管理机制的建立，并且试图探索合并城镇职工医保、城镇居民医保和新农合三项制度。③ 2016年实施的《十三五规划纲要》提出要实施全民参保计划，基本实现全覆盖，同时要厘清政府、企业、劳动者三方各自的职责，进一步完善医疗保险费资金筹集模式。

目前，新农合有两个缴费档次，分别是人均每年缴纳180元和人均每年缴纳450元。其参保范围是全体农民，但是符合各地规定的高龄农民、不具备劳动能力的农民、农村低保户、农村五保户以及建档立卡的贫困家庭可以免费享受医保。同时，随着农村医保缴

---

① 中华人民共和国国家卫生和计划生育委员会：《中共中央国务院关于进一步加强农村卫生工作的决定》（中发〔2002〕13号），2002年10月29日，http：//www.nhfpc.gov.cn，2018年9月13日。
② 卫生部、财政部、农业部：《关于建立新型农村合作医疗制度的意见》，《中国初级卫生保健》2003年第2期。
③ 国务院：《关于印发"十二五"期间深化医药卫生体制改革规划暨实施方案的通知》（国发〔2012〕11号），2012年3月15日，http：//www.nhfpc.gov.cn/tigs/s8340/201309/644e0cb3fe9440da8b0a5d585decdf38.shtml，2018年9月13日。

费的逐年上升，医保报销比例也有所提升，在各级医院门诊挂号报销比例增加，每年购买药品可得80元补贴；常规疾病住院在乡镇医院报销比例为60%，二级医院为40%，三级医院为30%；重大疾病住院在一级医院不足400元不设起付点，二级医院报销比例为75%—80%，三级医院为55%—60%。

3. 农村贫困人口社会福利

（1）农村贫困残疾人福利。

残疾人因其生理障碍更易于陷入贫困，加强残疾人的保障和救助是社会保障反贫困的重要内容。关于贫困残疾群体的福利方面，中央政府在2015年就正式实行了《国务院关于加快推进残疾人小康进程的意见》，明确表示要不断提高针对残疾群体的社会救助力度，健全与优化残疾群体相关的福利补助体系，让残疾群体能够参加基本养老保险和基本医疗保险，同时要优先考量残疾群体的基本住房安全。[①] 同年，政府随之并颁布了《国务院关于全面建立困难残疾人生活补贴和重度残疾人护理补贴制度的意见》，更为确切地提出要构建一个全方位的贫困残疾群体生活补助以及重度残疾群体护理补助机制，要求以加速推动残疾群体小康社会为目的，以残疾群体的真实需求作为主导，进一步优化顶层制度，完善残疾群体的各项福利措施，丰富与发展整个残疾群体社会保障制度。[②]

（2）农村贫困儿童福利。

关于贫困地区、贫困家庭儿童福利保障这一方面，中央政府也

---

① 国务院：《国务院关于加快推进残疾人小康进程的意见》（国发〔2015〕7号），2015年2月5日，http://www.gov.cn/zhengce/content/2015-02/05/content_9461.htm，2018年9月13日。

② 国务院：《国务院关于全面建立困难残疾人生活补贴和重度残疾人护理补贴制度的意见》（国发〔2015〕52号）2015年9月25日，http://www.gov.cn/zhengce/content/2015-09/25/content_10181.htm，2018年9月13日。

于 2015 年正式实行了《国家贫困地区儿童发展规划（2014—2020年）》，针对母婴安全、未成年人身心健康等方面的保障分别做出了详细的规划，从而促进"到 2020 年，集中连片特殊困难地区儿童发展整体水平基本达到或接近全国平均水平"的目标。①

2016 年，政府在《国务院关于加强农村留守儿童关爱保护工作的意见》中明确了儿童福利的整体任务：国家、学校和家庭要各司其职，大力倡导与鼓励社会力量主动地加入到乡村地区留守儿童爱护工作当中来，保证强制汇报、应急处理、评估援助、监护干预等保护机制的有序健康运转，要确保逐步缩减留守儿童受到各种意外伤害的事故。②

随着国家对农村儿童社会福利制度的设计，地方政府也相应出台了相关文件，特殊困难儿童的福利、关爱体系更加健全。

（3）贫困群体专项福利。一些政府部门和部分地区根据实际情况针对农村贫困特殊人群实施了一些专项福利。

一是贫困渔民社会福利。我国政府颁布了《关于加大渔业扶贫力度打赢贫困渔民脱贫攻坚战的通知》，强调对一些困难的渔民实施有效的扶持措施。该文件要求依托社会保障，实现政策兜底，为所有贫困渔民建档立卡，推动把渔民纳入城镇居民社会保障体系，统筹推进渔民社会保障政策落实，并提出对休渔禁渔制度涉及的渔民给予必要补助，力求将对渔民的燃油津贴等支付帮扶政策转

---

① 国务院办公厅：《国务院办公厅关于印发国家贫困地区儿童发展规划（2014—2020 年）的通知》（国办发〔2014〕67 号），2015 年 1 月 15 日，http://www.gov.cn/zhengce/content/2015-01/15/content_9398.htm，2018 年 9 月 13 日。

② 国务院：《国务院关于加强农村留守儿童关爱保护工作的意见》（国发〔2016〕13 号），2016 年 2 月 4 日，http://www.gov.cn/zhengce/content/2016-02/14/content_5041066.htm，2018 年 9 月 13 日。

向生计渔民政策。①

二是贫困水库移民社会福利。我国政府于2016年公布了《关于切实做好水库移民脱贫攻坚工作的指导意见》，该意见确切地指出要把特殊情况的困难移民与其他帮扶举措相结合共同处理。将已经建档立卡的移民依据政策规章纳进低保的范畴之中；把部分不具备劳动能力的困难移民，依据相关政策纳进农村最低生活保障当中，力图实现应保尽保。同时，部分基层政府对于这些移民群体还制定了一系列的优惠补贴政策。

三是贫困农民工社会福利。吉林、甘肃、黑龙江等地出台专门政策提出完善农民工相关社会保障的措施。

四是计划生育特殊困难家庭社会福利。现阶段，我国部分地方政府已经针对由于计划生育而造成困难的家庭制定了相关的政策规则，对独生子女伤残、死亡家庭提高了帮扶水平，同时对这些家庭构建了动态监管机制。

还有其他专项福利，如中西部地区的义务教育阶段的免费午餐项目、北方地区的冬季取暖补贴和能源补贴、失地农民补贴等。

二　中国农村贫困人口社会保障制度的功能作用

着力解决贫困问题，实现"共同富裕"是20世纪80年代中国共产党确定的一个基本战略。自改革开放以来，持续的经济增长使中国大多数人口摆脱了贫困，中国告别了"普遍贫困"的社会发展阶段，但是贫困人口仍然在一定范围内存在。我国反贫困工作主要着眼于增强困难群体自身的发展能力，通过"授人以渔"的方式进行扶贫，这一反贫困战略对于解决具有发展潜力的贫困人口

---

① 农业部办公厅：《关于加大渔业扶贫力度打赢贫困渔民脱贫攻坚战的通知》（农办渔〔2016〕5号），2016年1月6日，http：//www.moa.gov.cn/nybgb/2016/dierqi/201711/t20171127_5921676.htm，2018年9月13日。

的生存型经济贫困是十分有效的。但是以生产为中心的开发式扶贫方式能够施展的空间很有限,对于缺乏发展潜力的农村贫困人口来说,现行扶贫方式对其脱贫和保障基本生活难以奏效。随着反贫困步伐的不断深入,反贫困的难度也逐步增加、边际效益呈现递减趋势。另外,乡村地区的贫困农民呈现出明显的脆弱性特征。市场经济背景下,现代社会的复杂性和高风险性对农村贫困人口具有极大的冲击力,贫困人口的抗风险能力远低于非贫困人群。在缺乏健全的社会安全保障机制的情况下,农村贫困人口难以防范和化解社会风险,当现代社会的各种风险造成的危害和损失超过农村贫困人口的承受能力时,贫困就发生了。在发达国家,已广泛形成了较为健全的社会保障制度体系,这为防范和化解社会风险提供了重要支撑。进一步优化社会保障体系,既是我国反贫困的整体目标中的重要组成部分,也是实现脱贫致富的重要路径。在现阶段,尽快健全和完善农村贫困人口社会保障制度,对于降低社会风险和贫困发生率具有极为重要的意义。

(一)保基本、兜底线,减少贫困,是保障农村贫困人口基本生活的"安全网"

社会保障对农村贫困群体具有直接的兜底作用,尤其是以农村最低生活保障制度为核心,包括特困人员救助供养制度、临时救助制度、专项救助制度在内的社会救助制度是保障农村贫困人口基本生活的"安全网",对于解决广大农村贫困人口最基本、最直接、最现实的生存利益问题起着积极作用,对于在2020年消除绝对贫困,全面建成小康社会具有重要保障作用。

(二)实现社会收入再分配,建构社会公平正义的"调节器"

农村贫困人口往往由于资源缺乏、机会稀少及没有相应的保护性机制,与非贫困人群博弈过程中其资本、能力劣势明显,在社会政治经济生活中处于边缘化地位，进而在社会发展和财富分配上都处于不利的地位。市场机制下竞争带来的"马太效应"必将导致强者越强弱者越弱，生活越是处在贫困总体中的人口越容易受到各种社会风险的影响，抵抗与应对各种风险的能力越弱，即脆弱性较强；反之，脆弱性较强的群体，应急的能力较差，更容易遭遇到各种风险，从而使其陷入贫困的程度更深，农村贫困人口的生计将更为艰难。过于推崇"效率"而忽略"公平"也将导致整个社会财富分配不均，不同地区和人群的收入差距进一步拉大，农村贫困人口难以共享经济社会发展成果。

农村贫困人口社会保障是通过对国民收入再分配以达到社会公平正义目标的一种正式制度安排，能够通过国家的手段将一部分国民收入转移支付农村贫困人口，保障贫困人口的基本生活，加快脱贫步伐。进一步优化乡村地区贫困群体社会保障，可以通过有效的再分配制度来缩减城乡在社会保障领域的差别，有力地保障了农村居民的合法权益，从而维护了社会的稳定和谐。

（三）分摊和降低社会风险，造就维护社会秩序的"稳定器"

现代风险社会中，影响人们正常生存的风险越来越多，贫困风险的影响和负面作用越来越大，大量贫困人口的长期存在，使潜在的各类风险更容易发生，不利于社会的持续发展。社会保障是现代社会用来分散和降低社会风险的重要工具，具有准入门槛低、强制力强、保值增值能力高、跨域互济性等特点，能满足农村贫困人口要求增加财富却无力承担风险的需求。农村贫困人口社会保障所提供的保障和过渡性经济补偿，确保其基本生存，进而降低社会风险，维护社会稳定和发展，促进社会文明和进步。

三 农村贫困人口社会保障与乡村振兴的关系

（一）完善农村贫困人口社会保障是实现乡村振兴战略的重要途径

习近平在党的十九大报告中正式提出实施乡村振兴战略，乡村振兴战略是以产业兴旺、生态宜居、乡风文明、管理有效、生活富裕为总方针，是改善乡村地区经济落后、城乡发展差距较大的重大战略，是习近平新时代中国特色社会主义"三农"思想的重要组成内容之一。而优化我国乡村地区贫困群体的社会保障制度对于乡村振兴战略的实施具有至关重要的作用。

首先，健全的农村贫困人口社会保障是实现产业兴旺的中坚力量。产业兴旺作为乡村振兴战略的核心内容，而社会保障作为重要的生产力因素之一，它能够为农村产业的发展提供支撑，发展农村经济。一方面，完善的农村社会保障体系能够增加农民的收入从而提高农民的消费能力，消费需求随之增加，将有利于带动乡村产业的发展；另一方面，农村土地流转的有效性以及适度规模经营是农村产业兴旺的前提条件，而完善农村贫困人口社会保障制度，有利于有效地解决因"最低生活保障形态农业"所造成的土地细分以及低投入、低效率的难题，为我国乡村土地的改革与完善奠定基础。[①]

其次，农村贫困人口社会保障是实现乡风文明的主要抓手。乡风文明作为乡村振兴战略的主要保障与灵魂内容，优良家风的形成除有情感作为维持之外，还要有经济方面的支持。而进一步地优化我国农村社会保障制度，将有利于缓解农民在养老、医疗、教育等

---

① 李楠、覃志威：《乡村振兴视野下完善我国农村社会保障体系探析》，《学校党建与思想教育》2018 年第 15 期。

诸多方面的压力，有效地减少因此造成的家庭冲突，维护了家庭和睦。此外，社会保障与伦理道德还具备高度的耦合性，在社会保障的实践中，保障弱势群体的思想有利于形成崇德向善、敬老爱幼、守望互助的优良作风，体现社会保障的道德传统。

再次，农村贫困人口社会保障是实现有效乡村治理的一大助力。乡村治理作为乡村振兴的基石，当前，我国乡村社会出现了结构性的变化，社会保障的治理功能对于处理各种交叉重叠的新旧问题以及复杂多变的矛盾纠纷具有重要的作用。一方面，健全农村贫困人口社会保障可以使农村居民的生活水平在很大程度上得到提高，进而激发其参与各项社会活动积极性，促使农村居民由过去的被动接受向主动参与转变。另一方面，社会保障具有配置代际间资源以及再分配代内收入的作用，它可以经过调整税收、增加补贴等方式，缩小贫富差距，缓解社会阶层之间的冲突，为农村的发展提供稳定的社会环境。除此之外，健全农村贫困人口社会保障制度，充分发挥其兜底功能，努力扶持贫困人口减贫脱贫，保障广大农民群体尤其是弱势人群的利益，进而提高农民对政府的认同感。

最后，农村贫困人口社会保障是实现生活富裕的强大后盾。生活富裕是乡村振兴的根本任务，优化乡村社会保障制度对于实现农民生活富裕具有重要作用：其一，经过逐渐提高农村社会保障的层次，健全其投入的稳定增长机制，提高对"三农"的补贴金额，充分发挥农民收入补偿作用，增加农村居民的转移性收入，有利于为广大乡村地区塑造增收最直接高效的保障机制；其二，建立统筹城乡的社会保障制度，强化城乡社会保障转换的"便携性"，将能够促进乡村地区劳动力要素市场化程度的加深，转移农村剩余劳动力外出就业，扩展农户的经济来源渠道；其三，在政策性质以及目标方面，社会保障和精准扶贫两者几乎一致。因此，优化我国农村社会保障制度，有利于增强农民对抗风险的能力，提高其实在的获得感、幸福感以及安全感。

(二) 乡村振兴战略的新要求是农村贫困人口社会保障的任务目标

自党的十八大以来，我国政府坚持把"三农"问题作为党的工作重心，不断地强化对"三农"的政策支持力度，稳步推动新农村建设与农业现代化的进程，使目前农村的发展获得了重大的成就，农村经济稳步向前发展，成为我国社会转型发展的"稳压器"，为我国社会持续健康发展奠定了良好的基础。与此同时，我国农村生产力水平不断地得到提高，农产品生产水平大幅度地上升，农村的经济得到了快速的发展，农村的扶贫开发工作也进入了决胜阶段，为实施乡村振兴战略打下坚实的基础以及创造了良好的氛围。然而，现阶段我国农村发展势态仍然不容乐观，城乡二元体制导致了农村的发展远落后于城镇，这也正是实施乡村振兴战略面临的问题和挑战。例如，农村的生产水平无法跟上时代发展的步伐，农产品参与市场竞争的能力欠缺；农村基础公共设施落后甚至缺失，无法为"三农"的发展提供物质条件；政府支农帮农的相关政策体系不完善，农村金融处于起步阶段，城乡之间合理流动机制急需进一步完善；我国农村地区的治理能力有待进一步加强等。

因此，在当前和往后的一段时间里，应该集中规划统筹社会资源与大力倡导多方力量参与其中，重视反贫困同社会发展的联动效用。并且，将乡村振兴战略的新任务视作贫困区域社会保障的政策方针，大力推动乡村贫困人口社会保障制度的建设与完善，强化农村贫困人口的基本生活的保障力度，加快乡村地区减贫、脱贫的进程，实现城乡居民社会保障水平上的差异，加快"三农"的发展，从而进一步推动乡村振兴战略的实现。

第四节　农村贫困人口社会保障理论基础

一　反贫困理论

从人类发展的整体而言，它是一个不断减缓贫困、消除贫困的过程，是不断由落后走向繁荣乃至更繁荣的历程。"反贫困"一词，是瑞典经济学家冈纳·缪尔达尔首次将其作为学术性术语提出的。随着国外学术界关于贫困问题的研究逐渐加深，出现了从经济增长、个体发展、制度文化、组织、区域、系统等多个不同视域出发的反贫困理论，其相关研究覆盖了经济学、社会学、政治学等学科领域，其中以经济学作为主要领域。而中国是传统的农业大国，贫困问题一直以来就是一个难以消除的历史性难题，我国反贫困工作的主要理论依据是马克思主义反贫困理论。

马克思主义反贫困理论是最先从制度层次对贫困形成的原因进行分析的理论，它的核心思想是"只有在解放和发展生产力的基础之上，才能完成全人类共同富裕的目标"。马克思主义的反贫困理论的发展经历了初创和发展两个时期：在初创时期，马克思主义反贫困理论认为贫困形成的根本原因在于资本主义剥削制度的存在，因此指出反贫困的根本路径就是要彻底消灭资本主义制度，这一时期反贫困的目标是消除贫困、实现人类共同富裕；在发展时期（尤其是邓小平的反贫困理论）提出，贫困与社会的生产生活发展水平密切相关，只有坚持社会主义道路才能真正地摆脱贫困，社主义反贫困的目的就是实现共同富裕。① 文建龙阐述了从毛泽东至胡锦涛我国四代党中央领导班子对中国扶贫理论的发展，以毛泽东为核心的党中央第一代领导人明确了共同富裕的目标，为我国扶贫理论的构成奠定了根本；以邓小平为核心的党中央第二代领导班子进一步完善了我国扶贫理论，使中国扶贫理论基本成型；以江泽民为核心的党中央第三代领导集体提出了系统性的扶贫开发理论；以胡锦涛为核心的党中央第四代领导人则在上三代领导集团的基础上从科学发展观的战略高度继续深化了扶贫开发理论。②③ 党的十八大以来，习近平总书记高度重视扶贫开发工作，不仅在其一系列重要讲话中屡次提及，还在其调研、座谈会等活动中多次强调，精准扶贫要围绕"四个核心"、坚持"六个精准"的基本要求以及"五个一批"政策。社会保障作为精准扶贫工作中"五个一批"之一，在反贫困工作当中具有兜底保障的作用。将社会保障与我国扶贫工作结合起来共同反贫困，这不但丰富了马克思主义反贫困理论，而且是中国扶贫开发理论的又一大创新，指导着当前及未来中国扶贫开发工作的深入。

二 社会公平理论

社会公平理论，即社会比较理论，主要研究的是人的知觉与其动机之间的关系，指出人的受激励程度很大程度上取决于参照对象和本人付出与所得之比的主观比较产生的感觉。该理论认为，个人的工作积极性与其所获薪酬的高低密切联系，除此之外，还与薪酬

---

① 李少荣：《马克思主义反贫困理论的发展及其指导意义》，《理论探讨》2006 年第 1 期。

② 文建龙：《中央领导集体对中国扶贫理论的贡献述评》，《中共云南省委党校学报》2013 年第 5 期。

③ 黄承伟、刘欣：《"十二五"时期我国反贫困理论研究述评》，《云南民族大学学报》（哲学社会科学版）2016 年第 2 期。

分配是否公平息息相关。个体经常把他们本身的付出与他们得到的回报同其他人进行对比，并判断他们是否公平。这种判断能够直接地影响工作人员的主动性和其行为举止。所以，从一定意义而言，动机的激发过程实际上是人与人在相互对比时产生的关于公平感的评判，并用这种意识指导其行为的过程。该理论主要研究的内容是报酬分配制度是否科学、公平以及其对工作者行为的影响。

这一理论同样可以适用于中国农村贫困人口社会保障领域。人是群居性的种群，通常习惯与人作比较，在对贫困人口救助与扶贫的工作中，普通家庭也会不自觉地与贫困户进行比较，如果发现这些所谓的"贫困户"其实际的生活水平等同于甚至高于他们，普通家庭将会产生不公平感。因此，这也要求针对贫困人口的社会保障对象要做到真正意义上的"精准"，让资源精准地落到真正贫困对象的手中，让生活困难人群享受到社会发展的成效，让已经脱贫的家庭及时地脱离"贫困户""低保户"的认证，尽量做到让贫困家庭和普通家庭都感到公平感。

三　马斯洛需求层次理论

需求层次理论是由美国心理学家亚伯拉罕·哈罗德·马斯洛创建的，该理认为人们的需求可以从高到低划分为五类。① 首先，是基本生理的需求，对衣服、食物、住所和交通的基本需求是人类生存所必需的。其次，是安全需要，这是人类为了维持其生存而需要各方面的保障。再次，是社会需要，作为社会的一员，人类存在于社会的各个方面，渴望拥有归属感、情感、理解等。又次，是渴望得到尊重的需要，人们急切地盼望能够得到他人的认可、尊重。最

---

① 贝弗里奇：《社会保险及有关服务》，英国政府文书局1942年版，第170页。

后，是自我实现的需要，人们渴望充分实现自身价值。①

该理论指出这些需要是依据从低到高的等级来满足的，当低层次的需要得到实现之后，人们就会渴望满足高层次的需要。这中间涉及了五种需要，都符合任何一个社会成员的需求，然而按照社会发展的现状以及社会成员各自的阶层，人们对实现这五种需要存在高低的差距。贫困人口社会保障是从最基本的生理需要入手的，它能够维持贫困人群的最低生活。但困难人群同样有尊重与实现自我的需要，所以在进行社会救助的同时，应该注重对救助者进行心理方面的帮助。

四 不平衡增长理论

对于发展中国家缺乏充足的资金与能源而导致其贫困，可以采取选择性地对发展中国家的部分行业进行资金支持，经过集中投资来带动发展中国家经济社会进步，有些专家指出，要解决经济落后的地区资金匮乏的困境，应该以不平衡经济增长理论为基础对其中部分领域进行大规模的资金投入，从而解决经济不发达区域所面临的资金缺乏的局面。不同区域的经济社会发展所处阶段不同以及资源的分布不均衡所导致的一系列难题是不平衡增长理论形成的原因。在市场经济发展的初期，由于自然条件良好的地区所得到的资金、技术和资源通常比同时期那些经济落后地区相应所获得的要多，这样导致经济发达的地区将取得快速的发展，而经济落后的地区却发展效果不明显，这样循环往复下来造成了"马太效应"，经济发达的地区越发达，而落后地区则越落后，这与缪尔达尔在研究贫困时所提出的"循环累积因果论"类似。而在不平衡增长理论的运用时，要以经济较为发达的地方为中心，充分发挥其辐射带动

---

① 唐钧:《社会救助历史演进》,《时事报告》2004年第3期。

功能，从而推动周围地区的经济发展。

在我国扶贫工作与社会保障政策衔接之中，政府应在空间上进行合理的安排，把有限资源最大化地利用，在资源较为丰富以及经济较为发达的区域加大对其支持的力度，以充分发挥出其最大的经济带动作用，相辅相成，共谋发展，使落后地区与经济发达地区之间的差距逐步减少，并且稳步推进贫困地区的反贫困工作的进展。

五 收入再分配理论

收入再分配理论是社会保障制度的理论基础，该理论的提出可以追溯到19世纪欧洲工业革命，由于该时期贵族阶级不断剥削，使一些私有产业得到了快速的发展，财富的高度集中致使了工人阶级的生活水平与生存条件不但没有随经济的发展而相应地提高，反而因为资产阶级的严重剥削而更为贫困。以"费边主义"为代表的理论提出，政府有责任也有义务根据社会发展的状况而实现一定程度的支付转移，贫困不只是单纯的个人问题，更是严重的社会问题，要确保每个人都能拥有基本的生存能力。英国经济学家庇古在《福利经济学》中提出，政府要强化对弱势人群的收入转移，其一是采取直接转移的形式，例如强化社会基础设施的建设，另外就是间接转移的形式，对贫困人民的补贴、对失业人群进行再就业培训、对儿童提供受教育的机会等。该理论与初次分配具有明显的差异，相对于效率来说，它更为强调公平。社会保障就是一种典型的收入再分配制度。

六 参与式发展理论

"精确扶贫"是参与式发展理论在反贫困工作当中的具体表现，同时也是对传统发展理论的丰富与创新。传统的发展理论的观点是只要经济得到了发展，传统社会就会因此自动地演变为现代社会。在传统发展理论的观点之中，弱势群体和贫困人群的权益通常容易遭到忽略。而参与式发展理论不再停留在简单的群体参与层面，它覆盖了对以往思想的更进一步的反省。"参与"体现的是单纯的基层人民同样被赋有权利，而"参与式发展"则更为全面地反映出了社会公众的生活水平在发展过程中受到多种因素的影响。

详细而言，"参与"大体上涵盖了五个部分：一是参与决策和抉择当中，这和传统的理念刚好相对，是指受益者在发展的全过程中加入决策以及由此进行抉择的深层次参与；二是权力与责任的对应，这就意味着介入项目管理与实施主体在有权对项目进行实际管理的同时，既拥有相应的权力也要因此承担对应的职责；三是敬重与丰富地方性知识，参与理论是让该地区的人们在其熟悉的工作氛围中完全地把他们所掌握的知识与技巧高效地应用实践中；四是构建自我组织和利益共享制度，外部力量仅仅具有辅助的功能，要成立完善的社会组织，究其本质而言，主要依靠的还是其自身的力量以及通过利益共享和良性循环发展；五是权力的再次分配和能力的增强，这是参与的较高层面，是完善政治与法治的发展，进而保障群众在经济发展过程中拥有利己参与的可能性。[①]

精准扶贫与贫困人口社会保障政策联动受到了参与式发展理论的影响，例如在识别贫困对象所举行的群众评议与民主评定，这一过程就是赋予农民决策的权利，使他们有权参与到识别贫困对象的过程中来以及其他各个方面又体现了参与发展理论对精准扶贫与贫困人口社会保障工作的影响与指导。

七 社会救助理论

社会救助是贫困人口社会保障体系里最为核心的内容，是保障

---

① 许汉泽、李小云：《精准扶贫：理论基础、实践困境与路径选择——基于云南两大贫困县的调研》，《探索与争鸣》2018 年第 2 期。

社会公众基本生活的最后一道防线,在很大程度上维护了社会的稳定与和谐,为整个社会的良性运行奠定了基础。英国政府在1601年发布的《济贫法》标志着现代社会救助制度在全世界正式开端,早期的社会救助的主要形式是慈善救济。19世纪初,西方许多工业国家纷纷发生了大型的经济危机,许多家庭经济情况较为良好的居民瞬间变成了贫困人口,各国政府在此之后更加意识到社会救助的作用,从而不断地在实践中完善该项制度,这在一定程度上丰富与发展了社会救助的相关理论。当前,社会救助制度主要是指国家向困难群体给予实物或者资金援助的一种生活保障政策,社会救助是政府的责任与义务,采用无偿救助的形式维持社会弱势人群基本生活,从而维持社会的稳定和谐。[①]

[①] 陈国龙:《云南省农村低保制度与扶贫开发政策衔接问题探究》,硕士学位论文,云南财经大学,2017年。

第三章 中国农村贫困人口社会保障现状分析

第一节 农村贫困人口社会救助体系建设现状

早在20世纪50年代的时候，我国便已经制定了相关的社会救助制度，经过多年的运行与发展，我国社会救助制度逐渐定型。而农村贫困人口社会救助是我国农村贫困人口社会保障的基础与重点，也是我国广大乡村地区数量庞大的困难人群的"最后一道安全防线"。现阶段，农村贫困现象仍然严峻，而全面建成小康社会以及实施乡村振兴战略迫在眉睫。农村贫困人口社会救助在反贫困工作具有兜底的功能，是一项主要的政府参与扶贫开发的补充性、"输血"式救济手段，它可以有效地维持贫困对象基本生活需求防止其陷入生存危机，从而为稳步减贫脱贫创造良好的社会环境。但是，当前我国农村贫困人口社会救助制度仍然存在许多不足之处，严重影响了其实施的效果，本书在了解农村贫困人口社会救助制度存在问题的基础上，进一步剖析导致这些难题存在的成因，以便提出相关的可操作性建议，从而为我国农村贫困人口社会救助制度的完善与优化奠定理论基础。

社会救助，指的是政府以及社会对于由困难人口与不幸者所构成的社会弱势人群给予实物救济或者现金帮扶，以及各种社会服务以保证这些弱势群体能够维持最低生活需求，从而避免其陷入生存危机的一项社会保障制度。① 我国政府于 2014 年颁发的《社会救助暂行办法》更是规范了我国农村社会救助的工作内容。当前，我国农村贫困人口社会救助制度主要涵盖最低生活保障、灾害救助、教育救助、医疗救助、住房救助、就业救助、临时救助等一系列领域。

一 农村贫困人口社会救助存在的问题

(一) 农村贫困人口社会救助制度缺乏规范化

1. 识别偏差

在现行农村贫困人口社会救助制度中，识别目标对象存在偏离现象。一方面，救助资源偏离性溢出问题日益严峻。目前我国农村人口基数大，但是在农村贫困人口社会救助中能够享受救助的名额却十分有限，在救助对象的瞄准过程中往往很容易受到乡土人情、关系运作等因素的影响从而难以客观公正地进行识别，容易导致部分救助资源落入非贫困对象的手中，即所谓的"关系保""人情保""平均保"等现象，导致救助目标发生偏离，致使"应保未保"现象。

另一方面，在农村贫困人口社会救助制度中，识别救助对象的指标与具体方法还不够科学合理。在识别救助对象时，由于农村人口以分散居住为主，以及农村贫困人口信息不对称，使瞄准过程本就困难重重。而且，目前瞄准农村贫困人口社会救助对象时主要采

---

① 郑功成：《社会保障》，高等教育出版社 2007 年版，第 165 页。

取了家庭年人均纯收入这一指标，就确认家庭年人均纯收入而言，收入具有动态性和私人性的特征同社会救助公正公开的审查程序间相互矛盾。尤其是同城市贫困人口进行比较，农村贫困人口经济收入具有其自身的独特之处，使其家庭年人均纯收入难以准确无误地衡量：其一，经济状况无法完全实现货币化①。由于判断经济收入没有一个规范的标准和计算方法，在已有的调查方法基础上很难完全掌握农民的潜在收入与家庭消费支出，在农民的经济收入中农作物收入所占比重较大，在农作物的价值转化中，随意性较大，无法准确衡量。并且，由于缺乏科学有效的家庭收入核查机制，申请者出于个人利益的考虑，可能会谎报家庭收入与开支情况，识别救助对象的准确性受到一定的损害，导致农村贫困人口社会救助无法真正地覆盖所有贫困人口，无法实现应保尽保的目标。其二，农村居民的经济收入很不稳定。农作物的收成受季节和自然灾害的影响较大，在农作物的价值转化中也受到了市场规律的影响，再加上农村劳动力大量外流的影响，使农民的收入具有强烈的不稳定性。

2. 各救助项目界限模糊

我国乡村地区贫困人口社会救助制度的救助方针是"应保尽保，应救尽救"，覆盖了农村低保、农村五保、医疗救助、灾害救助、临时生活救助等多个救助领域。而各救助项目相对应各自不同救助群体，因此很容易导致多、冗、杂的问题，甚至部分救助项目之间存在相互交叉、重复救助的现象。②当前，农村五保同农村特困户在救助人群上就具有模糊性，农村五保救助的是无法定抚养

---

① 王增文、邓大松：《倾向度匹配、救助依赖与瞄准机制》，《公共管理学报》2012年第4期。

② 马静：《中国农村社会救助制度改革的顶层设计》，《学术月刊》2013年第4期。

人、无劳动能力和无生活来源的贫困人口,农村特困户的救助对象是那部分如果不加以救助就无法生存的农民,而两项救助项目之间的救助人口往往存在重叠现象,导致在实施救助时出现重复施救的问题。①

此外,有的救助项目具有临时性和任意性较强的特点,一部分基层政府并没有把农村贫困人口社会救助作为一个规范化、系统性的工程来对待,认为救助是可有可无的一项工作,严重影响了农村社会救助制度实施的成效。②

（二）相关的法律法规不健全

立法机关制定与修改的社会救助方面的法律法规是社会救助制度形成与发展的导向,而行政部门颁布的社会救助实施细则是其实践的条件,然后在此基础之上再组织实施各项具体救助活动。③ 加强社会救助立法,不仅能够规范制度运转,提高权威性,还能够科学有效地明确社会救助制度中的责任与权益。但是,现阶段我国社会救助的法律法规体系不完善,依然没有制定专门的《社会救助法》,仅仅颁布了《社会救助暂行办法》,关于农村贫困人口实际需要的专项立法存在缺失。首先,在针对社会救助的立法过程中缺乏必要的前瞻性,通常是当某一情形已经开始威胁到"三农"的发展,相关部门才会重视以及制定相应的法规,滞后的立法是当前农村贫困人口社会救助工作的薄弱一环,严重影响了救助问题的有效解决,不利于"三农"的持续发展,同时导致目前我国农村贫

---

① 朱丹妮:《非政府组织参与农村社会救助的有效性研究》,《经济研究导刊》2016年第30期。
② 王润华:《我国农村社会救助体系的现状、问题与对策探讨》,《广东农业科学》2011年第3期。
③ 蒋吉祥、郑慧:《我国养老保险法律体系建设现状和存在的问题》,《人大研究》2006年第7期。

困人口社会救助工作的法制化、规范化程度较低。[①] 其次，现阶段我国已有的农村贫困人口社会救助相关的法律，都只是中央与地方政府发布的规章制度、地方法规等。甚至还有一部分救助项目一直依靠政府制定的规章和规范性文件，这些政策自身的效力有限，无法达到法律的高度。这种情形不仅不可能促使社会救助制度有效发展，而且常常由于政策的多变或灵活性过高而无法维护新政策固有的稳定，无法在根源上实现社会救助的法制化运行与规范化管理。我国的立法机构也没有对于各地区分散的社会救助规章制度进行系统的整合，这在很大程度上阻碍了我国农村贫困人口社会救助问题的整体解决。最后，社会救助的立法主体凌乱。目前，我国民政部门、卫生部门等纷纷出台了自身的有关农村贫困人口社会救助问题的政策与规章。由于立法主体产生混乱，导致我国农村贫困人口社会救助的具体实施过程中出现各部门间的相关规定杂乱无章，内容不一致，协调性差，甚至存在相互矛盾的现象，不利于保护救助对象的合法权益。

由此可知，当前乡村地区贫困人口社会救助制度的法律法规体系不健全，易致使农村社会救助制度丧失其权威性和公信度，实施救助时无法可依，只能根据相关部门颁布的临时性规定和政策来执行，缺乏必要的违规处罚条例，具有较强的任意性，容易产生腐败。[②]

（三）救助管理体制不完善

1. 分割管理

我国农村贫困人口社会救助涵盖多个救助项目，其覆盖面广，

[①] 王贤斌：《我国农村社会救助的现实困境及其化解之道》，《青海社会科学》2016年第1期。

[②] 谈培蕾：《我国新型农村社会救助体系建立所面临的问题与对策》，《全国商情（理论研究）》2012年第8期。

任务艰巨，依靠单一部门是无法实现的。由此可见，我国农村贫困人口社会救助势必是一项涉及多部门、多项救助活动的工作，急需一套统一协调的管理机制来加强多个部门协同合作的力度，以便有效地管理与实施社会救助工作。然而，尽管不少地区存在一些名义上的社会救助工作委员会，来统一管理农村贫困人口社会救助工作，但是其实践作用不强，甚至现有的农村贫困人口社会保障与社会救理管理机制中存在"多头管理、条块分割"的现象。[①] 在现有的管理机制中，医疗保障由卫生部门管理，教育救助由教育部门管理，农村养老、农村五保、最低生活保障以及优抚救济等则由民政部门进行管理。这种多部门管理的局面在短期内无法改变，这将容易造成各部门之间面临信息分割、重复救助、资源争夺等困境，无法实现各救助项目之间有序衔接。

但是，各部门自身所维护的利益不同，在社会保障的具体措施的制定与实施中容易导致矛盾的存在，很难实现充分的协同合作，同时缺乏必要的信息交流，易造成多头救助或者遗漏救助的问题，降低了农村贫困人口社会救助的效率，从而无法发挥农村贫困人口的最大效益。[②]

2. 资金管理不当

农村贫困人口社会救助资金管理不当，资金使用所面临风险较大，对资金管理的约束力度不强，存在严重浪费与分配不均的难题。这部分救助资金应该全部用于救助困难农民的工作之中，但是因为农村贫困人口社会救助资金管理力度不够，同时十分欠缺一个

[①] 姚晓荣、井文豪：《完善社会救助制度促进和谐社会建设》，《社会科学家》2007年第3期。

[②] 朱丹妮：《非政府组织参与农村社会救助的有效性研究》，《经济研究导刊》2016年第30期。

有效的监督机制，导致存在部分区域没有按照规定的救助水平将相应的救助金额按时、按量、准确无误地分发到贫困人口的手中，[1]甚至一部分地方政府将救助资金挪作他用，部分地方官员利用自身的职权便利进行权力寻租等腐败现象[2]。

3. 基层管理力量薄弱

由于乡村地区贫困农民受教育的程度普遍较低，整体素质不强，且以散居为主，再加上随着社会的发展，农村劳动力流动日益频繁，因此农村贫困人口的社会救助工作涉及的面更为广泛、核实工作量增多，管理难度进一步加大。然而，农村贫困人口社会救助工作基层力量较为薄弱，很难全面地把握救助工作的实际状况，无法有效地核实所有救助物品与现金的发放状况，不利于社会救助工作在我国农村基层地区有序地开展与落实。[3]

其一，尽管农村贫困人口社会救助任务日益增多，但是基层工作人员数量却有所减少的趋势，例如基层的民政部门一般只有一到两名管理人员，并且往往是一人多职，无法专注于某一项救助活动，管理不到位，一些救助机构实际上形同虚设，甚至部分地区的社会救助工作缺乏统一的工作平台。其二，基层工作人员专业性程度较低，农村贫困人口社会救助是一项综合性很强的系统工作，其涉及的内容非常多、情况复杂易变、工作任务繁重，并且还存在不少的新状况及难题，这要求基层社会救助工作人员不仅要掌握丰富的专业知识、了解相关政策法规，还应拥有大量的工作经验，善于

---

[1] 王润华：《我国农村社会救助体系的现状、问题与对策探讨》，《广东农业科学》2011年第3期。

[2] 崔秀荣：《贫困地区农村社会救助现状、问题及政策选择》，《农村经济》2008年第4期。

[3] 王贤斌：《我国农村社会救助的现实困境及其化解之道》，《青海社会科学》2016年第1期。

灵活地解决各种突发状况，对贫困人群既要进行款物救助，又应该注重利用自身的专业素养对其进行精神方面的慰藉。但是目前农村贫困人口社会救助工作中，基层工作人员的流动性较强，对工作人员进行专业培训难以实现，导致实施救助的工作人员专业素质参差不齐，不利于农村贫困人口社会救助工作的发展。其三，救助的方法落后。当前许多基层政府还没有建立专门的社会救助信息管理系统以及相应的数据库，基层救助机构办公条件较差，甚至一些地区无专门办公场所，这些都在很大程度上制约农村贫困人口社会救助工作的效率。①

4. 动态管理难以实施

基层救助机构在具体的工作中，一方面要按照"应保尽保、应救尽救、动态管理"的原则，把满足救助标准的农村贫困人口悉数纳入到救助工作中来，另一方面应该将那一部分实现脱贫目标、已经与救助条件不相吻合的农民及时准确地从救助对象中清除。② 同时，救助水平应该随着社会经济的发展以及物价水平的变化而进行相应程度调整，一般有效地保障农村贫困人口的基本生活。但是，由于我国农村居民的分布较为分散，救助工作者难以准确无误地区分与判断每个农民家庭的收入与支出情况，以致在贫困人口的进入与退出机制方面无法实施有效的动态化管理，大部分救助对象甚至在其经济水平已经得到提高、与社会平均水平一致之后，也存在没有及时退出救助活动的现象，导致了"纳入容易、退出难"的局面，使一些符合救助标准的贫困人口无法真正地享受到救助，造成了救助资源使用效能的降低。

---

① 周铁涛：《农村社会救助的现状及问题》，《世纪桥》2017年第6期。
② 谈培蕾：《我国新型农村社会救助体系建立所面临的问题与对策》，《全国商情（理论研究）》2012年第8期。

(四) 整体救助水平低

1. 救助范围窄

社会救助是公民的一项基本权利，当任何公民的基本生活水平只要一旦低于国家现行的贫困线，就有权申请救助，享受救助的义务。然而，现如今我国农村贫困人口社会救助范围狭窄，其覆盖面相对较小，保障数量较少，实施救助的水平偏低。我国农村贫困人口社会救助制度的原本应该覆盖所有的困难群体，但实际上同城市贫困人口救助相比，往往因其农村庞大的困难人群数量而无法充分地发挥其救助的效用，在救助范围、救助标准方面具有较大的差距。这样致使我国农村社会在长期以来始终处于我国社会保障体系的边缘，这种现象甚至长久以来被认为是应当的，在确定救助对象方面，城市基本达到了应保尽保的要求，而我国农村则因救助名额有限导致其救助范围无法涵盖全体的贫困人口，因此不得不把部分实际困难的农民拒之于社会救助的范畴之外，导致这些农村贫困对象成为"三不管"的人群。[①]

2. 救助内容单一

当前农村贫困现象已经发生了变化，由原先的经济贫困转变为机会贫困、绝对贫困转变为相对贫困，过去的款物救助等方式已无法有效地满足农村困难人群的需求，农村贫困人口对社会救助的需求开始呈现多样化的趋势。农村贫困人口对医疗、教育、心理、法律援助等救助需求更为突出，我国政府应该及时地改进对农村贫困人口进行社会救助的手段，保证其救助可以实现农村贫困人口的最有效需求，进一步发展农村贫困人口的减贫脱贫以及可持续发展的

---

① 周铁涛：《农村社会救助的现状及问题》，《世纪桥》2017年第6期。

能力。① 但是当前农村贫困人口社会救助制度的救助手段过于片面与单一，专项救助不充分，在教育救助、精神救助、就业援助、法律援助等方面力量薄弱，甚至部分地区几乎没有设立某些救助活动。②

3. 救助资源不均

我国农村贫困人口社会救助资源的配置方面存在不均衡的现象，这不仅体现在社会救助体系城乡二元体制的不平衡，还表现为全国各地区间资源配置的不均衡。各地区间社会救助资源的分配公平与否受到自然地理条件、经济社会状况等因素的影响，对那些经济发展水平较高且农民数量较多的乡村而言，其统筹资金所占农民收入的比重较低，而对于经济发展水平较低的、人口规模较小的乡村而言，统筹资金在农民收入中所在比例较大。与此同时，我国目前农村社会保障仍然是以家庭保障为主，家庭的保障作用至关重要，国家、社会的补助或救济只是起辅助作用，但是随着社会的发展、家庭结构的小型化，家庭保障的功能逐渐减弱，甚至由于某些意外情况的发生，致使家庭经济压力过大无法实现其保障功能。另外，农村社会保障没有建立动态保障金机制，尽管物价水平在不断地上涨，但是部分地区保障金水平多年不变，导致原来的保障水平无法维持贫困人口的基本生活。

（五）农村贫困人口社会救助资金缺口大

1. 公共财政投入仍显不足

当前我国农村贫困人口社会救助主要依靠国家财政拨款，其救

---

① 王润华：《我国农村社会救助体系的现状、问题与对策探讨》，《广东农业科学》2011年第3期。

② 孙月蓉：《农村贫困人口社会救助体系研究——以山西省为例》，《经济研究参考》2016年第39期。

助资金筹资的原则是以地方财政投入为主,中央补助为辅,资金来源单一。① 并且在具体实施救助时,由于其覆盖面较为广泛、工作任务较为繁重,救助工作所用于的成本也较高。然而,一方面,国家财政对农村贫困人口社会救助的资金支持虽然逐年呈上涨的趋势,但各地区社会救助的财政资金的缺口仍然较大,并且与物价水平、人均可支配收入相比较而言,农村贫困人口社会救助水平偏低,甚至低于基本生活需求。同时因为财政特有的预算、决算的制度设计,造成了财政拨款具有一定的滞后性,资金投入通常无法及时到位。② 另一方面,在我国农村贫困人口社会救助资金筹集时,地方财政和村集体起到了相当一部分作用,但是自 2006 年我国农业税取消后,基层地方政府筹资能力显著降低,集体经济更是形同虚设,农村贫困人口社会救助资金缺口越来越大,在税费改革转移支付资金中对农村贫困人口社会救助除了农村五保的资金来源之外,没有明确其他救助项目的筹资方式,致使农村贫困人口整体社会救助资金严重匮乏,筹资渠道不完善。

2. 社会捐赠未能有效发挥

社会捐助能够有效地弥补政府财政对社会救助资金支持方面力度不足的问题,是农村贫困人口社会救助资金的主要来源方式之一。但是,由于现阶段我国对于社会捐赠税收优惠政策还不尽科学合理,社会企业和个人捐赠在税前没有全额扣除:在《企业所得税暂行条例》中明确指出,如果纳税人运用到公益、救济领域,其年度应税所得金额在 3% 内的部分可以扣除;对于个人而言,捐

---

① 凌文豪:《新时期中国农村社会救助体系建设现状及存在问题》,《平顶山学院学报》2011 年第 6 期。

② 孙月蓉:《农村贫困人口社会救助体系研究——以山西省为例》,《经济研究参考》2016 年第 39 期。

赠扣除也仅仅限于应税所得额30%内。① 此外，捐赠后税收扣除的具体操作程序十分复杂，成本也非常高，致使许多企业以及个人社会捐助的积极性较低。另外，当前，在社会捐赠方面政府的相关宣传与号召力度不强，社会企业和个人的主动捐赠意识较弱，我国慈善事业尚未成体系。

（六）监管与评估机制缺位

完善监督与评估机制是农村贫困人口社会救助制度健康可持续发展的关键环节，但在当前的实际过程中监督与评估机制面临严重缺失的困境，很大程度上阻碍了农村贫困人口社会救助工作的高效运行。一方面，农村贫困人口社会救助的监督机制不健全，许多救助项目属于上级部门的自我监督，其激励约束力不强，监督成效不明显。按照我国农村社会救助政策的规定，对实行内外监督的主体部门多个，民政、审计、财政、监察等部门的监督不及时以及社会公众与大众媒体的社会监督不充分。② 另外，目前农村贫困人口社会救助仍然缺乏有效的责任管理制度，尚未建立起对各监督主体的绩效考核机制，救助监督约束力度不强。另一方面，评估考核机制缺失。上级政府对下级政府、社会公众对各项救助活动的管理部门，没有建立相对应的绩效考核与评估机制，救助的成效与各级政府和具体工作人员的工作绩效高低没有明显关联，这些都不利于及时纠正政策实施过程中的偏差，无法进一步提高救助的成效。③

---

① 王国荣：《我国农村社会救助资金不足问题探究》，《财经界》（学术版）2017年第9期。
② 莫汀：《完善中国农村社会救助制度浅析》，《四川劳动保障》2011年第6期。
③ 杨燕绥、王进财：《农村低保制度建设与政府责任研究》，《中国民政》2011年第11期。

二 农村贫困人口社会救助存在问题的原因分析

(一) 城乡二元体制的存在

"城乡之间的对立是随着野蛮向文明的过渡、部落制度向国家的过渡、地域局限性向民族的过渡而开创的,它贯穿着文明的全部历史直至现在。"[①] 我国长期以来重视城市而忽视农村的发展,将城市与农村分割开来进行管理,导致了我国城乡二元分割体制的形成,这种体制在特定的社会条件以及历史背景下曾经为提高我国综合国力发挥了至关重要的作用,但也存在其弊端之处,在它发挥积极作用的同时也逐步成为制约我国农村社会发展一大阻力。在高度集中的计划经济体制下,国家利用行政手段把城乡分离开来管理发展,以牺牲"三农"利益为代价促进工业化的进程,结果削弱了农业资本积累、技术革新的能力,导致了"三农"发展严重滞后于城市发展水平,不利于整个社会的安稳运行。[②]

虽然,当前政府对于统筹城乡发展的关注与工作力度不断加大,城镇化进程也逐步加速,以往严格的城乡二元分割体制正在发生变化,城乡一体化发展的进展也卓有成效。但是,我国城乡二元体制依然根深蒂固,城乡之间经济发展、资源配置不平衡的现象仍然存在,城乡二元结构的根基不仅没有得到动摇,反而有所加深的趋势,严重地制约了我国社会经济的发展,已经变成了我国新时期改革的重大阻力[③]。这种根深蒂固的城乡二元结构同样在我国社会救助领域得到了充分的实现,城乡贫困人口之间在救助标准和救助

[①] 马克思、恩格斯:《马克思恩格斯选集》(第1卷),人民出版社1995年版,第104页。
[②] 张云英:《论湖南农村社会救助存在的问题与制度创新》,《湖南农业大学学报》(社会科学版) 2007年第6期。
[③] 王贤斌:《我国农村社会救助的现实困境及其化解之道》,《青海社会科学》2016年第1期。

水平方面存在差异，城乡困难人口的待遇不平等，导致我国乡村地区的救助水平长期停留在较低的层次。

(二) 农村经济基础薄弱

经济基础决定上层建筑，而农村社会长期处于我国整体社会发展的薄弱环节，这是我国农村贫困人口社会救助存在种种不足的根本原因。一方面，我国农村经济发展落后，生产力水平较低，生产社会化程度不高，其生产成果基本上只能维持农民自我需求，基层政府与农民的经济承受能力不强。并且，农业的收益性较低，不仅要应对各种可能的自然灾害，还要受到市场规律的影响，导致农民的经济收入波动性较强。另一方面，地方政府财政面临困境。各地方政府的财政是整个国家财政的重要内容，它既直接影响了地方政权的建设，又与乡村社会经济的发展息息相关。自 1994 年分税制改革之后，在财政注入灵活性的同时，基层财政却面临了更大的压力。加之 2006 年我国政府取消农业税政策发布之后，致使基层政府财政更是举步维艰。现阶段我国乡村基础设施建设加快、基层管理机构膨胀、地方政府盲目追求"政绩工程"以及乡村财务运作的不规范和监督机制缺失等现象进一步加重了地方政府财政的压力，甚至部分地方政府为了降低自身财政的压力将部分职责转移到农民身上而加重了农民的负担，使农村税费改革所带来的收益无法充分体现出来，并在很大程度上阻碍了乡村地区的发展，并且农村税费改革的同时，使乡村集体经济逐步消亡，导致传统的集体救助不复存在，不利于农村贫困人口社会救助工作的进程。①

(三) 农民自身文化素质不强

在农村贫困人口社会救助的具体实践过程中，由于救助对象的

---

① 王贤斌：《我国农村社会救助的现实困境及其化解之道》，《青海社会科学》2016 年第 1 期。

文化素养较低导致了一些问题的出现。在广大的乡村地区，贫困人口的文化水平普遍较低，具有传统的小农思想，缺乏信息的来源，眼界狭窄，缺乏能力和技术。一些农民对农村贫困人口社会救助制度的目标理解存在偏差，造成了"养懒汉""福利陷阱""贫困陷阱"等现象的出现，甚至存在主要以依靠政府救助生存的困难者，导致社会救助制度发挥不了预想中的效果，甚至造成贫困人口愈加贫困的现象。另外，由于年龄、健康等因素，贫困人口的就业能力不强，造成了机会贫困的发生，而生活条件困难导致下一代家庭成员无法享受良好的教育，使贫困家庭的生活条件保持持续低水平的状态，陷入贫困恶性循环的陷阱。[1]

（四）救助理念落后，政府重视力度不强

随着经济社会的发展，贫困现象日趋复杂多变，致贫成因也发生了深刻的转变。然而，我国政府对农村贫困现象的认知依然停滞在收入贫困的这一层次上，因此其救助目标仍然停留在托底保障层面，救助的具体方法也依然是以款物援助为主的消极补救手段。这种救助理念无法适应当前以机会贫困和人力资本贫困为主的社会贫困现象，无法在根本上消除贫困，甚至可能导致代际贫困现象的产生。[2]

农村贫困人口社会救助的相关法律法规体系不健全，在具体的救助活动中严重缺乏专业、专职的社工人员，农村社会救助管理机制滞后、规范性较差等，这些困境都可以归于我国各级政府并没有对农村贫困人口社会救助制度表现出充分的关注与重视。另外，社

---

[1] 郭明霞：《对中国新农村建设中社会救助体系框架与对策的思考》，《社科纵横》2007年第11期。

[2] 马静：《中国农村社会救助制度改革的顶层设计》，《学术月刊》2013年第4期。

会也没有意识到农村贫困人口社会救助的重要性与紧迫感,致使社会大众对农村社会救助的支持力度较低,其具体体现在社会捐助较少、农村贫困人口社会救助社会组织欠缺等方面。①

三 结论与启示

(一) 要健全相关法律体系

在经济发展新常态的背景下,我国农村贫困人口社会救助工作有了新的任务要求,社会救助作为一项重要的保障和改善民生的政策制度,势必坚持依法救助为农村贫困人口提供长期的、根本的、全面的基本生活保障。② 当前,农村贫困人口社会救助相关法律体系不够完善是我国社会救助制度面临的最大难题,以规章办法的形式已经无法有效地规范农村贫困人口救助活动,应该加快制定并颁布相关的法律法规来进一步规范和制约救助工作的实施者和救助对象的行为以及救助活动的各个环节,保证社会救助工作的公正、公平、公开,避免"人情保""关系保""骗保"等存在,保证救助资源真正落实到真正急需救助的困难人群中。③ 完善农村贫困人口社会救助立法工作不仅可以增加救助工作的权威性,而且有利于合理分配社会救助的责任与权益。其一,务必加快农村贫困人口社会救助的立法进程,在《社会救助暂行办法》的整体框架的基础之上制定《农村社会救助法》,再促进各项救助项目单行条例的出台,为农村贫困人口社会救助工作的健康有序开展奠定坚实的法律

---

① 张守鑫:《农村社会救助制度建设研究》,《现代交际》2016 年第 6 期。
② 李立国:《当前我国社会救助事业发展的形势和任务》,《行政管理改革》2015 年第 6 期。
③ 赵菲菲:《新常态下农村社会救助问题浅析》,《农场经济管理》2017 年第 6 期。

基础;① 其二，要妥善对待各个立法主体之间的关系，应当以立法机关领导行政立法；其三，着重注意其立法工作同社会保障其他法律法规之间的关系一方面要避免法律缝隙的存在，另一方面要防止出现法与法之间的矛盾。②

(二) 要规范农村社会救助制度体系

首先要规范保障标准。农村贫困人口社会救助同社会经济发展、农民人均可支配收入以及消费性支出增长息息相关，科学合理地确定救助人群和救助水平可以保证农村困难人群的最低生活需求，让农村贫困群体平等地享受社会经济发展所带来的成果，同时又可以有效地预防因救助水平过高而导致"养懒汉"的现象。在确定农村贫困人口社会救助标准的时候，应该充分考虑以下几方面：

(1) 各地方政府要在实地调研的基础上，精确地计算出农村贫困人口年人均消费水平，进而得出满足农村居民最低生活需求的标准；

(2) 要因地制宜，充分地考虑各农村地区之间的社会经济发展水平；

(3) 应当考虑基层政府的财政状况和农村集体经济的承受力度；

(4) 物价水平的高低也是影响农村贫困人口生活水平的重要因素，在制定救助标准时要准确把握。

以上四种主要影响因素是在动态变化的，因此农村贫困人口社

---

① 邱艳娟、李亦珠:《借鉴先进经验，加快我国农村社会救助制度发展》,《中共南昌市委党校学报》2013 年第 5 期。

② 杨燕绥、王进财:《农村低保制度建设与政府责任研究》,《中国民政》2011 年第 11 期。

会救助线标准应该要隔一段时间随之进行适当的调整。除了要综合考量以上四种要素之外，还应该制定一个科学、可操作化的最低生活保障线标准的参照系数。根据各地区的社会经济发展水平的差异，其参照系数也有所不同。

其次要规范识别机制。其一，要制定科学规范的救助对象识别指标体系以及家庭收入核实方法，在技术层次上改善家庭经济收入调研方法，以实现综合评估农民的困难程度，在此基础上把评估的结果同入户调查法、邻里走访法、居民代表评议法等所得到的结果相结合，发挥大数据在农村贫困人口社会救助识别对象中的积极作用。其二，应该从规则层次上规范识别救助对象的程序，制定严格的申请、审查、评议、公示等机制，确保贫困人口识别过程中的公平、公正与公开，找出积极应对现阶段农村劳动力大量外流、家庭支出型贫困等贫困现象以及人口结构特点的策略，完善瞄准机制，真正实现救助资源传递到最需要救助的困难人群的手中。[①] 其三，实施分类救助。我国各区域之间经济发展不平衡，各乡村地区的具体情况也存在显著差异，贫困现象复杂多变。因此，应该加快建立贫困人口信息网络数据库，及时登记救助对象的个人信息、家庭经济收入与消费、致贫成因等信息并进行动态跟踪管理，另外在实施救助的过程中也要详细地登记实施救助的时间、地点、具体的救助行为以及证明人等，以确定救助对象的需求，再对于贫困人口不同的实际需求提供多样化的救助措施。针对不同的贫困程度，采取不同分级实施救助，对临时陷入贫困的人群实施生产保护性救助，对低收入群体实施生产扶持性救助，对长期陷入贫困的人群实施生活

---

① 刘欣：《功能整合与发展转型：精准扶贫视阈下的农村社会救助研究——以贵州省社会救助兜底扶贫实践为例》，《贵州社会科学》2016年第10期。

救助，对特困人群采取特困补助和集中供养的方式。

这种依照以救助对象的需求作为导向、按照不同救助对象的不同需要实施分类救助的方法，能够满足贫困人口的最基本生活，由可以避免重复救助现象的出现，保证救助资源的效率，① 还能有效地预防贫困对象的"福利依赖"。②

（三）要建立统一协调的社会救助管理体制

构建统一的农村贫困人口社会救助管理机制，不仅能够进一步规范农村贫困人口社会救助工作，还能够切实保障农村弱势群体，尤其是农村特困户的生存权利。如何构建一个统筹协调的管理体制，必须按照公平、公正的原则，救助那些即将面临生存危机、情况最为危机的农民。

1. 加强部门协同管理

社会救助的实施涉及了多个部门、多个群体的利益，急需各相关部门分工负责、紧密配合才能有效地开展。因此，要强化政府在农村贫困人口社会救助中的职责，建立起"政府主导、民政主管、部门协调、社会参与"③ 的农村贫困人口社会救助工作管理体制。在政府的统一领导下，各地民政部门负责管理具体工作，其他各部门要建立相应的协调机制，充分发挥各部门各自的职责，建立由政府、非政府组织、社会多方参与的系统化的社会救助体系，④ 实现社会救助资源最大程度的使用，增强救助工作的成效。

---

① 孙如昕：《农村社会救助管理机制的现状及困境——以江苏省为例》，《北京农业》2014年第3期。

② 孙月蓉：《农村贫困人口社会救助体系研究——以山西省为例》，《经济研究参考》2016年第39期。

③ 李宇轩、张洋：《吕梁市农村社会救助制度建设问题研究》，《西部皮革》2017年第10期。

④ 孙月蓉：《农村贫困人口社会救助体系研究——以山西省为例》，《经济研究参考》2016年第39期。

2. 加强基层管理人员队伍建设

基层工作人员是农村贫困人口社会救助的具体工作的主要实施者，负责入户调查、家庭审核、发放资金等救助程序，他们的工作能力在很大程度上与救助工作的真实有效与否紧密相关。所以，应加强基层工作人员的专业培训，加快建设一支强有力的基层人员队伍，保证救助工作在乡村地区有效地执行。[①] 因此，针对目前农村贫困人口社会救助中基层管理力量薄弱这一难题，一方面要充实管理人员队伍，避免人手不足的问题；另一方面要加强基层工作人员专业化的建设，可以通过定期举办专项救助知识讲座以及经验交流会，来提高基层管理人员对各项社会救助政策和法律法规的了解程度，也可以通过加强与农村救助相关院校的合作，利用他们的专业技能，增强救助队伍的专业性，还可以逐步引进救助方面的专业人员。

3. 完善监督评估机制

监督与评估是任何一项政策在实施过程中都必不可少的环节，也是保证制政策有效执行的重要因素。[②] 目前，我国的农村贫困人口社会救助工作的监督力度不足，无法实现其监督效果。因此，一方面，要加大政府及相关部门的行政监管力度，强化救助工作的各机构和职责配置，采取定时与不定时相结合的抽查监管方式，对救助资金的利用状况进行严格规范与监督，向社会公开救助资金的用途，同时要对救助工作过程之中实施人员的违规、违法行为进行严格的责任追究，另外采用公示的方式定期公布救助工作的各项程序

[①] 孔双双：《农村贫困家庭社会救助现状及对策研究——基于山东省Z市的实地调查》，《江西农业学报》2015年第2期。

[②] 韩景旺、康绍大：《我国农村社会救助制度管理问题研究》，《合作经济与科技》2014年第2期。

便于社会公众监督。另一方面，要建立专门的监督举报热线，大力鼓励社会公众对救助工作进行全方位的监督，还应该引入第三方独立机构对救助工作进行监督和评估，保证救助工作的公开透明。

在完善农村贫困人口社会救助的评估机制方面，除了引入第三方独立机构进行较为公正客观地评估之外，政府还应该对救助工作的实施状况和实际成效进行定期检查评估，并将其评估的结果纳入各级地方政府评价指标体系当中，在此基础上进一步完善健全相应的奖惩机制。①

4. 实施动态管理

进一步规范农村贫困人口社会救助制度，积极引导已经实现脱贫目标的人群及时主动地退出救助范围，能够让其他需要帮助的贫困者得到救助，使救助工作真正落到实处，从而使农村贫困人口可以享受社会发展所带来的成就，让更多的农村困难人口早日做到减贫脱贫。② 因此，要加快建立动态监测与管理机制，健全救助对象及时退出机制，进一步完善农村贫困人口信息数据平台的建设，实现"应保尽保，应退尽退"的目标。各地方政府及管理部门还应注意把该地的经济发展状况和整体财政状况同物价上涨幅度相结合，稳步提高救助标准，实现与经济发展、物价上涨、人均收入水平同步增长。③

（四）要加大社会救助资金投入

1. 强化政府财政责任

资金来源是任何一项政策制度的核心问题，资金的匮乏将导致

---

① 郭明霞：《对中国新农村建设中社会救助体系框架与对策的思考》，《社科纵横》2007 年第 11 期。
② 赵菲菲：《新常态下农村社会救助问题浅析》，《农场经济管理》2017 年第 6 期。
③ 向阳生：《扶贫开发与农村低保制度的有效衔接及评估与改革》，《贵州社会科学》2013 年第 12 期。

该项制度无法开展,成为无源之水。农村贫困人口社会救助资金主要来源于国家财政,但是由于我国农村困难人群规模较大,政府的财政不可能也没有能力包揽所有的救助项目。因此,其一,政府要适当地增加对农村贫困人口社会救助资金的支持,调整政府财政支出结构,并按照各级政府的财政职能要求以及实际财力状况,按比例筹措资金。其二,依照各地区的实际经济发展状况,尽量加强对贫困区域的政策倾斜,从而进一步缩小区域之间的贫富差距,提升困难人口的生活水平。① 其三,向社会公众收取社会保障税费,适当地发放社会保障彩票,并设立专门的最低生活保障专项基金。

2. 拓展筹资渠道

一方面,社会捐助是社会救助资金的主要来源之一,有必要对其捐助的具体程序进行进一步规范。这要求不仅要增强企业与个人的捐赠意识,还应制定相应社会捐赠的优惠政策,激励社会公众对农村贫困地区进行资金及实物方面的捐赠行为,积极倡导和规范捐助活动的有序开展,并且要加强这些捐助而来的资金监督管理,将其全部纳入当地社会救助资金的管理之中,不得挪为他用。② 另一方面,要大力培育与发展非政府救助组织,社会组织既可以充分发挥民间救助力量,广泛吸纳社会闲散资源来弥补政府在农村社会救助中的资金欠缺的不足,它同政府相比,更容易受社会公众的全面监督,能够在不断提高自身竞争力的同时提高资源的利用率,弥补政府在资源使用和分配上的低效率。③

---

① 闵焕仙:《浅谈农村社会救助制度的健全和完善》,《农民致富之友》2017 年第 14 期。
② 胡绍雨:《刍议我国农村社会救助制度的运行与完善》,《社会工作与管理》2015 年第 2 期。
③ 沈卫华:《我国农村社会救助制度的研究》,《商》2015 年第 22 期。

3. 提高救助标准

科学合理的救助标准对于农村贫困人口社会救助制度而言是至关重要的，如若其救助标准过低，易导致农村贫困人口无法得到有效的救助，甚至面临生存危机，不利于社会的稳定运行；如若其救助标准过高，救助资金则会更为紧张，政府也会面临财政压力过大的问题，并且会造成贫困人口思想上过度依赖政府而不愿积极主动地发展自身的能力实现脱贫致富。① 但是，现如今我国农村贫困人口社会救助表现出整体救助标准过低的问题。因此，针对这一问题，各地政府要根据该地区财政的实际能力、农村经济发展状况、农村居民消费价格指数（CPI）等具体情况，协同民政部门、财务部门、统计部门的工作，根据该地区的最低生活保障标准进行计算，切实提高农村贫困人口的救助标准，推进农村贫困人口社会救助水平稳步向全国平均保障水平发展，让更多的贫困人口能够进入社会救助的范畴之中，扩展社会救助制度的覆盖范围，大力保障农村贫困人口的生存权益。②

（五）要走多样化救助道路，坚持救助活动与扶贫开发相结合

随着社会的进步，农村贫困现象发生了明显的变化，贫困人口的需求也从原来的单一需求逐渐呈现出多样化的趋势，而农村贫困人口社会救助的方式和内容仍然一成不变，导致其救助工作无法满足其救助对象的需要。因此，农村贫困人口社会救助的方式不得不随着时代的变迁、救助主体需求的变化而随之丰富，不同乡村地区应该依照各自的社会经济发展的具体状况，根据因时、因地制宜的原则，适当地调整救助形式和救助内容，以便充分地满足农村居民

---

① 邱艳娟、李亦珠：《借鉴先进经验，加快我国农村社会救助制度发展》，《中共南昌市委党校学报》2013 年第 5 期。

② 张守鑫：《农村社会救助制度建设研究》，《现代交际》2016 年第 6 期。

多样化的需求，做到救助方式、内容的多样化，增强救助工作的成效。特别是针对那些贫困县、贫困乡（镇），政府应该加大财政支持力度，在实行救济性救助活动的同时，还要坚持与当地的扶贫开发工作相结合，例如根据各地的优势资源发展其特色产业来实施救助，充分发挥两项政策的扶贫救助的功能，加快推进乡村地区减贫、脱贫的进展，为乡村振兴战略奠定良好的基础。

第二节　农村贫困人口社会保险制度建设现状

一　农村贫困人口社会保险制度建设进展

农村贫困人口社会保险制度是农村贫困人口社会保障制度的重要环节，它能够维持农民在其丧失劳动能力时的基本生活而不至于陷入生存危机，从而为我国农村的减贫、脱贫工作做出重大的贡献。我国农村贫困人口社会保险主要包括农村贫困人口养老保险和农村贫困人口医疗保险两大方面。

我国人社部于2018年发布的《打赢人力资源社会保障扶贫攻坚战三年行动方案》清楚地提出，要通过扩大贫困劳动力就业规模、提高就业质量，截止到2020年成功实现100万贫困劳动力就业，并带动300万贫困人口脱贫。指出，关于社会保险扶贫政策的具体运行，要与全民参保计划相联系，落实困难群体各项参保优惠和代缴补助政策，做好为建档立卡的贫困人群、低保户、特困群体等困难群体代缴城乡居民养老保险费，逐渐提升城乡居民基本养老保险待遇水平，极力地推动工程建设领域按项目参与工伤保险；摸索成立新产业新业态从业人员职业伤害保障制度，避免快递业等行业从业人员因工伤致贫。①

完善的医疗保险制度对于降低农村贫困人口"因病致贫"的风险,预防和缓解贫困具有积极的作用。为了实现困难人群能够得到有效的医疗保障,政府在根据乡村地区贫困群体由于疾病致贫返贫状况的核查,依据大病集中救治一批、慢病签约服务管理一批、重病兜底保障一批的准则,分类施策,在一定程度上防止了因病致贫、因病返贫人口,健康扶贫实现了阶段性的发展。当前,据统计已有581万因病致贫返贫户实现脱贫,基本上同建档立卡工作的进度同步。②

自2016年起,政府实施的贫困人口倾斜性医疗保障措施,新农合的大病保险起付线下降为50%,住院费用报销比重上升至5%及以上;对困难人口实现特殊医疗保障手段,2017年困难群体的医疗费用个人自付比例大概在16个百分点,与上一年度相比降低了27%。到2017年为止,累计共有849万的困难人口急需医疗救助,其中804万已经接受治疗或者接受预约,涵盖了大概95%的大病和慢性病患者。③为及时突破乡村地区贫困人群的"支出型贫困"困境,部分地方政府制定了专门政策特殊对待乡村地区困难人口。如山西省制定的《山西省农村建档立卡贫困人口医疗保障帮扶方案》,强调通过"三保险、三救助"(基本医疗保险、大病保险、补充医疗保险和参保缴费救助、扶助器具免费适配救助、特殊困难帮扶救助)的途径切实处理好该省贫困群体的医疗报销政

---

① 班娟娟:《贫困人口基本养老保险将实现全覆盖》,《经济参考报》2018年9月7日。
② 董小红、王宾:《我国已有581万因病致贫返贫户实现脱贫》,《工人日报》2018年7月15日。
③ 白剑峰:《2017年三项基本医保制度参保人数超过13亿》,《人民日报》2018年9月4日。

策,其具体的举措有:个人缴费全额救助、提高门诊慢性病待遇水平、住院医保目录内费用实行兜底保障、住院医保目录外费用原则上报销85%、贫困人口医疗帮扶实现"一站式"结算等。[①]

陕西省于2018年开始正式成立了农村贫困人口补充医疗保障制度,按照人均每年70元的标准缴纳参保费。其财政支付依据3∶3∶4的比重分别由省、市、县(区)各级政府承担。其主要的目标人群是该省2016年扶贫办数据清理之后的建档立卡农民(包括该年退出的贫困人群)。关于乡村地区困难人口的住院花销,在通过相应的机构报销之后,剩余的费用由农民本人自己承担,这部分钱能经过补充医疗保障得到再次报销。并且,陕西省把该项政策与"一站式"即时结算服务相结合,促进了补充医疗保障同其他医疗制度在数据信息方面的及时共享,实现"一条龙"服务、"一张单据"结算。这样,当贫困人口接受治疗完毕之后,只需要支付自付部分即可,大大地减轻了困难农民的经济负担。[②]

二 农村贫困人口社会保险存在的问题及原因分析

(一)相关法律法规不健全

发达国家关于社会保险制度纷纷已经建立起了相关的较为完整的法律体系,为本国社会保险制度的发展提供了强而有力的法律保障。然而,当前我国农村贫困人口社会保险至今几乎没有一部成文的法律法规,致使农村贫困人口社会保险制度缺乏权威性和规范化。[③] 另外,现有的相关法制建设层次低,国家立法机关制定的相

[①] 王斌:《201万农村贫困人口免缴保费住院总费用实际报销超90%》,《山西晚报》2017年8月17日。

[②] 王国星:《陕西建立农村贫困人口补充医疗保障制度》,《陕西日报》2017年12月18日。

[③] 杨洵:《审计视角下的农村合作医疗保险存在的问题及其对策》,《台湾农业探索》2011年第2期。

应法律少，主要以国家行政机关或者地方政府制定的法规、部门规章为主，其法律效力较低，导致农村贫困人口社会保险的权威性与约束力较弱。① 并且，各地关于农村贫困人口社会保险的政策规章不统一，各地在缴费标准、财政补贴、保障方式和保障水平等方面采取的措施不一致，易造成混乱。② 由于没有相应明确成文的法律法规，法律效力层次低，致使数量庞大的农村贫困人口对于社会保险信任度明显不足，不利于农村贫困人口社会保险制度在全国范围内有效稳步开展。

(二) 农村贫困人口社会保险资金缺口大

在农村贫困人口社会保险制度中，无论是养老保险还是医疗保险，其资金均是由国家、集体以及农村贫困人口个人三方共同筹集而来的。但是，由于城乡二元体制的长期存在，导致农村经济远落后于城市，农村居民经济能力不强，因此农村贫困人口社会保险中个人筹资能力欠缺，特别是在农村贫困人口养老保险中农民普遍缴费档次较低。另外，大部分地区乡村集体经济几乎不存在，部分现存的乡镇企业力量薄弱，甚至有90%以上的乡村财政背负债务，所以农村贫困人口社会保险中集体筹资能力十分欠缺。③ 所以，农村贫困人口社会保险资金来源单一，财政压力过大。但是，现阶段政府因为自身职责以及资源的有限性，无法对农村贫困人口社会保险投入进行大包大揽，政府财政补助相对于缴费金额的比例甚至出现下降的趋势。至于社会组织在农村贫困人口社会保险筹资方面几

---

① 彭礼：《我国农村医疗保险体制的问题及对策研究》，《时代农机》2015年第8期。
② 卢海元：《我国新型农村社会养老保险制度试点问题研究》，《毛泽东邓小平理论研究》2010年第6期。
③ 彭礼：《我国农村医疗保险体制的问题及对策研究》，《时代农机》2015年第8期。

乎没有任何作用，再加上物价消费水平逐年上涨，薄弱的保险金难以维持农村贫困人口的基本生活。①

（三）专业化程度低

在农村贫困人口社会保险制度中，基层人员素质不强，专业性低，已经严重制约农村贫困人口社会保险的有序运行。一方面，基层管理人员对于相关政策不了解、不熟悉，无法详细为农民讲解，甚至在工作过程中服务态度较为恶劣。另一方面，基层服务人员的专业化程度低，特别是在农村贫困人口医疗保险中缺乏高学历、高水平的专业技术人员，医术水平较高的医务工作者多聚集在大医院，而农民经常使用的医疗资源是乡镇卫生院，但是乡镇卫生院由于条件艰苦、待遇不高，里面的医务工作人员学历层次较低，甚至没有经过相关正式的专业技能培训，还有一些村卫生室的医疗设施不健全无法提供完整的医疗服务。②

（四）相关政策衔接困难

随着社会经济的不断进步，劳动力大量外流，往往造成外出的农民在城市参加该地的社会保险，但是当外出劳动力返回乡村之后，需要重新参加农村贫困人口社会保险，而以前缴纳的费用可能就此作罢，这不仅加重了农民的经济负担，还不利于人口的流动。所以，区域与区域之间、城市与乡村之间设立社会保险制度的转移衔接机制迫在眉睫。在政策衔接方面，各地的社会保险统筹层次低，各地区的具体情况存在差异，其实践的政策也有所不同，社保卡的结算一般来说局限于参保人所在地区。另外，目前农村贫困人

---

① 曹刚：《河南省新型农村社会养老保险实施问题和对策研究》，《劳动保障世界》2017年第32期。
② 郝瑞芳：《宁夏农村医疗保险存在的问题及解决对策》，《现代经济信息》2011年第4期。

口社会保险信息化办公程度低，全国联网办公能力不足，造成了参保人员信息在全国实现共享难度大，资金转移困难，因此转移工作相当复杂，不利于农村贫困人口社会保险在全国范围内有效运行，无法充分保证农村贫困人口的权益。①

（五）宣传力度不足，参保意识较差

当前我国农村贫困人口参保意识较弱，积极性不强。部分农民不愿意参加保险，认为保障水平较低无法真正充分地保障自身的基本生活，农民对于相关的政策规章了解不清晰，担忧政策变动而导致自身无法从参保中受益。而另一些农民小农思想仍然较为严重，认为依靠家庭保障、土地保障便可以满足自己的基本生活需求，没有必要参保，有的农民则抱有侥幸心理，特别是年轻农民认为自己年纪较轻，身体状况良好，离年老体弱还有很长一段时间，不愿意主动参保。

导致参保积极性不强主要有两大原因：其一，在于农村经济水平低，农村贫困人口经济能力较差，无法负担参保所需缴纳的费用，不愿意参保。② 其二，在于农村贫困人口社会保险的相关政策宣传力度不足，持续性不强，致使农民对农村贫困人口社会保险了解甚少，从而参保积极性不高。

（六）基金管理不规范，保值增值难度大

现阶段，我国农村社会保险基金的管理面临不少困境。其一，基金管理机构多头，资金管理分散，致使各部门间很难有效协调统一运营资金，难以实现规模效应，还导致了机构重复、人员膨胀、

---

① 吴建华：《浅谈新型农村合作医疗保险存在的问题及对策》，《新西部》（理论版）2013 年第 19 期。

② 吴华：《当前我国农村社会养老保险中存在的问题及对策探析》，《现代经济信息》2016 年第 11 期。

工作效率低下，同时增大了基金投资风险。① 其二，保险基金投资方式单一，保值、增值难度系数大。客观上，为了应对通货膨胀以及物价上涨等风险，保值、增值对于保险基金而言是非常必要的，但由于基金投资的安全性要求极高，当前保险基金大多数只是存放于银行收取薄弱的利息或者购买部分国债，很难较大程度地实现增值的目标，再加上物价水平不断上涨等因素的影响，保险基金容易面临贬值的风险。② 其三，我国农村社会保险制度中法制层面的监督力度不强，具体表现在其管理运行过程中的监督机制匮乏，监管部门执法能力不强，这些均容易导致保险基金屡屡发生违规投资的现象，甚至造成了保险基金被挪用、贪污、冒领，致使农村社会保险收支运营缺乏有效的约束和监督。③

三 结论与启示

（一）加强立法工作

加强立法对于完善农村贫困人口社会保险制度至关重要。一方面，应加强中央立法，提高立法层次，制定与我国农村经济和社会发展状况相适应的农村贫困人口社会保险法律法规，规范各地农村贫困人口社会保险制度。这既要从实际的国情出发，在借鉴国外社会保险立法经验的基础上立法机关制定出农村贫困人口社会保险法，保障农村贫困人口社会保险制度的权威性。④ 另一方面，要完善农村贫困人口社会保险法律体系，以立法机关制定的法律为主

---

① 许屹臻：《我国新型农村社会养老保险问题及对策研究》，《中国市场》2016年第43期。
② 刘真焕：《新型农村社会养老保险制度存在的问题与对策》，《劳动保障世界》2017年第35期。
③ 杨海文、赞怡：《农村新型合作医疗保险制度中筹资机制研究》，《中南财经政法大学学报》2005年第1期。
④ 彭礼：《我国农村医疗保险体制的问题及对策研究》，《时代农机》2015年第8期。

体，以行政机关制定的政策法规为重要组成内容，以地方性法规、部门规章为补充，建立统一协调的法律体系，为农村贫困人口社会保障体系的构建和健康有序的发展提供强有力的支持，保障农村贫困人口社会保险制度的发展。①

（二）大力发展农村经济，扩展资金筹集渠道

针对保险资金匮乏的难题，首先，最根本的解决措施在于大力发展农村经济、加快解决"三农"问题。经济基础决定上层建筑，这需要政府打破城乡二元化经济结构的壁垒，加快统筹城乡发展，不断提高农民经济能力，推动土地改革的深入，保证农民的权益，加强农村产业结构的调整，推进农业现代化的进程。其次，政府在加大对农村贫困人口社会保险的财政支持力度的同时，各级政府之间要合理地分配财政负担。政府要建立科学的补助机制，基础养老金应该随着物价水平（CPI）的上涨而适当地提高，对于缴费档次高的参保人予以较多的补贴。再次，政府可以通过征收社会保障税，并加大中央财政转移支付力度，适量发行社会保障彩票，建立农村贫困人口社会保险捐赠基金。最后，要充分发挥社会的力量，政府应该适当地放松农村贫困人口社会保险的参与主体，制定相关的优惠政策以吸引社会资金的投入，倡导各类社会组织采用参股、投资等途径参与到农村贫困人口社会保险中来，②扩展资金筹集渠道，树立互助共济意识，改善目前过分依赖政府的资金筹集形式。③

---

① 王育红、谢雯：《中国农村医疗保险立法存在的问题及对策》，《经济与管理》2012年第3期。

② 李劲：《荆州市农村医疗保险现状、存在问题及改革对策》，《长江大学学报》（自科版）2015年第9期。

③ 张永慧：《金坛市新型农村合作医疗保险基金管理存在的问题及对策》，《现代营销》（下旬刊）2014年第12期。

(三) 加强专业人才队伍建设

基层工作人员是农村社会保险工作的具体实施者，他们的工作能力在很大程度上与社会保险的真实有效与否紧密相关。对于农村社会保险基层人员素质较低、专业化不高的问题，一方面要提高基层工作人员的准入门槛，特别是对于医疗服务人员更要提高其学历、专业技能方面的要求，同时政府应该对农村贫困地区建立长效的人才支持机制，定向地为广大乡村地区培养专业人才，并且通过制定一系列的优惠政策吸引高学历的医学生以及城市在职或离退休卫生技术人员到农村贫困地区服务。[①] 另一方面对于现有的基层工作人员应该加强专业培训，定期开展培训课程，使工作人员既能够清晰地了解最新的政策动态，提高技能知识水平，还能增强其业务素质，提高服务质量。[②]

(四) 加大宣传力度

政府应该承担宣传政策的责任，保证农民对农村社会保险有着深刻的了解。然而，现阶段许多农民对于现行的相关政策知之甚少，甚至存在偏差。因此，政府应该加大宣传的力度、扩展宣传的层面，以此来纠正农民的认知以及提高参保积极性。其一，在宣传形式上，政府应该采取多样化的、农民喜闻乐见的方式进行宣传，基层工作人员深入了解农户真实情况，也可以通过在农村树立典型，以发挥示范带头的作用，使广大农村居民逐渐意识到参保的重要性与必要性。[③] 其二，在宣传时间方面，因为农村劳动力大量外

---

① 刘颖光：《中国农村医疗保险存在的问题及解决对策》，《北方文学》（下半月）2012年第3期。

② 吴建华：《浅谈新型农村合作医疗保险存在的问题及对策》，《新西部》（理论版）2013年第19期。

③ 周静：《浅谈我国当前农村社会养老保险的现状、问题及对策》，《农村经济与科技》2018年第14期。

流,大部分劳动力只有到假期或农忙时才会返回农村,政府要善于利用这部分时间对相关政策进行集中、深入的宣传。其三,在宣传内容方面,基层工作人员要及时地向农民宣传最新的政策规章,切实从农民的利益出发考虑问题,对于那些农民关心的问题着重宣传。

(五)完善农村社会保险基金监督管理

农村社会保险基金是其运行的首要条件和关键因素,而对农村社会保险基金管理体制进行优化,需要着重关注两大重点:一个是监督,另一个则是管理。

农村社会保险基金屡次出现骗保、挪用的新闻,由此可见,其缺乏相关的配套基金监管措施,急需完善监督机制。首先,相关的行政管理部门应该对基金运行状况进行定期或不定期的抽查和监管,及时纠正基金运行过程中的不良行为;其次,参保人要具备主人翁的意识,积极主动地监督基金的运营;最后,应该充分发挥社会公众和大众媒体的监督作用,社保部门应建立重大信息披露制度,每隔一段时间向社会公布保险基金的具体运营状况,以便于社会监督。[1]

对于农村社会保险基金的管理,政府应该设立财政专户,实现专款专用,彻底防止出现挪用、贪污或浪费基金的现象。在保险基金的具体运行中,要不断拓宽保险基金保值增值的新领域,[2] 同时,可以试图根据市场规则来管理运营保险基金,这既能够提高基金的利用率,保证基金保值增值,又可以有效地防止保险基金被挤

---

[1] 王育红、谢雯:《中国农村医疗保险立法存在的问题及对策》,《经济与管理》2012年第3期。
[2] 曹刚:《河南省新型农村社会养老保险实施问题和对策研究》,《劳动保障世界》2017年第32期。

占、挪用或贪污。①

（六）建立健全相关政策的衔接机制

农村社会保险具有明显的地域性，而农村劳动力大量外流导致农民异地参保情况较多，而当外出务工的农民回到家乡之后，其参保的关系如何相应地转移回当地，这是一大难题。政府应该借鉴医疗保险的相关经验，允许参保人的个人账户随着参保人跨区域就业而流动转移。除跨地区转移之外，如果参保人的户籍发生变动，可以在城乡社会保险之间相互转移。这要求政府尽快实现养老保险、医疗保险等的全国统筹，建立健全与相关的社保关系衔接机制，建立全国联网的办公信息系统，解决地区间影响社保关系接续转移等问题。

第三节 农村贫困人口社会福利制度建设现状

一 农村残疾人社会福利制度建设现状

（一）农村残疾人社会保障存在的主要问题

近些年来，从中央政府到地方政府，都十分重视乡村地区残疾群体的社会保障的发展，同时关于我国农村残疾群体的社会保障事业也已取得了一定的成就。但同时也要看到，因我国整个社会保障体系的建设还不完善，城乡之间经济发展水平差距依然很大，并且由于残疾者身体或者心理存在缺陷或功能性障碍，农村残疾人社会

---

① 许屹臻：《我国新型农村社会养老保险问题及对策研究》，《中国市场》2016年第43期。

保障还在存在诸多需要完善之处，与乡村振兴战略实施的内在要求还存在很大的差距。

1. 针对农村残疾人的特惠保障比较缺乏

特惠保障通常是指，对农村残疾人等特殊困难群体在政策实施方面进行适当的照顾与倾斜的一种社会保障类型。① 近年来，我国政府和社会各界对农村残疾人等特殊群体的照顾力度和政策倾斜力度日益加大，应该说，大部分农村残疾人在不同方面已经享受到了国家的优惠政策，并得到了实实在在的好处。如就业上优先安排、技术培训上的大力支持、最低生活保障上的政策照顾、创业上的财税优惠支持、养老保险和医疗保险金的全部或部分代缴，这些保障政策无疑大大地改善了农村残疾人的生存与发展环境。然而，实际上，对于残疾农民的生活各方面的保障依然十分有限，他们普遍的生活水平同全社会的平均水平相比较而言，差距依然十分明显，甚至还出现了持续扩大的趋向。②

再从养老、医疗等常规社会保障政策来看，调查中发现，目前很多农村地区实施的是每年由县级财政为农村残疾群体每人提供50—120元的资金补助，使这部分人群能够有能力参加养老保险和医疗保险，然而，政府财政为乡村地区残疾人群所提供的这部分现金补助远远无法真正有效地实现残疾农民参加养老保险与医疗保险的目的，实际上许多残疾人也并没有享受到这种福利。不少农村残疾人家庭本来就比较困难、收入很少，这种普惠性补贴对农村残疾人来说，无异于杯水车薪。这反映出现阶段我国关于残疾农民在制

---

① 雷晓华：《泰顺县农村残疾人社会保障的问题及对策研究》，硕士学位论文，南京农业大学，2016年，第19页。
② 余向东：《残疾人社会保障法律制度研究》，中国法制出版社2012年版，第106页。

定其特惠政策方面的工作力度严重欠缺，政府普惠性补贴无法有效地实现残疾农民的生活需求。

特别是农村残疾儿童入学方面，尽管绝大部农村地区都根据义务教育法的要求，对农村儿童采取了一视同仁的政策，允许残疾儿童入学。然而，因残疾儿童自身功能的障碍，而农村地区又基本上没有特殊学校和专门的特殊教育老师，残疾儿童根本无法按正常孩子的教材、学习进度一起学习。久而久之，这些残疾儿童就成为学校的另类，被迫弃学。总之，在针对农村残疾人特惠保障政策方面，多数农村地区做得还远远不够。

2. 农村残疾人社会福利供给理念比较滞后

许多地方政府在农村残疾人社会保障供给方面，主要按照中央、省级（自治区、直辖市）的要求与指示，落实上级政府的精神，并没有依据当地的实际情况构建一个完善的残疾农民社会福利供给理念，这种被动执行政策的情况无疑会导致农村残疾人社会福利的供需失衡。毫无疑问，落实上级政策非常重要，但地方政府也要从实际出发，结合本地区经济社会发展水平、产业发展现状以及当地农村残疾人的分布，构建起在上级精神框架内但富有地方特色的农村残疾人社会福利供给理念，而很多地方政府显然没有做到这至关重要的一点。

同时，许多政府及社会各界对农村残疾人的社会福利供给通常是基于这样的逻辑：农村残疾人是弱势群体中的特别弱势群体，应该注意从经济、物质等多个层面对其给予关照和帮扶。正是基于这种逻辑，许多地方政府注重对农村残疾人提供资金、实物方面的社会保障，而忽视了对其提供诸如教育、就业、技术培训等方面的保障。然而，应该看到，对于乡村地区残疾群体的扶贫已经实施了十多年，但是其生活质量与发展前景并没有得到根本性的改善，其原因正是上述认识逻辑的弊端所致。①

3. 城乡残疾人社会福利差距大

从享受国家提供的社会保障的时间来看，1999 年我国城镇残疾人开始享受国家提供的社会保障，而农村残疾人的国家社会保障直到 2007 年才开始实施，两者相差了 8 年时间，在这种条件下，农村残疾人社会保障事业的建设步伐无疑要比城镇慢很多。

从城乡残疾人保障供给内容来看，城镇残疾人能享受包括住房、医疗、养老等方面的补助，但是乡村地区的残疾人群却仅仅享受到了"五保"政策以及新农合和城乡居民养老保险的补助而已，况且新农合和城乡居民养老保险对农村残疾人来说，只有部分农村残疾人能享受。

从残疾群体的教育保障来看，基本上可以呈现出一个较为完善的从基础教育到高等教育、到成人教育以及从普通教育到职业教育的残疾群体教育服务体系，然而，这里的保障人群仅仅是指城镇残疾人群，乡村地区残疾人群依然无法享受平等的教育。

从资金支持来看，湖南某县 2016 年安排了 80.6 万元资助残疾人，但落实到农村残疾人的为 45.3 万元，落实到城镇残疾人的为 35.3 万元，但该地区 80% 以上的残疾者是农村居民。那么，按照该资助情况推算，残疾人人均获得的资助，城镇残疾人是农村残疾人的 3 倍以上。

从救助资金来看，课题组调查中了解到，大部分残疾农民享受的低保补贴在 100—150 元，而城镇的残疾人群的最低生活保障费基本上在 300—400 元，广东有些地区甚至有 600 元。如果城镇地

---

① 文扬、周代娣：《中国农村贫困残疾人脱贫研究》，《劳动保障世界》2018 年第 6 期。

区残疾人能拥有力所能及的工作,哪怕工作具有明显的照顾性质,救助资金还会更高,且能享受"三险"或者"五险"。

最后从医疗保障方面来看,城镇残疾人拥有的医疗设施、医疗与康复服务等是远超于乡村地区的,残疾农民的医疗与康复只能在简单的村卫生室解决。

4. 残疾老人和重度残疾人的养老与生活照料问题突出

当前,我国关于身有残疾的老年农民的养老现状,依然是以家庭供养为主。仅仅有少数的经济高度发达的地区(如广东),才拥有"托养"机构,保障部分因为家庭无力照顾或者无家庭照顾的残疾老年人群的基本生活。当前,我国乡村地区的养老机构严重短缺,并且已有的政府设立的养老院、敬老院,主要服务的对象是孤寡老人,无法为乡村全部老年人口提供养老服务。而社会力量设立的养老机构,大都需要缴纳较高的入住费用,对于经济状况一般的农村家庭而言负担较重,对于有残疾成员的家庭更是如此。而且,在现有的农村养老机构中,大多数都明确表示,只接收生活可以自理的老年人,拒收残疾的老年人。因此,乡村地区残疾老人以及重度残疾群体的基本生活主要还是只能依赖其他的家庭成员,养老社会化服务无论是基础还是发展现状在乡村都十分欠缺。应该说,农村老年残疾服务的基本方式依然是家庭照顾。同时,在"居家养老"的模式下,因为下一代的生活压力和负担过重,年轻人对老人精神生活的关注显得有心无力。即使有少数幸运的农村老年残疾人,具有较为稳定的家庭成员照顾,其家庭成员经过长时间的照顾积累了不少的经验,但对于残疾的老人而言,他们真正急需但是较为专业的、科学的康复指导,而这些指导是其家庭成员远无法提供的。

5. 农村残疾人的服务保障供给普遍不足

服务保障是维持残疾群体的生活和工作的有效途径，服务保障机构是残疾群体社会保障事业顺利进行的关键平台。① 然而，时至目前，我国大多数农村地区有关农村残疾人服务保障的机构还普遍性地缺失，导致农村残疾人的服务保障供给普遍性较差。

首先，大部分地区缺乏农村残疾人的关爱服务体系。在现实生活中，许多地区因对农村残疾关爱服务体系建设不够重视，导致有关农村残疾人的关爱服务体系严重缺乏，使农村残疾人面临"残无所养、残无所医、残无所为、残无所乐"的尴尬局面。② 另外，从整体上看，我国有关建立残疾农民的服务体系的制度安排还稀缺，夹杂在政府政策和制度中的相关文件只是提出了要开展农村残疾人的社会关怀活动，但并没有提出相应的责任单位、建设时间、推进方略，因此导致制度化、系统化的关爱服务体系迟迟难以启动。

其次，农村残疾人服务的机构设置混乱。尽管近些年来，地方政府加大了对残疾人基础服务设施建设的投入力度，但这些投入主要集中在城镇，农村的无障碍环境建设还处于起步阶段，这又进一步导致了有关农村残疾人的教育、就业、医疗、康复等服务设施建设的滞后。③ 再者，因为农村残疾人服务的机构设置参差不齐，相应地导致了专业工作队伍组建的滞后或缺失，在大多数农村地区，其农村残疾人服务队伍零散地分布在民政、残联等单位或部门，且

---

① 雷晓华：《泰顺县农村残疾人社会保障的问题及对策研究》，硕士学位论文，南京农业大学，2016年，第22页。

② 周沛：《社会治理视角下中国特色残疾人事业探略及发展路径分析》，《社会科学》2015年第8期。

③ 宜勇、吴香雪：《无障碍战略与残疾人扶贫问题研究》，《中州学刊》2017年第11期。

多为兼职，专业知识不强。

6. 农村残疾人社会福利体系运行不畅

第一，农村残疾人社保资金发放不到位。农村残疾人社保资金发放不到位主要表现在三个方面：一是缺斤短两，甚至还有被冒领的现象出现；① 二是发放日期不规范，农村残疾人的社保金不能够按规定日期及时发放到相关人员手上；三是领取比较麻烦，许多行动不便的农村残疾人为领取一次社保金或补助金甚至要跑好几次银行，耗时、劳神、费力、低效。

第二，信息传递机制不健全。在农村残疾人社会保障机制中，存在资金发放不及时、各项保障政策无法实现有效衔接等难题，而当目标对象遭遇此类困境时，往往想了解具体准确的信息但却不明白应该询问哪个部门或者哪个工作人员，也有的残疾人通过相关的方式将其困境反馈到了村干部的手中，但是得到回复相应的处理方案时，通常都是几个月甚至半年之后的事了，而当时的困境早已时过境迁了。

第三，农村残疾人社会保障缺少社会监督。现阶段，农村残疾人社会保障由所在地方基层政府进行内部监督，缺乏有效的外界监督机制，在具体的运转过程当中屡屡存在走样的现象，许多与农村残疾人权益相关的问题无法得到及时有效的处理，无法充分地保证农村残疾群体的权益。

（二）农村残疾人社会福利存在问题的原因

1. 农村残疾人社会福利立法滞后

基于我国的实际状况，立法机关于2008年修订了《中华人民

---

① 徐祥运、刘欢、李苗：《农村残疾人社会保障的现状、问题与对策——以辽宁省盘锦市L村为例》，《青岛科技大学学报》（社会科学版）2017年第1期。

共和国残疾人保障法》，该部法律同我国残疾群体事业发展的阶段特征和主要问题相联系，在一定程度上为我国残疾人事业发展困境的摆脱提供了更为有力的法律保障。①然而，针对乡村地区残疾群体的相关法律法规依然没有明确，修订的《残疾人社会保障法》并没有认识到城乡残疾人之间在经济基础、生存环境等方面的巨大区别，只是将残疾人作为一个整体而采取了一些法律保护措施。

目前，在我国农村残疾人社会保障体系运行中，出现了较多的问题，但却没有与之相对应的法律依据进行解决，这就凸显了我国社会保障法律体系的不健全。如目前我国实施的《残疾人保障法》，该法规定了主管残疾群体保护的相关部门以及具体保障的范围，但是其规定的保障范围却较为狭窄，在实践操作中经常面临困境。如该法规定，能享有国家人性化、特殊化的保障及照顾的残疾人，必须是"残疾证"残疾人，然而，在实际生活中许多残疾农民由于各种因素的影响并没有办理"残疾证"。课题组曾在贵州毕节市某村遇到三位残疾人，一位视力残疾，一位肢体残疾，另一位是精神残疾，三位残疾人全部没有残疾证。

再从司法救济来看，修订版《残疾人保障法》第13条规定：对侵害残疾人合法权益行为的投诉、检举、控告，人民法院、人民检察院、公安机关或政府有关部门应依法受理查处，不得推诿、拖延。然而，在实践中，很多农村残疾人权利受到侵犯，人民检察院并没有主动提出公诉及控告，导致这些受侵犯的人只能忍气吞声，从而致使农村残疾人被歧视的现象屡见不鲜。如不少企业明确不聘用残疾人，不少地方政府在招录公务员时，也对残疾人持有明显的

---

① 杨伟国、代懋：《中国残疾人就业政策的结构与扩展》，《学海》2007年第4期。

歧视态度。

最后，法律执行力度较弱。《残疾人保障法》明确表示"有权要求有关部门依法处理"，但是究竟负责处理的部门是谁并没有清晰地表达出来，也没有清楚地说明各管理部门之间在实际工作当中怎样协调运作，导致了人人有责但无人负责的困境。① 关于农村残疾人社会保障的管理运行牵涉到民政、财政、卫生、教育等众多部门，各部门根据各自的工作，纷纷制定了相关的规章政策，但是由于部门之间缺乏有效的信息交流，致使政出多门、互相推诿现象层出不穷。另外，乡村地区远离城市，地理位置不佳，交通不便，导致了执法缺乏有效监督，加上基层执法人员的整体素质不强，也会出现执法不当的问题。

2. 对农村残疾人社会福利事业的认识有待提高

现实中依然存在很多落后的、歧视的、不平等的思想观念和思想认识，从而使农村残疾人合法权益没有得到有效保护，农村残疾人生活状况没有得到持续改善。②

第一，对农村残疾人该享有的权利有待于进一步重视。地方政府对农村残疾人应该享有的权利不够重视，从而在工作重心上、在资源配置上、在政策导向上，都没有合理处置。如不少农村地区无障碍环境建设还没有起步，城乡差距巨大，农村残疾人维权无法得到有效落实，等等，实际上都是对农村残疾人合法权利不够重视的结果。

第二，对农村残疾人社会保障的调查重视程度不够。目前，在

---

① 饶志静：《论劳动就业歧视禁止形态的边界——基于〈就业促进法〉第3条的法教义学分析》，《上海师范大学学报》（哲学社会科学版）2016年第6期。

② 雷晓华：《泰顺县农村残疾人社会保障的问题及对策研究》，硕士学位论文，南京农业大学，2016年，第25页。

许多农村地区，农村残疾人社会保障的实施没有起到应有的保障作用，不少农村残疾人对目前的社会保障供给很不满意，其原因就是地方政府实事求是力度不够，对于乡村地区残疾群体社会保障的实地调研重视程度有待于进一步加强，导致很多保障项目根本就不符合农村残疾人的实际需求。

第三，地方政府决策者缺乏长远眼光。许多县（区）级政府的决策者看待问题缺乏长远的意识，片面追求 GDP 增长和政绩，过分强调残疾人保障的形象工程，只关注形式，而不注重其内在的发展，导致不少地区农村残疾人社会保障事业建设步伐非常缓慢。

第四，封建思想在乡村地区依然根深蒂固。在广大乡村地区，尤其是偏远山区，农民的思想落后，文化封闭。包括村干部在内的大部分农民都认为，农村残疾人低人一等。在这种思想的影响下，农村残疾人被视为社会负担。

3. 农村残疾人社会福利监督机制不健全

以农村残疾人的"两项补贴"为例，对补贴资金的复核无疑能起到防范风险、提高审计质量的作用。目前国内，大多数农村对残疾补贴发放的复核仍然存在较大的空白。有些地方政府部门虽然知道有监管与复核职责，却没有制定具体操作方式。各县（区）有关残疾人"两项补贴"的通知文件中，大都没有设定明确的备案机制，只有少数县（区）明确了定期复核机制。这种机制一般是由残疾人主动申请同发放部门定期抽查两者相结合的。其主要内容是：申报者的标准是否变动；补助金的发放及时准确与否；实际复核的截止期限。对"两项补贴"复核的缺乏，实际上为补贴资金的安全留下了隐患。地方政府相关工作人员有可能借着监管复核的空白，对农村残疾人总人数、残疾等级、贫困情况、就业状况、康复与否等指标进行隐瞒和放大，进而滋生了腐败的空间。

4. 农村残疾人社会福利市场化改革过慢

第一，政府完全包揽了农村残疾人社会保障的事业。在大部分乡村，基层政府在农村残疾人社会保障供给中完全包揽，没有对政府和其他市场主体的关系进行梳理清楚，无法形成有效的政府主导、社会参与的格局。政府与社会力量之间的关系不明确，导致了基层政府无法提升其公共服务的质量，同时不利于社会力量参与到农村残疾人社会保障从而发挥其特有的优势，致使农村残疾人社会保障产生了严重的供需不均衡的现象，该群体的合法权益没有得到切实的保障。

第二，农村残疾人社会保障欠缺竞争性。因为缺少竞争，农村残疾人社会保障供给中就难免会出现效率低、质量差以及供给成本过大等系列问题，这无疑严重影响了农村残疾人的切身利益以及政府公共财政资金的使用效率。在市场缺失的情形之下，无人同地方政府进行竞争，所以，地方政府不会产生紧迫感而进一步优化农村残疾人社会保障。

第三，农村残疾人社会保障缺少市场推进机制。市场的竞争性促使各参与主体不断进行技术革新和信息更新，以保持其在经济发展中的有利地位。在农村残疾人社会保障的运行过程中，市场主体承包部分服务，这不仅可以提高保障的质量以及工作的效率，而且对政府追求自身的完善起到了激励的作用，甚至还可以进一步地明确政府与市场的界限。但是，在其具体的实施中，由于市场不被允许参与进来，这种种的功能并没有得到实现，很大程度上制约了运行的成效，破坏了乡村残疾群体的实际权益。这实际上是，我国许多农村地区目前尚没有建成村级残疾人组织的重要因素之一。

(三) 结论与启示

1. 完善我国农村残疾人社会福利立法

本书建议加快《残疾人福利法》的立法工作。在其立法过程中，要表现残疾人福利法制的总体观念、基本准则、基本制度和各主管部门的具体职责等，以便在实践当中更好地指明残疾人福利法制发展的总体方向。[①] 并且，应该加快对肢体残疾、智力残疾、精神残疾等福利制度的立法进程，进一步详细地规范福利服务的范围、类别、流程和水平等方面，关于提供福利服务的相关机构、福利资金筹集、违法违规现象的处理等内容要在立法工作中以明文的方式写出来。[②] 应特别注意的是，在我国现有的《残疾人保障法》的内容中，关于扶持残疾群体通过发展自身的能力来摆脱生存困境的思想观念十分欠缺，如果出台专门的《残疾人福利法》，应该在加强法制层面，立法工作应始终围绕残疾人福利权这一理念。

2. 加强农村残疾人社会福利意识

一方面，要对社会保障制度的优越性进行宣传，让社会公众充分地了解社会保障的功能以及对残疾人的特殊作用，真正增强残疾群体的忧患感，培养其看待问题的长远思想，让其不过分关注眼前的一分一毫。另一方面，要对乡村地区的残疾群体进行心理方面的辅导，这要求基层政府和村委着重关注该群体的心理状况，并且招聘专业的心理辅导人员，设立相应的心理服务小组，对残疾农民的心理进行实时追踪，以实现及时解除残疾农民的精神方面的问题。

3. 加大农村残疾人社会保障资金投放

在资金来源方面，首先，各级政府应加大财政投入，实现政府

[①] 金勋：《全球化视野下的亚洲法的变革——"全球化视野下的亚洲法的变革"国际学术研讨会综述》，《华东政法大学学报》2010年第6期。

[②] 韩君玲：《日本残疾人福利法制的特征及启示》，《学术交流》2010年第11期。

财政兜底。同时，地方政府也要从供给侧改革、乡村振兴等方面入手，大力发展地方经济，为乡村地区的残疾群体的社会保障提供强有力的资金支持。其次，要积极拓宽其资金来源方式。支持、鼓励福利企业的生产建设，并号召更多企业参与到农村残疾人社会保障事业建设中来，从而扩大农村残疾人社会保障资金的来源渠道。

在资金使用方面，其一，要加大资金使用的监管，保证农村残疾人社会保障资金的悉数用于该项事业；[①] 其二，要分类使用农村残疾人社会保障资金，考虑到残疾人的特殊性，把残疾人进入低保的条件和非残疾人纳入低保的条件区分开来，在一定程度上降低农村残疾人低保认定要求，并且对其救助的标准也进行一定幅度的上调；其三，依据因人而异的原则，按照不同残疾成员的农户经济状况，对其救助标准进行调整。

4. 强化农村残疾人社会保障的管理与监督

（1）优化农村残疾人社会保障管理机制。

要对农村残疾人社会保障管理机制进行优化，首先，应该设立统一的管理机关；其次，对各个管理部门的具体责任进行明确的划分；最后，应该在基层政府中设立社会保障机构，构建从中央到基层的全面统一的局势。

（2）完善农村社会保障的监管体系。

其一，要对农村残疾人社会保障部门的具体运行进行监督，防范其实践中出现违规违法的行为，并且，对农村残疾人社会保障资金的管理工作进行全过程、全方位的监督；其二，依法对农村残疾人社会保障基金的财务情况进行审查，并定期把审查结果向相关利

---

① 严妮、李静萍：《我国农村残疾人医疗救助制度建设分析》，《社会保障研究》2014年第1期。

益主体公开公布,以保证财务管理的透明化;其三,社会监督组织必须是由残疾参保人员中的代表构成,因为只有他们才真正了解实际情况;其四,务必要对农村残疾人社会保障的具体运行过程进行全方位的监督,特别是对其基金的监管。

5. 农村残疾人社会保障相关制度的完善

(1) 农村残疾人医疗保险制度完善。

首先,应提高政府对农村残疾人医疗救助的财政投入规模,并加大农村残疾人参保费用的补贴力度,尤其是要将农村贫困残疾人员的补贴救助落到实处,以减轻其缴纳医疗保险费用的负担。同时,要鼓励社会力量发挥公共精神,积极参与农村残疾人医疗保障基金筹集,以促进其基金来源多样化。其次,对于乡村地区基本医疗保险未能保障到的残疾群体,要通过适度的医疗救助为其提供急需的医疗服务,也可以通过补助金的形式对其参保的金额进行全数退还,确保基本医疗保险真正保障全部贫困地区、全部农村残疾群体。再次,依据经济社会发展的实际状况,有计划地将农村残疾人的特殊医疗需求尽可能地纳入基本医疗保险的报销范围。最后,对积极的医疗服务结构进行改进,使其资源能够得到有效配置,从而增强乡村地区医疗服务的可及性,逐步缩小乡村地区残疾群体医疗服务与城镇残疾群体的差距。①

(2) 农村残疾人教育保障制度完善。

其一,要纠正工作人员的认知,做好农村残疾人教育服务。其二,强化政府支持力度,建立与改善教育公共设备。其三,充分发挥教育服务的作用,不断扩大其领域范围。其四,增加乡村地区教

---

① 黄波:《社会公平视角下我国残疾人医疗保障制度的发展研究》,《青海社会科学》2015年第5期。

育的科技方面的支持,比如在乡村学校增加多媒体设备,通过先进的技术实现远程教学,通过这样一些渠道可以使乡村地区的孩子能够享受到更优质的教育,并且能够逐渐地缩小城乡之间教育资源的差异。① 其五,成立相应的专业人员支持机制,通过相关的优惠政策和大力宣传,吸引那些拥有高职称、高学历、高文化的老师到乡村地区教学,在宣传残疾人思想教育和技术教育的方面,可以请那些高级残疾老师为残疾人群详细地讲解,这一方面有利于培养他们的知识技能、发展他们自身的能力,另一方面也可以通过老师的榜样鼓励残疾群体积极生活。②

(3) 农村残疾人就业保障制度完善。

首先,要完善针对残疾群体专门设立的就业信息平台。其次,要大力实施分类技能的专业培训。再次,要成立专门的残疾群体法律援助机构。最后,要对农村残疾群体的就业资料进行进一步的优化。

(4) 农村残疾人养老保险制度完善。

第一,应该注重家庭对残疾人的意义,它既具有养老照料功能,也具备精神慰藉的作用。第二,重视农村社区的照料功能。第三,在一定程度上倡导机构养老,对于乡村地区的生活无法自理的重度老年残疾人、重度贫困残疾人以及那些无生活来源、丧失劳动能力、无法定赡养人的残疾群体而言,可以选择机构养老的方式,这样可以得到稳定的照顾。③ 第四,有步骤地提升农村残疾人养老

---

① 杨国斌:《少数民族地区残疾人远程教育的实践与对策——以内蒙古地区为例》,《广播电视大学学报》(哲学社会科学版) 2014 年第 1 期。
② 蒋娟娟、郭启华:《教育公平视野下的我国特殊教育教师资源配置》,《长春理工大学学报》(社会科学版) 2014 年第 5 期。
③ 杨瑞勇:《和谐社会视域下农村弱势群体救助的困境与路径探讨》,《新乡学院学报》(社会科学版) 2012 年第 6 期。

保险的统筹力度。

（5）农村残疾人救助制度完善。

其一，完善残疾、残障的定级鉴定机制。要对农村残疾人的残疾类别与残疾等级进行有效区分，进行分类救助，如对智力残疾和聋哑类残疾人进行医疗康复，让其接受特殊学校教育和职业培训，提高其自身文化水平，提高自我谋生能力。其二，成立乡村残疾群体社会救助所。大力倡导与鼓励基层政府成立村级残疾人社会救助所，由乡镇残联直接管辖并监督。其三，着重关注社会组织在救助残疾群体中的作用。这不仅能够改变依靠单一的政府财政救助农村残疾人的现状，还能够进一步优化慈善机构"援残"机制。其四，注重培养专业的残疾群体救助人员。

二 农村儿童社会福利制度建设现状

虽然儿童社会福利制度取得了巨大的进步，但中国正处于构建适度普惠型儿童社会福利体系的初级阶段，许多制度尚处于建设中，各项功能也有待完善。

（一）农村儿童社会福利制度存在的问题

1. 儿童社会福利尚未实现全面的覆盖

（1）从覆盖对象来看，全面覆盖仍然没有形成。

我国在2010年为所有孤儿提供了可以满足其基本生活的补助，在2012年时将艾滋病毒感染儿童纳入到保障的范围中，实现了最迫切需要福利儿童的全覆盖。然而，仍有许多其他类型的儿童未能普遍享受到社会福利，例如，困境儿童和困境家庭儿童。困境儿童主要有重病儿童、残疾儿童、流浪儿童，困境家庭儿童则是指服刑人员的未成年子女、父母重病或重残的儿童、困难家庭儿童、无陪护儿童等，他们只能享受最低的生活保障或者"五保"支持。① 另外，我国普通儿童目前在生活福利这一方面呈现空白。由此可见，我国整体的儿童社会福利的覆盖面还有待于进一步扩大。

（2）从覆盖数量来看，仍有大量需要提供福利保障的儿童。

2014年实现的《国家贫困地区儿童发展规划》指出，我国贫困区域共有4000万多名生活在贫困线以下儿童，其中，0—14岁的残疾儿童大概有817万名，残疾儿童急需良好的医疗资源以及专业的康复治疗，所以，构建一个面向全体残疾儿童的生命保障体系迫在眉睫；此外，还有100万左右的流浪儿童，其基本生活无法得到有效的保障，甚至经常面临生存危机。据2013年全国妇联的相关统计，中国乡村地区的留守儿童现共计6100万余人，其中城乡流动儿童为3580万余人，这部分儿童的生活条件较艰苦，也应成为社会福利保障关注的焦点。

2. 福利内容中津贴和服务项目偏少

（1）津贴和补贴项目偏少。

目前，在儿童社会福利中的补贴和津贴主要包括：一是基本生活津贴，主要是指每月为孤儿和HIV感染儿童所提供的基本生活花销；二是困难家庭儿童的大病补助；三是营养补助计划；四是一些经济条件允许的地区对残疾儿童提供了康复补助。而对比国际上其他国家，我国的儿童津贴和补贴项目偏少。

（2）儿童福利服务项目偏少。

我国儿童社会福利服务主要有两种：一是儿童福利院或其他社会福利机构提供的服务；二是家庭寄养和领养服务。而在国际上针

---

① 戴建兵：《我国适度普惠型儿童社会福利制度建设研究》，博士学位论文，华东师范大学，2015年，第141页。

对儿童的福利内容则相对而言更为全面，除此国内的两种福利之外还有教育、精神卫生等多项福利项目。例如，日本、法国、英国、瑞典等国家拥有许多的托儿机构，提供日间照料以及托幼服务，且国家主管的日托机构几乎每天都是免费服务的。

表3-1　　　　　　　　部分国家儿童补贴项目情况

国别	儿童补贴类型与内容
美国	"抚养未成年子女家庭援助计划"：为贫困家庭的儿童提供包括现金补助、免税、食品券、教育券等各种津贴和补贴
法国	新生儿津贴、住房津贴、单亲津贴和保姆津贴等，残疾儿童享有残疾津贴
瑞典	涵盖儿童生活的各个领域的福利计划。困难家庭的儿童还能额外得到津贴，残疾儿童可享受相关的补助。幼儿园、托儿园完全免费，来自困难家庭的孩子还能够获得食品或管理费的补助，儿童文具免费
印度	"整体性儿童发展服务"计划：为贫困家庭的儿童提供营养、医疗和教育等各个领域的福利
蒙古	新生儿补助、双胞胎补助、三个或更多子女的父母补贴、四个或更多儿童的生育津贴、特殊儿童补助等。贫困家庭儿童可以免费获得教科书和用品；儿童免交医疗保险费和住院费，新生儿医疗保健免费

3. 儿童社会福利财政投入相对不足

（1）儿童津贴和补贴的总体水平相对较低。

目前，我国主要是为孤儿和艾滋病毒感染儿童发放儿童津贴。残疾儿童、重病儿童和流浪儿童无权享受生活津贴，困难家庭的孩子也不享受生活津贴。不仅补贴对象相对有限，补贴标准也不高。例如，残疾儿童的康复补助金，2011年前北京为7岁以下残疾儿童和家庭贫困儿童每月固定发放500元。

(2) 儿童社会福利财政支出规模总量偏低。

在国际上,常用社会保障总支出占 GDP 的比重来衡量社会保障水平的适度性,儿童社会福利是社会保障的内容之一,适当性则相应地表现为儿童社会福利支出占 GDP 的比重或财政支出总额的比重。2012 年,中国财政对儿童社会福利的投入不到 1000 亿元人民币,占 GDP 的比重不足 0.2%,占财政支出总额的比例明显小于 1%。而 OECD 成员国在 2009 年儿童社会福利的投入中,占 GDP 的平均比例是 2.61%。

4. 儿童社会福利管理职能需要整合

儿童社会福利的管理职能涵盖了儿童生活福利管理、儿童医疗健康福利管理、儿童服务福利管理和儿童教育福利管理等多个方面。这些儿童社会福利的管理职能不统一,分散在各职能部门。这可能会带来一些负面影响,可能存在条块分裂、管理失位甚至无人管理的情况,不利于儿童权益的保护。因此,应该将这些管理职能有机地统一到儿童社会福利管理体系中。

表 3-2　　　　　　　　儿童社会福利管理职能内涵

福利领域	福利项目	管理部门
生活福利	儿童营养计划、孤儿津贴、艾滋病病毒感染儿童津贴、残疾儿童津贴、流浪儿童津贴、贫困家庭儿童津贴、服刑人员未成年子女津贴、家庭津贴、儿童津贴	民政部
医疗健康福利	优生优育、安全分娩、母婴保健、科学喂养、免疫接种、常规检查、疾病预防、大病救助、医疗康复	卫健委
服务福利	福利机构照顾、家庭照顾、托幼服务、临时托管、儿童保护	民政部
教育福利	各种特殊儿童的学前教育、免费义务教育、职业教育、高中教育和家庭指导等	教育部

5. 儿童社会福利政策与法制建设相对滞后

一是我国目前虽有与儿童社会福利相关的法律法规，但仍然缺乏一部与儿童社会福利相关的综合性法律——《儿童福利法》。

二是大量儿童社会福利的专项法律法规较少，如我国虽然颁布了一系列有关流浪儿童救助的法律法规，但这些法律法规中流浪儿童的救济内容较为零散，缺乏对流浪儿童的特殊规定。《中华人民共和国未成年人保护法》仅仅涉及了关于援助流浪儿童的大体政策方针，针对性不强。而《城市生活无着的流浪乞讨人员救助管理办法》的目标群体是所有的流浪人员，对于流浪儿童的针对性也较弱。2011年实行的《关于加强和改进流浪未成年人救助保护工作的意见》，尽管它的目标对象就是全体流浪儿童，但它仅仅是一份规范文件，无法达到法律的高度。这说明要完善儿童社会福利，相关法律法规的建设也是迫在眉睫。

三是关于儿童社会福利的规定，基本上没有建立所有儿童福利的特殊法律法规，大都服务于特殊儿童。

四是与儿童社会福利相关的法律法规主要适用于救助工作，福利性的条文十分欠缺。

五是对乡村地区儿童福利的关注程度有待进一步提高。就生活保障而言，目前，农村建立了基本养老保险制度、基本医疗保险制度等社会保障制度，但尚未建立儿童基本生活保障制度。

(二) 农村儿童社会福利制度存在问题的原因分析

1. 经济发展状况尚未达到发达水平

2001年以前，我国经济长期处于不发达状态，人均GDP一直低于1000美元。步入21世纪后，经济快速腾飞，人均GDP突飞猛进。我国人均GDP于2001年超过了1000美元，2006年的人均GDP上升到2000美元，2008年上升至3000美元，2010年突破了

4000美元,与此同时,政府开始重视适度普惠型儿童福利制度的建设。① 因此,经济发展水平是儿童社会福利制度建设的基础条件。

2. 财政支出规模与结构有待提升

经合组织国家(OECD)在儿童社会福利方面的支出主要包括生活中的现金支出(如家庭津贴的支付)、托儿服务费和教育福利支出。虽然经合组织国家用于儿童不同阶段的财政支出比例不一样(见表3-3),但儿童社会福利的财政支出占财政支出的比重却很大。

表3-3　　2007年OECD部分国家儿童社会福利支出占财政总支出的比例　　单位:%

阶段 国别	儿童早期	儿童中期	儿童晚期
英国	29.7	34.5	35.8
法国	29.7	31.0	39.3
德国	27.2	33.8	38.9
希腊	20.4	35.9	43.7
爱尔兰	18.5	36.1	45.4
意大利	24.4	37.1	38.5
卢森堡	25.3	37.8	36.9
荷兰	23.8	33.2	43.0
挪威	28.7	33.4	37.8
波兰	15.9	42.1	42.0
葡萄牙	17.8	36.4	45.8
西班牙	24.3	33.4	42.3
瑞典	28.9	34.7	36.4

资料来源:OECD Social Expenditure Database and DECD Education database.

---

① 戴建兵:《我国适度普惠型儿童社会福利制度建设研究》,博士学位论文,华东师范大学,2015年,第150页。

社会福利支出在我国社会保障中的比重是比较小的，不到2%的财政支出，主要用于孤儿、流浪儿童以及困难家庭儿童的基本生活补助，财政支出的数量十分有限。其中占其支出较大的是教育事业，因为教育是一种面向所有孩子的公益性福利，所以其总额会比其他福利支付要多。医疗保健支出等领域的比例较低，占财政支出的6%以下。在儿童社会福利方面，早期儿童的资金支持力度不够。因此，我国普惠型儿童社会福利的支出总量还有待提高，支出结构也有待进一步调整。

(三) 结论与启示

总的来说，经济发展状况、财政支出规模与结构、国家对儿童社会福利的重视，影响了适度普惠型儿童社会福利制度的发展水平，需要有针对性地从以下几个方面来进行完善：

首先，要增加儿童社会福利的财政支出。经济基础决定上层建筑，也决定着社会福利。为了加快儿童社会福利制度的建设，必须相应地大力增加儿童社会福利的财政支出。现阶段，儿童的社会福利的财政支出尚未获得有力的保障，其支出水平偏低，支出比例不高。由此可见，构建一个独立的、完善的儿童社会福利制度十分迫切，扩大儿童社会福利的范围，提升其保障水平，构建相对独立的预算分配机制，加速推动儿童社会福利的步伐。

其次，扩大儿童社会福利的覆盖范围，提升相应的福利待遇标准。有必要优先设立服务于所有特殊儿童的津贴机制，特别是对困境儿童的生活补助，再完善家庭补贴机制，让普通儿童也能享受到福利，实现全面覆盖的目标。随着经济的繁荣和社会的发展，财政在儿童社会福利领域的投入逐年上升，儿童社会福利的保障水平也应该随之相应地上升，使其待遇能够与社会平均生活水平持衡，甚至超越。

最后，逐步建立和完善儿童社会福利制度的相关法律制度和管理职能，建立多层次的儿童社会福利法律制度。一方面，要加快制定与儿童社会福利相关的综合性母法，为其发展指明总体方向；另一方面，对以家庭补助为主要形式的儿童社会福利的特殊法律法规应予以完善。

第四章 中国农村贫困人口社会保障绩效评价研究

第一节 社会保障绩效分析方法

一 社会保障绩效评价基本概念

当社会保障制度从提出到运行了一定的阶段后,为了更好地开展社保相关的后续工作,为后续工作提供更多的经验和参考,需要了解这一阶段社会保障的实施效果,而需对该阶段的社会保障进行绩效评价,则需要引入与制度目标相关的社会保障绩效评价体系,为了更好地了解社会保障绩效的评价,我们也需要对社会保障绩效相关的基本概念和基础知识予以了解和规范。

(一)绩效

关于"绩效"(Performance),可以视为成绩和效益的结合,一般表达成绩、成就、成效等词的含义。运用绩效概念衡量政府社会保障制度的成果,其含义更为广泛丰富一些。政府绩效是指政府在社会经济管理活动中的业绩、成就和效率,用来衡量政府能力强弱,体现政府在发挥其功能、实现其意志过程中的管理能力,是政府在社会经济管理活动中发挥作用的结果、效益以及效能①。坎贝尔等的绩效理论认为,绩效的关注点并不在于某一活动的结果,而在于这项活动的本身,是与组织目标相关的、能够观察到的且是被真正实践的行动或者行为,而且个体自身能够完全控制的行为②。伯纳丁等将绩效与目标任务的完成进度、产出、效果等同,将绩效认为是由特定的工作职能、活动或行为在一段特定的时间内产生的产出记录③。

(二)绩效评价

当前国内外对于绩效已经做出比较近似的诠释,然而对于绩效评价,目前国内外则尚未达成普遍认同的定义。鉴于当前的这种情况,试着从以下三个层面理解绩效评价。首先,在微观的层面,可以将对员工个体工作任务的完成度和业绩的评估理解为绩效评估;其次,对于中观层面而言,绩效评价则是指政府各部门执行政策目标的效果、为民众提供服务的数量以及提供服务项目的质量等;最后,就宏观层面而言,绩效评价则是认定所有公共部门为满足社会和民众的需求,所履行政府职能所达到的效果④。

社会保障绩效评价指的是综合数学、管理学、经济学、统计学等学科,建立科学、合理、有针对性的评价指标体系,根据这个评价指标体系从社会保障的社会责任、管理效率、服务质量和公众的满意度这四个方面对一个地区的社会保障工作进行评价⑤。

---

① 张寒:《政府绩效评估的现状及在我国的发展》,《经济师》2005年第11期。
② 方振邦:《绩效管理》,中国人民大学出版社2003年版,第33页。
③ [美]马克·霍哲:《公共部门业绩评估与改善》,张梦中译,《中国行政管理》2000年第3期。
④ 臧乃康:《政府绩效的复合概念与评估机制》,《南通师范学院学报》(哲学社会科学版)2001年第3期。
⑤ 陈良谨:《社会保障教程》,知识出版社1990年版。

二 社会保障绩效的典型评价方法

社会保障制度绩效的评估方法随着评估实践的发展和各类学科的融合互通逐步变得多样，因此会以社会保障制度的本身为依据针对性地选用适用的模型对社会保障进行绩效评估。因划分标准存在差异，社会保障绩效评估方法的分类因为划分标准的差异而呈现多样化。首先，如果以评价依据为分类标准，则可将社会保障制度运行绩效评估的方法分为以下两类，即客观评估和主观评估，客观评估是以客观事实为依据进行评估，得到评估结果的方法；主观评估是指以评估者的主观判断为依据，做出评估而得到结论的方式，普遍认为这种方法存在一定的主观判断误差。在社会保障绩效评估的实践中，普遍将这两种评价法相结合应用。其次，如果以评估所采取的手段为划分标准进行分类，可以得到定性评估和定量评估两种评估方法。在实践过程中，常对那些难以量化的评估对象采用定性评估法，比如，将社会保障制度的实施是否符合相关政策规定、制度相关工作操作是否规范、制度的运行过程是否符合相关的法律法规等难以量化的指标用定性的方法进行评估判断。但是在实践过程中，单独使用定性评估进行评估的情况并不多，在实践操作过程中常将定性评估与定量评估结合运用。定量评估法主要是指通过收集、处理和运算数据，分析、对比数量关系，进而进行绩效评估，得出评估结论的一种方法。与定性分析相比，定量分析通过简单的决策公式进行计算，能够高效有序地解释绩效结果，并且这种解释通常是清晰易懂的，能够快速地被他人接纳理解，易于区分比较结果的优劣。以下几种方法是实践过程中常用的社会保障制度绩效评估的定量分析法。

（一）因子分析法

因子分析（Factor Analysis）这种方法起源于心理学研究，由心理学家斯皮尔曼提出，这种方法是从变量群中提取共性因子的一种统计方法。该方法的基本原理是分类观察变量，将相互联系稍显亲密的变量分为同一类型。将不同类型的变量视为公因子，代表着相互间亲密性较低的一个基本结构。因子分析将相互联系稍显亲密的变量的类变量作为一个因子，然后通过这些具有代表性的类因子传递原始资料中所含有的大量信息，其主要目标在于通过少数因子表达大多数指标之间或者因素之间的关联关系。发现主要因子并不是因子分析的最终目标，其最终目标是了解每个主要因子的实际意义，进而分析问题的本质。通过因子分析模型评价每个样本的作用和地位，从而综合地进行分析评价。在模型的处理中，如果通过求出的主要因子解而得到的各主要因子的代表变量并不突出，这时需要利用合适的因子旋转得出较为突出的、满意的主因子解，例如使用最小方差正交旋转法旋转得到合适的主因子解，它是一种极为常用的因子旋转方法。

例如，黄棉花（2012）通过因子分析法构建了社会保障绩效评估体系，选取了广西壮族自治区 14 个地级市作为分析样本对其绩效进行实证研究，得到下述结论：第一，广西壮族自治区各地级市的社会保障水平与经济发展水平有着密切的相关关系，整体来说，经济发展相对较好的地级市其社会保障水平也相对较高；第二，在选取的样本容量范围来看，广西壮族自治区 14 个地级市之间的社会保障制度综合水平差距较大；第三，各项绩效因子组合而成各地级市政府的社会保障绩效，因此只有使各因子得到均衡协调的发展，才能有效地提高政府社会保障的综合绩效水平[①]。

[①] 黄棉花：《基于因子分析的地方政府社会保障绩效评估研究》，博士学位论文，广西大学，2012 年，第 1 页。

(二) 回归分析法

回归分析方法通常被分为一元回归分析和多元回归分析两种。相比于多元回归模型，一元回归模型更为简单，一元回归模型通常会忽略其他因素的影响，以产出成效作为因变量（x），投入作为自变量（y）。最后基于回归分析得出的结果为依据，分析投入变量（x）对产出变量（y）产生的影响。

例如，曲绍旭（2013）通过多元回归模型对中国农村社会保险制度进行了分析探讨，发现在新型农村养老保险方面，未来养老问题、养老金领取年龄的规定与新农保的制度评价有着显著正相关关系；在新型农村合作医疗方面，建立医疗保险专有账户与新农合的发展有较大关联性[1]。

(三) 数据包络分析法

数据包络分析法简称为DEA（Date Envelopment Analysis）分析法，它是由Charnes和Copper等首先创建，目前被广泛应用于绩效评估中。这种方法通过数学规划模型，计算各决策单元DMU（Decision Making Unit）间的相对效率，然后将得出的相对效率进行比较分析，进而评价研究对象。该方法最大的特点在于，它以各项输入指标和输出指标的权重为变量，不需提前设定各指标的权重参数，有效地避免了主观因素的影响，简化了算法，从而减少了误差，提高了评估可靠性。

周乐、刘美芳（2014）从定量分析的角度出发，通过运用数据包络方法，得到西北五省社会保障绩效的相对效率，通过分析结果可得出：西北五省的社会保障绩效水平虽整体较好，但并不是最

---

[1] 曲绍旭：《城乡社会保障统筹制度的实证研究——基于农村社会保险的多元Logistic回归分析》，《中国经济问题》2013年第6期。

佳状态，可通过大力发展区域经济、夯实社会保障基础、完善社会保障体系、扩大社会保障覆盖面及健全社会保障运行机制等方面促进社会保障绩效达到最优水平①。贾强（2016）通过运用数据包络方法，得到南疆三地州社会保障制度各项效率值，从综合绩效评估来看，北疆的社会保障水平普遍高于南疆，南疆三地州中，克州与和田地区的社会保障绩效水平，均低于新疆的平均绩效水平，其主要是因为规模因素极大地影响了它们的综合绩效水平②。

（四）层次分析法

层次分析法（简称 AHP），是由美国运筹学家、数学家托马斯·塞蒂（T. LSaaty）通过将定性分析与定量分析相结合而提出的一种系统分析法，它将复杂烦琐的问题分解成若干个层次和若干个因素，将各因素进行两两比较，从而得到各问题的解决方案及该方案的权重，为选择最优的方案提供了理论支持。层次分析法能将非定量问题的定性分析转为定性和定量相结合的系统分析，将复杂问题数学化、简单化，是使用率最高的系统评价方法③。

颜令帅（2013）运用层次分析法构造了城乡居民社会养老保险运行效应评价的层次化结构模型，并设计了指标间相对重要性的调查表，通过矩阵赋值的计算和一致性检验，得到评价模型各层次评价指标的权重，从而找出影响城乡居民社会养老保险制度运行的最主要方面④。

---

① 周乐、刘美芳：《基于 DEA 的西北五省社会保障绩效评估实证研究》，《管理观察》2014 年第 36 期。
② 贾强：《新疆南疆三地州社会保障绩效评估研究》，博士学位论文，新疆大学，2016 年，第 1 页。
③ 汪乐：《基于层次分析法的高校图书馆学科服务评价研究》，博士学位论文，安徽大学，2017 年，第 5 页。
④ 颜令帅：《城乡居民养老保险制度运行效应评价研究》，博士学位论文，上海工程技术大学，2013 年，第 13 页。

（五）平衡计分卡法

平衡计分卡法由罗伯特·卡普兰和大卫·诺顿共同协作提出，是以完成企业任务，实现企业战略意愿为目标的一种绩效评价方法。这种方法将长远的、庞大的目标分成短期的、具体的目标，这些短期且具体的目标往往由以下四个维度的指标组成，即内部流程、客户层面、财务绩效和成长。这种方法既有财务指标又有非财务指标，克服了传统的单一财务指标的不足，能更综合、全面、系统、客观地评价企业，被学术界誉为绩效评价中的一场重大革命。

刘晓谕（2014）通过运用平衡计分卡原理，通过平衡计分卡法构建农村社会保障财政支出绩效考核指标体系，以公众、财务、内部流程、成长与发展为维度，构建农村社会保障制度财政支出绩效考核的评价指标体系[①]。徐望来等（2017）围绕社会救助的运行环境、战略目标来改革平衡计分卡绩效评估方法，遴选社会救助绩效评估四个维度的关键绩效指标，基于平衡计分卡，构建社会救助绩效评估模型，对社会救助进行绩效评估[②]。

（六）满意度法

政策满意度是政策对象在政策实行后对政策的一种评价，这种评价是非常主观的，因主观的差异易造成主观评价差异大的现象，也会因类别的不同而产生差异，例如政府工作人员在宣传政策精神和重要内容时，会因对象个体因素和政策宣传效果等对满意度产生差异。

刘小珉（2016）利用民族地区2014年的调查数据，基于已有

---

① 刘晓谕：《农村社会保障财政支出绩效考核指标设计》，《经济研究导刊》2014年第19期。

② 徐望来、刘湘洪、郑崇明等：《平衡计分卡在社会救助绩效评估体系中的实践应用》，《劳动保障世界》2017年第14期。

的相关研究,构建了扶贫开发工作满意度的影响因素及其实现机制的理论框架和模式,以农户满意度的视角对民族地区农村扶贫开发政策的绩效进行了实证研究①。

第二节 农村贫困人口社会保障绩效评价研究

近年来,我国社会保障制度在城市和农村逐渐发展完善,在社会发展过程中起着重要的"减震"作用,有效地缓和了社会冲突,减少了社会矛盾。因此研究社会保障制度的绩效,分析制度运行中存在的问题并提出相应的改进措施,不仅有着重要的现实意义,同时也有利于我国社保制度的全面发展。党的十八届五中全会于2015年10月在北京召开,会议明确提出到2020年我国现行标准下农村贫困人口实现脱贫,贫困县全部摘帽,解决区域性整体贫困。因此研究农村贫困人口社会保障制度的绩效,有利于更大程度地发挥社会保障制度在脱贫攻坚战中的作用。

一 文献回顾

在 CNKI 的《中国期刊全文数据库》平台以"社会保障绩效"为主题进行搜索,得到主题相关文献共计1000余篇,周乐、刘美芳(2014)认为,社会保障不仅有利于维护社会的稳定,有利于加快社会建设,而且对于促进社会经济发展也起着重要作用,尤其

---

① 刘小珉:《农户满意度视角的民族地区农村扶贫开发绩效评价研究——基于2014年民族地区大调查数据的分析》,《民族研究》2016年第2期。

对于那些经济稍欠发达的地区而言，社会保障事业的作用更加突出①。彭锻炼（2015）从社会保险的投入、产出和效果三方面出发，设计了三层次的社会保险绩效评价指标体系，明确了各项指标的评价标准及权重，随后用 2001—2012 年我国除去西藏后的 30 个省份的数据进行了相关的实证分析②。徐强、张开云、李倩（2015）以中国社会科学院的问卷调研为基础，利用问卷调研数据构建了公众对社会保障制度建设绩效评价的体系，从而研究社会保障制度建设在公众心中的满意度。通过研究发现：公众对社会保障制度运行情况的满意度普遍较高，但制度在帮助居民减轻家庭负担、缩小贫富差距等方面所取得的效果离公众的预期还有一些距离③。杨林、邵晓晨（2015）为了提高社会保障财政资金配置效率、促进社会保障投入体制更好发展，以 2007—2013 年五个计划单列市的面板数据为样本，运用 Malmquist 生产率指数，对其社会保障投入绩效进行实证评价④。

二 三阶段 DEA 模型构建

DEA 模型作为一种评价一组具有多投入、多产出的决策单元相对效率的评价工具，最早由 Charnes 等于 1978 年提出，并将第一个 DEA 模型命名为 SCCCR 模型⑤。作为一种非参数方法，该方法无须进行效率方程的设定，从而可以避免主观判断、客观要素的

---

① 周乐、刘美芳：《基于 DEA 的西北五省社会保障绩效评估实证研究》，《管理观察》2014 年第 36 期。
② 彭锻炼：《地方政府社会保险服务绩效评价指标体系构建与绩效测度》，《中央财经大学学报》2015 年第 1 期。
③ 徐强、张开云、李倩：《我国社会保障制度的建议绩效评价——基于全国四个省份 1600 余份问卷的实证研究》，《经济管理》2015 年第 8 期。
④ 杨林、邵晓晨：《基于 Malmquist 生产率指数的社会保障投入绩效评价——来自五个计划单列市的实践》，《山东财经大学学报》2015 年第 4 期。
⑤ Charnes A，Cooper W，Rhodes E，"Measuring the efficiency of decision making u-nits"，*European Journal of Operational Research*，No. 6，February 1978，pp. 429 - 444.

量纲和单位以及模型设定的形式出现误差等因素的影响,因此该方法受到众多学者的青睐。

传统 DEA 模型和 DEA – Tobit 两阶段法在实际运用中存在一定的缺陷:传统 DEA 方法仅考虑决策单元的投入产出指标,无法衡量一些因素对效率测度的影响;DEA – Tobit 两阶段法对影响因素的模型进行了设定,并且该方法算出的效率值中包含外部环境因素和随机误差的影响,进而影响到效率测评的准确性。基于此,Fried 等(2002)提出了三阶段 DEA 模型,将非参数的 DEA 模型和参数方法的 SFA(随机前沿分析)模型结合使用,该模型认为投入(或产出)的松弛变量是受外部环境因素、随机误差(主要来自投入、产出数据的测量误差)和管理无效率三部分的影响,该方法就是要将外部环境和随机误差对效率值的影响予以剔除,使效率值仅受到管理无效因素的影响,以便得到可以反映真实状况的效率值[①]。

三阶段 DEA 模型主要采用截面数据进行运算,因此当需要运用三阶段 DEA 模型测算跨年度的面板数据的效率时,三阶段 DEA 模型的实用性还值得商榷,主要原因在于以下两方面:(1)运用截面计算会导致各年度产生异质性的前沿面,导致效率值具有不可比性。我们知道,DEA 模型是通过构造前沿面来计算各决策单元的效率值,假设存在两个年份 A 和 B,某决策单元 M 在 B 年的效率值高于在 A 年的效率值,并不能说明 M 在 B 年的绝对效率水平增加,仅能说明 M 与 B 年的效率边界的距离要小于与 A 年效率边界的距离。由于跨年的面板数据存在前沿面不一致的情况,因此不

---

① Fried H, Lovell C, Schmidt S, et al., "Accounting for Environmental effects and Statistical Noise in Data Envelopment Analysis", *Journal of Productivities and Analysis*, No. 17, January 2002, pp. 157 – 174.

能将不同年度的效率值进行直接比较。Cummins 等（2003）①和黄薇（2009）②就明确指出，直接将不同年份的 DEA 效率值进行比较分析是一种谬误。（2）由于异质性前沿面的存在，在该模型的第二阶段运用 SFA 模型对松弛变量做回归分析时，无论是对各年度做截面 SFA 回归还是直接做一个面板 SFA 回归，其结果都是值得商榷的③。

为解决跨年面板数据前沿面不统一以及由此带来的 SFA 估计困境，本书借鉴刘自敏等（2014）在横截面三阶段 DEA 模型的基础上改进的面板 SFA 模型来进行效率的测算④。在第一阶段，将 N 年的面板数据整合成一个截面数据，将同一个决策单元（DMU）在不同的年份视为不同的决策单元（DMU），从而克服前沿面异质性的问题，在同一前沿面下对各决策单元（DMU）进行效率值的测算。在第二阶段，以第一阶段得出的跨期可比的各决策单元的投入（或产出）松弛为被解释变量，以外部环境数据为解释变量，通过面板 SFA 的计算结果得到投入（或产出）调整之后的值。在第三阶段，用调整后的值替换第一阶段的原始值再次进行同一前沿面下的效率值计算，此时的效率值是基于同质性前沿面和跨期可比的。面板三阶段 DEA 模型的具体步骤如下所示：

（一）第一阶段：传统 DEA 模型（BCC 模型）

根据导向类型的不同，将 DEA 模型分为投入导向和产出导向，

---

① Cummins J D, Maaria R, Hongmin Z, "The Effect of Organizational Structure on Efficiency: Evidence From the Spanish Insurance Industry", Working Paper, Whatron Financial Insurance Center, Philadel–phia, 2003.

② 黄薇:《中国保险机构资金运用效率研究：基于资源型两阶段 DEA 模型》,《经济研究》2009 年第 8 期。

③ 张根文、张王飞、汪先哲:《考虑外部环境与异质性前沿面的三阶段 Window–DEA 模型研究》,《统计与决策》2017 年第 18 期。

④ 刘自敏、张昕竹、杨丹:《我国省级政府卫生投入效率的时空演变——基于面板三阶段 DEA 模型的分析》,《中央财经大学学报》2014 年第 6 期。

在实际运用时，可以根据对哪种变量的控制能力较强进行选择，基于不同的导向类型，所得出的效率值结果并没有太大差异①。对投入控制能力较强的选择投入导向模型，反之选择产出导向模型，因农村贫困人口社会保障制度比起控制产出变量，控制投入变量显得更为容易，因此本书基于规模报酬可变的 BCC 模型构建投入导向模型。本书首先将两年的面板数据整理成一个截面数据，将同一省份在截面数据中视为不同的省份，得出各省份在第一阶段的投入松弛值。在传统的 BCC 模型下，综合技术效率（TE）是纯技术效率与规模效率的乘积。

（二）第二阶段：构建面板 SFA（随机前沿分析）模型

第一阶段分析得出的投入变量松弛值，分析其受环境因素、随机误差（主要来自投入、产出数据的测量误差）和管理无效率三部分的影响，但传统 DEA 模型并未考虑到这些因素对于各决策单元的投入松弛产生的影响，因此将其全部归咎于管理无效率。在本阶段通过构建面板 SFA 模型，把第一阶段计算出的松弛值分解为含有环境因素、随机误差和管理无效率三个自变量的函数，从中剔除环境因素和随机扰动的影响，构造的 SFA 回归方程表达式如下：

$$s_{ik} = f_i(z_k; \beta_i) + v_{ik} + \mu_{ik} \qquad (4-1)$$

式（4-1）中的 s_{ik} 表示第 k 个决策单元的第 i 项投入的松弛变量（$i = 1, 2, \cdots, m; k = 1, 2, \cdots, n$）；$z_k = (z_{1k}, z_{2k}, \cdots, z_{pk})$ 表示 P 个可观测到的环境变量，β_i 则表示所选环境变量的待估参数；$f_i(z_k; \beta_i)$ 表明环境变量对松弛变量 s_{ik} 的影响，一般视为 $f_i(z_k; \beta_i) = z_k \beta_i$。其中，$v_{ik} + \mu_{ik}$ 表示混合误差项，v_{ik} 表示随机干扰项，且 $v_{ik} \sim$

---

① 蓝虹、穆争社：《我国农村信用社改革绩效评价——基于三阶段 DEAO 型 Malmquist 指数分析法》，《金融研究》2016 年第 6 期。

$N(0,\sigma_v^2)$; μ_{ik}为管理无效率项,假设其服从截断正态分布的时候,即$\mu_{ik} \sim N^+(\mu_i, \sigma_{ui}^2)$。面板 SFA 模型根据管理无效率是否随时间变化,可分为非时变模型(TI 模型)和时变衰退模型(TVD 模型)。在非时变模型中,我们假设管理无效率不随时间的推移发生变化,v_{ik}和μ_{ik}是相互独立的。反之,则为时变衰退模型,我们假设管理无效率会随时间的推移而发生变化,假设$\mu_{it}=\exp\{-\eta(t-T)\}$,该式中 T 代表决策单元的最后一个时期,η 是衰退系数。当 η 显著大于 0 时,这一决策单元的非效率水平随时间的推移而递减,即效率水平会越来越高;当 η 显著小于 0 时,该 DMU 的非效率水平随时间递增,即效率水平越来越低;若 η 不显著且不为 0,则使用非时变模型。令 $\gamma=\sigma_{ui}^2/(\sigma_{ui}^2+\sigma_{vi}^2)$,$\gamma$ 的值越接近于 1,则 σ_{ui}^2 越大,表示管理因素主导该模型的误差部分,γ 的值越接近于 0 则说明随机误差主导该模型的误差部分。

通过面板 SFA 进行测算,首先需要运用时变衰退模型进行估计,对估计得出的衰退系数 η 进行检验,如果拒绝 $\eta=0$ 的原假设,则说明应使用时变衰退模型;如果接受 $\eta=0$,则使用非时变模型进行估计。

在采用最大似然估计法算出 β_i、σ^2 和 γ 等参数的情况下,为了进行投入松弛量的有效调整,需要根据上述参数计算出随机干扰项 v_{ik} 和管理无效率项 μ_{ik} 的估计值。Fried 等采用 Jondrow 等的方法来分解混合误差项 $v_{ik}+\mu_{ik}$[①]。

$$E[v_{ik}|v_{ik}+\mu_{ik}]=s_{ik}-f_i(z_k;\beta_i)-E[\mu_{ik}|v_{ik}+\mu_{ik}] \quad (4-2)$$

管理无效率项的估计,本文借鉴 Jondrow 等、罗登跃、陈巍巍

[①] Jondrow J., Lovell C., Materov I., et al. "On the Estimation of Technical Inefficiency in the Stochastic Frontier Production Model", *Journal of Econometrics*, No. 19, 1982, pp. 233–238.

等给出的公式：

$$E[\mu_{ik} | v_{ik} + \mu_{ik}] = \frac{\sigma\lambda}{1+\lambda^2}\left[\frac{\varphi\left(\frac{\varepsilon_k\lambda}{\sigma}\right)}{\phi\left(\frac{\varepsilon_k\lambda}{\sigma}\right)} + \frac{\varepsilon_k\lambda}{\sigma}\right] \quad (4-3)$$

式(4-3)中 $\lambda = \frac{\sigma_u}{\sigma_v}$，$\varepsilon_k = v_{ik} + \mu_{ik}$，$\sigma^2 = \sigma_u^2 + \sigma_v^2$，$\varphi$、$\phi$ 分别表示标准正态分布的密度函数、分布函数。

再通过如下公式得出调整之后的投入值：

$$x_{ik}^* = x_{ik} + [\max(z_k\beta_i) - z_k\beta_i] + [\max(v_{ik} - v_{ik})] \quad (4-4)$$

式(4-4)中，x_{ik}^* 为原投入 x_{ik} 经过调整之后的数值。$[\max(z_k\beta_i) - z_k\beta_i]$ 是使所有省份的外部环境调整至一致，使各省份面临相同的政策实施环境，$[\max(v_{ik} - v_{ik})]$ 表示把各省份的随机误差调整到相同的情形。

（三）第三阶段：调整后的 DEA 模型（BCC 模型）

将调整后的投入变量数值 x_{ik}^* 和原始产出数值代入 DEAP2.1 进行效率值测算分析，这一阶段运算得到的效率均值是排除环境因素和随机误差影响之后的效率均值，相比第一阶段所测算的效率均值而言更能反映决策单元的真实效率水平。

三 指标选取与数据来源

（一）选择投入产出指标

为了全面客观地评价我国农村贫困人口社会保障的绩效，参考相关文献的指标选取，基于数据的可得性，本书将投入、产出指标的选取主要分为社会救助和社会福利两个部分，具体指标选取如表4-1所示。

（二）环境变量及假设

环境是除投入变量和产出变量以外，对效率值产生真实影响但又不受样本主观控制,并且在短时间内无法改变的因素。参考相关文献后,基于数据的可得性,本书选取的环境变量如表4-2所示,考虑它们对我国农村贫困人口社会保障制度运行绩效的影响。

表4-1　　　　　　　　　投入、产出指标

	指标分类	具体指标	单位
投入指标	社会救助	A1:农村最低生活保障支出	万元
		A2:农村特困人员救助供养补助水平	元/人·年
	社会福利	A3:县级以下社会福利预算安排	万元
		A4:农村养老服务机构数	个
产出指标	社会救助	B1:农村最低生活保障人数	人
		B2:农村贫困人口数	人
		B3:农村贫困发生率	%
	社会福利	B4:在院(养老院)特困人员数	人

表4-2　　　　　　　　　环境变量及计算公式

环境变量	计算公式
区域经济发展程度	人均GDP
农村居民生活水平	农村人均可支配收入
地方财政支出水平	地方公共财政支出/地区GDP
城镇化水平	城镇人口/地区总人口

1. 区域经济发展程度

无论是社会保障制度中的社会救助还是社会福利的运行,都离不开政府的财政补贴和支持,从某一方面来说经济发展程度直接影响了社会保障制度运行所需资金的筹集能力和政府的支撑程度。在普遍的认知里,地区经济实力越强,该地区的基础设施随之越好,社会保障的各方面的保障水平也越高,从而对社会保障制度的运行

绩效带来有利影响；从另一方面来看，区域经济发展越好，对地区的投入越多，反而造成资源浪费和冗余的概率也随之增加，从而易对社会保障制度的运行带来不利影响。

2. 农村居民生活水平

农村人均可支配收入直接反映农村居民生活水平，居民生活水平的高低直接反映出对社会保障的真实需求。一般认为，生活水平越低的地区和居民对社会保障的需求则越强烈，在同等水平的社会保障支持下，生活水平低的居民获得的满意度会相对较低，其社会保障制度运行绩效也将相对较低，将会对社会保障制度的运行绩效产生不利影响。

3. 地方财政支出水平

财政补助收入一直是社会保障的主要收入来源，无论是社会救助还是社会福利，其运行和发展都离不开财政补助，因此地方公共财政支出水平的提高，有利于开展社会救助和社会福利的相关工作，从而促进我国农村贫困人口的社会保障制度运行效率的提升。由表4-2可知，本书以地方公共财政支出占地区GDP的比例来衡量地区公共财政支出。

4. 城镇化水平

一方面，城镇化水平往往伴随着资本和劳动力在各城镇的聚集，这种"聚集"效应会促进本地区就业和经济的发展，促进该地区城乡居民收入水平的提升，为地方财政补贴和个人生活水平提供了更好的物质条件；另一方面，城镇化水平有利于促进农村居民主观意识的转化，使地区人口借助国家和他人的力量摆脱贫困，从而减少我国农村贫困人口，可见城镇化水平对精准扶贫政策绩效有积极影响作用。

第三节 农村贫困人口社会保障绩效评价的实证研究

一 第一阶段结果分析

根据投入产出指标的原始数据，运用 DEAP2.1 软件对我国 2015—2016 年度农村人口社会保障制度运行绩效进行了测算，如表 4-3 所示，展示了 2015—2016 年各省份第一阶段精准扶贫政策运行绩效的均值及 2016 年的规模报酬动态。

表 4-3 第一阶段测算结果

地区		crste	vrste	scale	R
东部地区	北京	0.201	0.823	0.245	irs
	天津	0.241	0.588	0.410	irs
	河北	0.851	0.864	0.986	irs
	辽宁	0.950	0.965	0.985	irs
	上海	0.529	0.588	0.904	irs
	江苏	0.653	0.671	0.975	irs
	浙江	0.846	0.932	0.909	irs
	福建	0.915	0.944	0.968	irs
	山东	0.293	0.951	0.306	drs
	广东	0.963	0.980	0.983	irs
	海南	0.418	0.434	0.963	irs
	均值	0.623	0.794	0.785	

续表

地区		crste	vrste	scale	R
西部地区	内蒙古	0.973	0.979	0.993	irs
	广西	0.566	0.587	0.965	—
	重庆	0.902	0.905	0.996	irs
	四川	0.982	0.982	1.000	—
	贵州	0.966	1.000	0.966	—
	云南	0.935	0.938	0.997	—
	西藏	1.000	1.000	1.000	—
	陕西	0.541	0.545	0.992	irs
	甘肃	1.000	1.000	1.000	—
	青海	0.768	0.831	0.925	irs
	宁夏	0.880	0.889	0.989	irs
	新疆	1.000	1.000	1.000	—
	均值	0.876	0.888	0.985	
中部地区	山西	1.000	1.000	1.000	irs
	吉林	1.000	1.000	1.000	irs
	黑龙江	1.000	1.000	1.000	—
	安徽	0.992	0.998	0.994	irs
	江西	0.990	1.000	0.990	—
	河南	0.895	1.000	0.895	drs
	湖北	0.717	0.832	0.883	irs
	湖南	0.871	0.960	0.903	—
	均值	0.933	0.974	0.958	
全国均值		0.802	0.875	0.906	

从表4-3的计算结果可以看出，在第一阶段没有考虑外部环境和随机噪声影响的时候，2015—2016年我国农村贫困人口社会保障制度运行的综合技术效率、纯技术效率和规模效率分别为0.802、0.875、0.906，三项效率值虽然普遍偏高，但还存在一定的提升空间。在31个省市自治区里，西藏、甘肃、新疆、山西、

吉林和黑龙江这 6 个省市自治区在样本年度里始终位于效率前沿面，剩余的其他省市自治区在纯技术效率和规模效率方面仍存在一定进步空间。就综合技术效率的均值而言，我国东部、中部、西部三个地区的综合技术效率均值分别为 0.623、0.933 和 0.876，为中部地区最优、西部地区次之、东部地区垫底的状态，与全国综合技术效率均值 0.802 相比，东部地区的综合技术效率均值远低于全国综合技术效率的均值。共有 10 个省市自治区的综合效率值低于 0.8，分别是东部地区的北京、天津、上海、江苏、山东和海南，西部地区的广西、陕西和青海，以及中部地区的湖北，其中北京的综合技术效率均值为 0.201，位于 31 个省市自治区的最后一名，还有 79.9% 的提升空间。从纯技术效率方面来看，东中西三个地区的纯技术效率均值分别为 0.794、0.974、0.888，虽然三个地区的纯技术效率值普遍较高，但与全国的纯技术效率均值相比，东部地区和西部地区的纯技术效率均值低于全国均值，离效率前沿面还有很大的距离，其提升空间仍然很大。就规模效率而言，东部地区的规模效率均值为 0.785、中部地区为 0.958、西部地区为 0.985，全国均值为 0.906，东部地区的规模效率均值低于全国均值，三个地区的规模效率均值呈现出西部地区＞中部地区＞东部地区状态。就规模报酬状态而言，其反映了决策单元投入规模变化带来的产出增长率，测算结果显示，规模报酬递增状态的省市自治区有 19 个（北京、天津、河北、辽宁、上海、江苏、浙江、福建、广东、海南、内蒙古、重庆、陕西、青海、宁夏、山西、吉林、安徽和湖北），可见这些省市自治区农村贫困人口社会保障制度投入的增长速度与产出的增长速度相比，相对较慢，31 个省市自治区中仅有山东和河南处于规模报酬递减状态，表明这两个省投入的增长比例大于产出的增长比例；其他的省市自治区规模报酬状态既不是递增也不是递减，说明这些省市自治区的农村贫困人口社会保障制度投入的增长速度与产出的增长速度相同。

二 第二阶段结果分析

由于各地经济社会发展水平参差不齐，因而各地区的社会保障制度所面临的外部环境差异较大，第一阶段所测算出的效率值包含了外部环境变量和随机噪声对效率值的影响，如果不考虑这些因素的影响，将会导致真实的效率值被高估或者被低估，因此需要顾及环境变量和随机噪声对效率值的影响，对投入变量进行相应调整。

将第一阶段得到的各项投入变量松弛（农村最低生活保障支出松弛、农村特困人员救助供养补助水平松弛、县级以下社会福利预算安排松弛以及农村养老服务机构数松弛）作为因变量（y），以选取的环境变量区域经济发展程度、农村居民生活水平、地方财政支出水平以及城镇化水平作为自变量（x），构建SFA面板回归模型，通过Frontier 4.1计算得到随机前沿回归的结果见表4-4。由于环境变量是对各投入松弛变量的回归，因此当回归系数为负时，表示增加环境变量值有利于减少投入松弛变量，即有利于减少各投入变量的浪费或降低负产出。需要补充的是，t值检验不显著仍然存在方向性的影响①。区域经济发展程度对四项投入松弛的回归系数均为正，表明随着区域经济越发达，往往更易造成投入冗余的增加，不利于效率值的提升。其他环境因素对四项投入松弛的回归系数都存在既为正也为负的现象，表明所选的四项环境因素对我国农村贫困人口社会保障制度运行绩效的影响并不是很明确，具有双刃性。区域经济发展程度和农村居民生活水平虽对投入的松弛变量

---

① 李然、冯中朝：《环境效应和随机误差的农户家庭经营技术效率分析——基于三阶段DEA模型和我国农户的微观数据》，《财经研究》2009年第35期。

表 4-4　第二阶段 SFA 回归结果

指标	农村最低生活保障支出松池	农村特困人员救助供养补助水平松池	县级以下社会福利预算安排松池	农村养老服务机构数松池
常数项	0.73128732E+06***	0.13257266E+06***	-0.74259813E+05***	-0.47903938E+02***
	(0.73117425E+06)	(0.23476452E+05)	(-0.16828055E+05)	(-0.33396774E+00)
区域经济发展程度	0.25267857E+01**	0.30324351E+00	0.12519653E-01	0.58092477E-03
	(0.11698489E+01)	(0.54693721E+00)	(0.23528837E-01)	(0.25578923E+00)
农村居民生活水平	-0.22120236E+01**	-0.41466340E+00	0.10645819E+02***	0.80556960E-02
	(-0.21324025E+00)	(-0.19424136E+00)	(0.39674393E+01)	(0.70557166E+00)
地方财政支出水平	-0.39028588E+06***	-0.91511714E+05***	0.80377264E+04***	-0.69162409E+02***
	(-0.39026950E+06)	(-0.29815630E+05)	(0.32614429E+04)	(-0.63314636E+00)
城镇化水平	0.10118413E+05***	-0.14666526E+04***	-0.72640731E+03***	-0.19583130E+01*
	(-0.91434123E+04)	(-0.98095493E+01)	(-0.63341522E+01)	(-0.47198850E+00)
σ^2	0.32610033E+11***	0.22822606E+10***	0.19400066E+10***	0.44385445E+05***
	(0.32610033E+11)	(0.22822606E+10)	(0.19400066E+10)	(0.22807398E+05)
γ	0.21596650E-02	0.30312361E-02	0.55457708E-02	0.85121371E+00
	(0.10153835E+00)	(0.10824287E+00)	(0.16860930E+00)	(0.24998826E+02)
LR 检验	-0.83750945E+03	-0.75506007E+03	-0.75001969E+03	-0.38329114E+03

注：(1) 括号内的值是其对应的 T 值；(2) ***、**、* 分别表示在 1%、5%、10% 显著性水平上显著。

不显著,但在系数上有方向性的影响,其他环境变量均在 0.1 及更好的水平上通过 T 检验,表明总体上环境变量对各项农村贫困人口社会保障的投入冗余有显著影响。因此,从 SFA 模型的结果来看,可以得到以下结论。

(一) 区域经济发展程度

区域经济发展程度的系数对各项投入松弛的系数均大于 0,但仅对农村最低生活保障支出松弛的系数通过了 5% 显著性检验,对其他三项投入松弛变量的相关系数均未通过显著性检验。表明区域经济发展水平越高,能够给农村最低生活保障支出、农村特困人员救助供养补助水平、县级以下社会福利预算安排以及农村养老服务机构数等带来更多投入,从而造成投入变量冗余的增加,不利于我国农村贫困人口社会保障制度绩效的提升。

(二) 农村居民生活水平

农村居民生活水平对县级以下社会福利预算安排松弛且通过 0.01 的显著检验,对农村养老服务机构数松弛的系数为正,但没有通过显著性检验,表明农村居民生活水平的提升可能会造成县级以下社会福利预算安排松弛和农村养老服务机构数松弛的增加,造成投入冗余,不利于社会保障制度绩效的提升。另一方面,这一变量对农村最低生活保障支出松弛及农村特困人员救助供养补助水平松弛的回归系数均小于 0,可见农村居民生活水平的提升有利于减少农村最低生活保障支出松弛和农村特困人员救助供养补助水平松弛,有利于提升我国农村贫困人口社会保障制度的绩效。

(三) 地方财政支出水平

该变量对四项投入松弛均通过了 1% 显著水平上的检验,对县级以下社会福利预算安排松弛变量的相关系数大于 0,表明地方财政支出水平越高,会导致该投入变量冗余的增加。同时对农村低保支出松弛、农村特困人员救助供养补助水平松弛以及农村养老服务机构数松弛的回归系数为负。由此可见，地方财政支出占地区GDP的比例有助于减少这些投入的松弛，有利于我国农村贫困人口社会保障制度绩效的提高。

（四）城镇化水平

一方面，该指标对各项投入松弛均通过了显著性检验，对农村特困人员救助供养补助水平松弛、县级以下社会福利预算安排松弛以及农村养老服务机构数松弛的系数均小于0，表明城镇化水平越高，越有利于减少这些投入变量的投入冗余；另一方面，城镇化水平对农村最低生活保障支出松弛的相关系数为正，城镇化水平越高将能为农村最低生活保障支出费用提供更多支持，然而越是这样发展较好的地区，越要好好利用现有的农村最低生活保障费用，不能盲目地增大农村最低生活保障制度的支出费用，避免造成资金的浪费。

三 第三阶段结果分析

从第二阶段结果我们得知，上述环境变量和随机噪声对于各省市自治区的农村贫困人口社会保障制度绩效的各项投入指标松弛均有不同程度的影响，因此我们有必要剔除这些环境变量和随机噪声的影响，对原始投入变量进行调整，使每个省市自治区都处于相同的环境、面对同样的随机噪声，进而得到精准扶贫政策实施的真实绩效。将第一阶段的初始投入数值换成第二阶段得到的调整后的投入变量数值后，再次运用投入导向下的BCC模型进行效率值的测算，得到第三阶段各省市自治区农村贫困人口社会保障制度执行的效率值。如表4-5所示，展现了第三阶段剔除环境因素和随机噪声后真实平均相对效率值、第一阶段和第三阶段效率值之间的变动情况以及第三阶段得到的2016年度的规模报酬情况。

表4-5 第三阶段测算结果及其变动情况

地区		第三阶段效率值				变动情况		
		crste	vrste	scale	R	crste	vrste	scale
东部地区	北京	0.058	0.976	0.059	irs	-0.144	0.154	-0.186
	天津	0.039	0.892	0.044	irs	-0.202	0.305	-0.366
	河北	0.520	0.802	0.651	irs	-0.332	-0.063	-0.335
	辽宁	0.589	0.946	0.621	irs	-0.361	-0.019	-0.364
	上海	0.373	0.853	0.437	irs	-0.156	0.265	-0.467
	江苏	0.354	0.884	0.400	irs	-0.299	0.213	-0.575
	浙江	0.424	0.874	0.486	irs	-0.422	-0.058	-0.424
	福建	0.661	0.955	0.694	irs	-0.255	0.012	-0.275
	山东	0.051	0.986	0.052	irs	-0.242	0.035	-0.254
	广东	0.836	0.924	0.903	irs	-0.127	-0.056	-0.079
	海南	0.237	0.758	0.316	irs	-0.181	0.325	-0.647
	均值	0.376	0.895	0.424		-0.247	0.101	-0.361
西部地区	内蒙古	0.881	0.925	0.949	irs	-0.092	-0.054	0.045
	广西	0.200	0.785	0.254	irs	-0.366	0.198	-0.711
	重庆	0.740	0.915	0.807	irs	-0.162	0.010	-0.189
	四川	0.963	0.972	0.990	—	-0.019	-0.010	-0.010
	贵州	0.904	0.931	0.971	irs	-0.062	-0.070	0.005
	云南	0.852	0.926	0.920	—	-0.084	-0.012	-0.077
	西藏	0.882	0.948	0.931	—	-0.118	-0.052	-0.070
	陕西	0.419	0.859	0.494	irs	-0.122	0.314	-0.499
	甘肃	0.918	0.991	0.926	—	-0.082	-0.009	-0.074
	青海	0.362	0.857	0.423	irs	-0.406	0.026	-0.502
	宁夏	0.508	0.899	0.562	irs	-0.372	0.010	-0.427
	新疆	1.000	1.000	1.000	irs	0.000	0.000	0.000
	均值	0.719	0.917	0.769		-0.157	0.029	-0.216

续表

地区		第三阶段效率值				变动情况		
		crste	vrste	scale	R	crste	vrste	scale
中部地区	山西	0.991	1.000	0.991	irs	-0.010	0.000	-0.010
	吉林	1.000	1.000	1.000	irs	0.000	0.000	0.000
	黑龙江	1.000	1.000	1.000	irs	0.000	0.000	0.000
	安徽	0.795	0.979	0.811	irs	-0.198	-0.019	-0.184
	江西	1.000	1.000	1.000	irs	0.010	0.000	0.010
	河南	0.702	1.000	0.702	irs	-0.193	0.000	-0.193
	湖北	0.577	0.979	0.590	irs	-0.140	0.148	-0.293
	湖南	0.857	0.908	0.943	irs	-0.014	-0.052	0.040
	均值	0.865	0.983	0.880		-0.068	0.010	-0.079
全国均值		0.637	0.925	0.670		-0.165	0.051	-0.235

通过表4-5与表4-3中第一阶段和第三阶段的对比，在剔除环境因素和随机噪声的影响之后，三种效率值中综合效率和规模效率分别下降，分别由第一阶段的0.802和0.906下降为第三阶段的0.637和0.670；另外纯技术效率有所提升，由第一阶段的0.875上升为第三阶段的0.925；结合表4-5和图4-1可以明显看出，在剔除环境因素和随机噪声的影响之后，中部地区的吉林、黑龙江以及西部地区的新疆综合效率均值未发生变化，综合效率均值有所提升的省仅有江西，其他省市自治区的综合效率值均有所下降。具体分析如下。

（一）综合技术效率方面

除吉林、黑龙江、新疆及江西以外，剩余的27个省市自治区的综合技术效率均值均呈现下降趋势，由此可见，这些省市自治区之前的综合效率均值与其所处的有利环境是相关的，第一阶段未剔除环境因素影响的效率均值并不能反映其真正的技术管理水平。

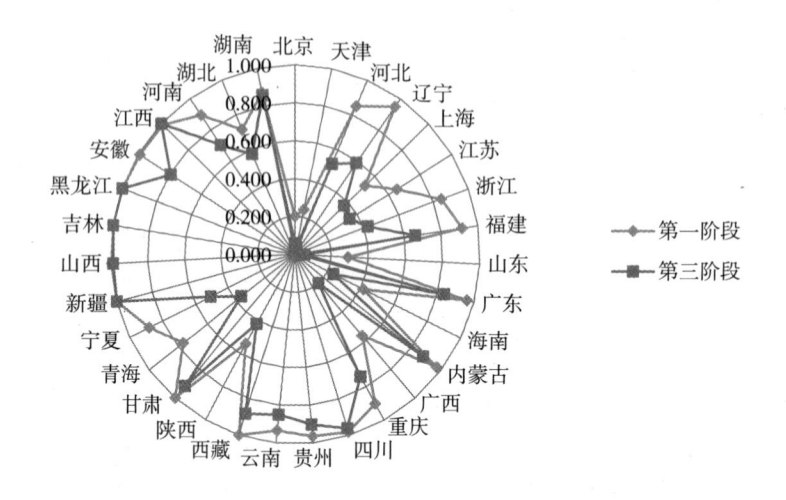

图 4-1 第一阶段、第三阶段综合效率均值变化

从地区角度来看，各地区第三阶段的综合效率均值有不同程度的下降，东部地区的下降幅度最大，其次是西部地区，下降幅度最小的为中部地区。在第三阶段剔除环境因素和随机噪声的影响后，东部、中部、西部三个地区的综合效率均值分别为 0.376、0.865 和 0.719，和第一阶段相同，依旧是中部地区 > 西部地区 > 东部地区。当效率值为 1 时，说明该省市自治区实现了综合技术效率有效，即该省市自治区的精准扶贫政策的投入得到了最优的产出。第三阶段仅有中部地区的吉林、黑龙江、江西和西部地区的新疆综合技术效率为 1，位于效率的前沿面上，与第一阶段相比，西藏、甘肃和山西不再位于效率的前沿面上，江西的综合效率均值由第一阶段的 0.990 变为 1，表明江西处于不利的外部环境中，其管理水平被低估，真实的管理水平实属很高。在所有省市自治区中，有六个省市自治区的综合技术效率均值下降幅度高于 50%，分别是东部地区的北京、天津、山东，西部地区的广西、贵州、青海。表明这六个省市自治区在第一阶段的时候受到了较大的有利于外部环境和

随机噪声的影响，其真实的管理效率值并没有第一阶段所示的那么高。

（二）纯技术效率方面

纯技术效率表示对精准扶贫政策投入的配置效率和管理水平，数值为1表示处于技术有效前沿，即该省自治区在社会保障制度投入不变的情况下，可以获得更多的社会保障制度的产出，这样的省市自治区有中部地区的山西、吉林、黑龙江、江西、河南以及西部地区的新疆，全国总共有6个省市自治区的纯技术效率均值处于效率前沿面。全国的纯技术效率均值由第一阶段的0.875提升至第三阶段的0.925，其提升幅度为5.71%。从地区角度来看，东部、中部、西部三个地区第三阶段的纯技术效率均值分别为0.895、0.983、0.917，相比第一阶段，各个地区的纯技术效率均值均有所提升，分别提升12.72%、1.23%和3.27%。

在所有的省市自治区中，上海、海南和陕西的纯技术效率均值提升幅度超过40%，分别为45.07%、74.65%和57.61%。

（三）规模效率方面

规模效率表示我国农村贫困人口社会保障制度现有的规模和最合适的规模之间的差异，数值为1表示该省市自治区位于规模有效前沿，即社会保障制度产出的增速快于其投入的增速。从地区的角度来看，东部、中部和西部三个地区的规模效率均值分别为0.424、0.880和0.769，相比第一阶段均有所下降，降幅分别为45.99%、8.14%和21.93%，表明我国各地区的真实效率均值并没有第一阶段所示的那么高，在剔除环境因素和随机噪声的影响之前，各地区受到有利环境因素的影响，使之真实的效率均值被高估。在所有省市自治区中，北京、天津、山东、广西下降幅度均在70%以上，这正是导致我国农村贫困人口社会保障制度综合技术效率均值下降的主要所在。

（四）规模报酬方面

规模报酬分为规模报酬递增状态和规模报酬递减状态两种，规模报酬递增状态表示该地区尚未达到自身技术水平所决定的、最适合的投入规模，此时产出增加的比例大于投入增加的比例；规模报酬递减状态表示随着规模的扩大，所有的投入按相同的比例不断增加所引起的产量增量，初始阶段会大于投入量的比例，达到一定程度后，产量增加比例会逐渐减少，逐渐转向为小于投入量的增加比例。与第一阶段相比我们发现，东部地区的山东、中部地区的河南由规模报酬递减状态转变为规模报酬递增状态。除了四川、云南、西藏、甘肃外，其他省市自治区均处于规模报酬递增状态，表明这些省市自治区尚未达到自身技术水平和管理效率的最适规模。

为了进一步分析各地区的效率提升策略，本书对各省市自治区的农村贫困人口社会保障制度绩效划分了相应的类型，根据各地区的纯技术效率均值和规模效率均值，以效率均值0.9为临界值作为划分的依据，高于0.9表示高效率，低于0.9则表示低效率，将效率均值划分为"双高型""高低型""低高型"和"双低型"四个类型，具体分类如图4-2所示。

"双高型"即为纯技术效率均值和规模效率均值均高于0.9的类型，共有广东、内蒙古、四川等13个省份属于这一类型，表明这13个省份农村贫困人口社会保障制度的内部管理水平和投入规模均较好，在样本的31个省市自治区中处于领先地位。"高低型"是指纯技术效率均值高于0.9、规模效率均值低于0.9的类型，有北京、辽宁、福建等8个省份属于这一类型，表明这8个省份需要进一步促进规模效率的提升，改进的策略为保持目前较高的内部管理水平的前提下扩大政策的支出额。纯技术效率和规模效率均低于

0.9 的类型为"双低型",天津、河北、上海等 10 个省份属于这一类型,表明这 10 个省市自治区不仅需要进一步促进纯技术效率的提升,而且需要通过提高社会保障制度的内部管理水平、控制资金的扩张并注重提高资金的运营和收益等措施进一步促进规模效率的提升,同时也需要在保持目前较高的内部管理水平的前提下扩大政策的支出额。

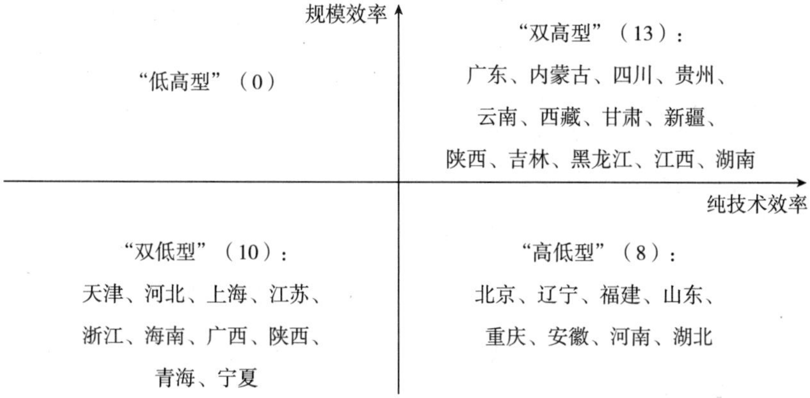

```
                      规模效率 ↑
                               |
    "低高型"(0)                | "双高型"(13):
                               |  广东、内蒙古、四川、贵州、
                               |  云南、西藏、甘肃、新疆、
                               |  陕西、吉林、黑龙江、江西、湖南
    ───────────────────────────┼─────────────────────────── 纯技术效率
                               |
    "双低型"(10):              | "高低型"(8):
     天津、河北、上海、江苏、    |  北京、辽宁、福建、山东、
     浙江、海南、广西、陕西、    |  重庆、安徽、河南、湖北
     青海、宁夏                 |
```

图 4-2 效率水平分布

第四节 结论与启示

一 研究结论

本书通过运用三阶段 DEA 模型对我国 31 个省市自治区 2015—2016 年度的农村贫困人口社会保障制度运行效率进行了测算。与传统的 DEA 模型相比,三阶段 DEA 可以有效避免环境因素和随机噪声的影响,使所有被考察的决策单元处于相同的环境,从而更加

客观真实地反映我国农村贫困人口社会保障制度的效率水平。在投入和产出变量的选择上，投入变量选取了四个，分别为农村最低生活保障支出、农村特困人员救助供养补助水平、县级以下社会福利预算安排和农村养老服务机构数，产出变量同样选取了四个，分别为农村最低生活保障人数、农村贫困人口数、农村贫困发生率和在院（养老院）特困人员数。通过构建面板 SFA 回归模型考察了四个环境变量（区域经济发展程度、农村居民生活水平、地方财政支出水平和城镇化水平）对农村贫困人口社会保障效率值的影响。通过上述的计量分析和结果分析，本书得到以下结论：

（1）从整体上来看，我国农村贫困人口社会保障制度的执行绩效水平不高，并且区域间的差距较大，各地区都存有很大的效率值提升空间。对比第一阶段的效率均值我们发现：环境因素和随机噪声对农村贫困人口社会保障制度的执行绩效的影响显著，在剔除外部环境和随机噪声的影响后，综合技术效率均值和规模技术效率均值均呈现出大幅度的下降，纯技术效率均值则出现小幅提升，由此可见在忽略环境因素和随机噪声的影响时，农村贫困人口社会保障制度的综合技术效率均值和规模技术效率均值往往被高估，而其纯技术效率均值则被低估。从地区的角度来看，在综合技术效率均值方面，东部地区、中部地区和西部地区在第三阶段分别下降了39.64%、7.28%和17.92%；在纯技术效率均值方面，东部地区、中部地区、西部地区分别提升了12.72%、1.23%和3.27%；在规模效率均值方面，东部地区、中部地区和西部地区分别下降了46.01%、8.2%和21.95%。由此可见，和第一阶段的效率均值相比，第三阶段的效率均值更为真实地反映各地区贫困人口社会保障制度的执行绩效，如若忽略环境因素和随机噪声的影响，将会在一定程度上误算真实的效率值。

(2) 从规模报酬方面来看,我国绝大多数省市自治区处于规模报酬递增状态,进一步扩大这些省市自治区的规模,能够提高其规模效率均值。特别是我国的东部地区,规模效率均值仅为0.424,与全国规模效率均值0.670相比低了0.246,仍有很大的提升空间。

(3) 从地区角度来看,我国贫困人口社会保障制度实施绩效不论在哪一阶段都呈现出明显的空间特征,即无论是综合技术效率均值、纯技术效率均值还是规模效率均值,均呈现出中部地区>西部地区>东部地区的现象。然而,这一地区现象并不完全符合我国经济、社会发展水平的现状。主要原因还是因为我国东中西部地区之间存在较大的发展水平差距以及资源差异,究其原因发现,东部地区的11个省市自治区中山东的规模效率均值仅为0.052,低于全国均值92.23%,是导致东部地区综合效率均值低于全国综合效率均值的主要原因所在。

二 政策启示

(一) 针对性地提升效率值

针对不同类型效率均值的省市自治区,根据其各自的纯技术效率均值和规模效率均值情况,针对性提出效率均值的提升办法。对于处于"双高型"的省市自治区,在保持当前的纯技术效率水平和规模效率水平的前提下,可以尝试多种促进效率值的办法进行进一步提升;对于处于"高低型"的省市自治区,其规模效率均值相对较低,说明规模扩张是效率提升的重要途径,需进一步促进规模效率的提升,可以考虑在保持当前较高内部管理水平的前提下,加大投入、扩大社会福利和社会救助规模,提升其规模效率;对于因纯技术效率均值相对较低而处于"低高型"的省市自治区来说,则需进一步促进纯技术效率的提升,针对性的改进措施是提高农村贫困人口社会保障制度内部管理水平的同时,还需控制资金的扩张。

(二) 加快城镇化建设进程

经上述分析可知城镇化进程的加深有利于促进农村贫困人口社会保障制度运行绩效的提升,随着城镇化水平的提升总体上有利于减少农村特困人员救助供养补助水平松弛、县级以下社会福利预算安排松弛和农村养老服务机构数松弛的冗余,避免资源的浪费,促进贫困人口社会保障制度的发展和完善,使社会保障制度在缩小区域间经济发展和资源配置差距上发挥更大的效能,最大限度地发挥城镇化水平对农村贫困人口社会保障制度的有利影响。

(三) 提升地方财政支出水平

以上计算结果表明地方财政支出水平对我国农村贫困人口社会保障制度运行绩效的提升存在有利影响,因此东部地区和西部地区政府应重视提升地方财政的支出力度,加大相关的支持力度,从而缩小地区间的效率差距,提升我国农村贫困人口社会保障制度的运行绩效。

(四) 适度地调整投入规模

针对第三阶段处于规模报酬递增的省市自治区,需适度扩大投入规模,从而促使产出更大比例增加,促进制度绩效的提升;通过适度地调整投入规模,以便促使自身到达技术水平和管理效率下的最佳规模。

第五章　乡村振兴战略下农村贫困人口社会保障制度目标

党的十九大报告首提乡村振兴战略，并将其作为建设社会主义现代化强国的七大战略之一写入党章，2017年中央农村工作会议和2018年中央一号文件进一步提出了实施乡村振兴战略的顶层设计，为如何实施乡村振兴战略规划了时间表和路线图。作为一盘宏伟的棋局，乡村振兴战略的实施必将对中国农村发展格局产生重大影响，中国农村贫困人口社会保障制度的建设同样将面临新的机遇，需要赋予新的时代内涵。

第一节　乡村振兴战略的阶段目标

乡村振兴作为一项系统、复杂的工程，不可能一蹴而就，需要久久为功、持续发力，需要分阶段推进，需要与我国经济社会发展的阶段目标保持一致。

一　我国经济社会发展的阶段目标

（一）2020年全面建成小康社会

到2020年，中国将非常接近世界银行所定义的高收入国家的门槛。那时，中国的人均收入将达到1万美元。尽管我国提出全面建成小康社会，远远不止收入水平这一项衡量指标。按照购买力平价来看，到2020年中国发展水平将接近美国的三分之一，这对一个大国来说是非常不容易的。所以到了2020年，中国人可以骄傲地说，我们没有拖全球经济发展平均水平的后腿。同时，2020年绝对不仅仅只有收入水平的提高，更有全面贫困的消灭，从过去非常贫瘠、生活条件很恶劣的农村，转向现代化的比较富裕的新农村，乡村开始呈现出全面复苏①。另外，在民生问题上，百姓的一些痛点也在逐步解决，如就诊看病，如残疾人、农民工等特殊群体的社会保障事业。

（二）2035年跨入高收入国家的行列

在民众的生活水平、人均发展的水平、国家的富裕程度上，我们将进入人口超过500万的中大型国家的30强，人均GDP达到美国的50%。这个数字是非常有意义的，根据我们的分析，如果一个国家发展水平能够达到全世界大国发展最高水平的50%以上，也就是说达到美国的50%以上，这个经济体就比较稳定了，国家经济的"身体"就足够强壮了。所以到2035年，根据党的十九大报告，中国要基本实现社会主义现代化，这个"现代化"绝不仅仅是一个经济水平，还有民生、法治以及百姓的文明程度和心态等。

（三）2050年进入中大型国家20强

人均GDP将占到美国的70%，人均收入水平相当于法国。一方面，中国城镇化规模进一步扩大，农村人口进入城市后也能很好地解决住房、就业、医疗、养老、子女入学等问题，真真正正地融

---

① 李稻葵：《新时代，用新思维应对中国经济的六大挑战》，《金融经济》2017年第23期。

入城市;另一方面,新农村建设和乡村振兴将达到更高水平,2050年左右城乡差距完全抹平。同时,2050年,中国在世界贸易体系中将成为贸易强国,贸易大国的地位将十分稳固。那时,我们的国家还有很多地方和法国的埃菲尔铁塔、卢浮宫一样,具有全球吸引力,那时的中国将会更有魅力。

二 乡村振兴战略的阶段目标

中共十九大报告提出,实施乡村振兴战略。2017年的中央农村工作会议则进一步明确了实施乡村振兴战略的目标任务:到2020年,乡村振兴取得重要进展,制度框架和政策体系基本形成;到2035年,乡村振兴取得决定性进展,农业农村现代化基本实现;到2050年,乡村全面振兴,农业强、农村美、农民富全面实现[①]。

到2020年,乡村振兴取得重要进展,实施乡村振兴战略的工作格局基本形成,初步构建城乡融合发展的体制机制和政策体系。主要农产品供给能力稳步增强,农村基础保障条件进一步改善,公共服务水平进一步提高,幸福美丽新村建设任务基本完成,农民收入持续稳定增长,实现贫困县全部摘帽、贫困村全部退出、贫困人口全部脱贫,农民生活全面达到小康水平。如杭州市提出的乡村振兴2020年阶段目标为:全市农村新产业新业态收入年增长15%以上[②]。农村居民人均可支配收入年增长8%左右;低收入农户家庭人均可支配收入年增长10%左右;城乡居民收入倍差缩小到1.83,农村与全市同步高水平全面建成小康社会。

到2035年,在全面建成小康社会的基础上,实施乡村振兴战

---

① 韩俊:《实施乡村振兴战略奋力开创新时代"三农"工作新局面》,《时事报告(党委中心组学习)》2018年第2期。

② 江维国、李立清:《顶层设计与基层实践响应:乡村振兴下的乡村治理创新研究》,《马克思主义与现实》2018年第4期。

略取得决定性进展，在全国基本实现农业农村现代化，基本建成农产品市场竞争力强、科技创新水平高、农业质量效益好、三次产业融合深、服务体系建设优、农村生态环境美、乡村善治文化兴、职业农民队伍强的农业强国。并在乡村产业兴旺、生态宜居、乡风文明、治理有效、生活富裕五个方面取得阶段性的突破。如杭州市提出的乡村振兴2035年阶段目标为：规划布局科学有序，乡村环境生态宜居，乡风民俗健康文明，农村社会和谐稳定，农民生活富裕安康，率先实现农业农村现代化。

到2050年，乡村全面振兴，农村物质文明、政治文明、精神文明、社会文明、生态文明全面提升，全面建成农业强国，全面实现农业农村现代化，城乡居民实现共同富裕，农业强、农村美、农民富全面实现。如杭州市提出的乡村振兴2050年阶段目标为：农业农村现代化达到国际先进水平，城乡经济社会全面融合，城乡居民美好生活高标准实现①。

第二节 乡村振兴战略下农村贫困人口社会保障制度评价体系

近20年来，我国农村贫困人口社会保障制度建设无疑取得了长足的进步，各项制度覆盖面和社会保障水平不断提高，但同时也要特别注意这样一个事实，即因地区经济社会发展水平的差异导致农村贫困人口社会保障的发展地区差异。正是因为这种地区差异的

---

① 马金书：《实施乡村振兴战略的意义和方向路径》，《社会主义论坛》2018年第2期。

第五章　乡村振兴战略下农村贫困人口社会保障制度目标 / 183

存在，决定了不同区域农村贫困人口社会保障水平差异的存在，农村贫困人口的社会保障水平同样如此。那么，要有效监测和评价农村贫困人口社会保障水平，就必须构建一套指标体系，对之进行动态监控与评价。

一　有关农村贫困人口社会保障指标体系的研究

目前看来，国内外有关农村贫困人口社会保障指标体系的研究成果并不多，少量的成果也主要夹杂在扶贫、脱贫的研究内容之中，并未将其作为一个独立的主题展开研究。如部分研究者在研究农村贫困人口因病致贫、因病返贫时，就可能对其医疗保险、社会救助予以探讨。

为了对农村贫困人口进行测度，不少学者构建了生意人指标体系。刘晖（2005）从收入与支出的角度，构建了一个新疆少数民族聚居区贫困人口的测量指标体系；收入主要是指全年总收入，具体包括工资性收入、家庭经营收入、农业收入、种植业收入、林业收入、牧业收入、工业收入、建筑业收入、交通运输和邮电业收入、批发零售贸易餐饮业收入、社会服务业收入、其他家庭经营收入、财产性收入、利息、租金、转移性收入、可支配收入、全年家庭纯收入，工资性收入又包括在非企业中劳动所得、在本地企业劳动所得、常住人口外出从业所得以及其他收入；支出主要是指全年总支出，具体包括生活消费支出、食品支出、主食支出、副食支出、其他食品支出、衣物支出、居住支出、家庭设备支出、用品及服务支出、医疗保健支出、交通和通信支出、文化教育娱乐用品及服务支出、其他商品与服务支出。[①] 现在看来，该测量量表作为一

---

① 刘晖：《新疆少数民族聚居区贫困人口的测量指标体系及贫困发生率研究》，《中国人口科学》2005年第S1期。

个贫困人口的测量指标体系,显然具有明显的时代局限性,也就是过分地强调经济方面的贫困与否。

韩君等(2017)认为,中国小康社会的全面实现,不能过分强调居民收入的增加,同时也要关注农村贫困人口这个特殊群体的精神文化娱乐生活、生产环境。也就是说,全面建成小康社会的根本目的不只是收入水平的增加,而是整个生活质量能达到一个特定的水平。因而,农村贫困人口的衡量口径不能仅限于收入水平这一单一的指标,同时要将公共服务、生存环境、医疗健康、精神生活、受教育程度等因素全面纳入指标体系。为此,该研究团队构建了一个包含7大子系统共计34个指标的评价指标体系。其中,第一个子系统是收入消费与经济环境,具体包括本年度外出从业实际得到的收入、本年度外出从业生活消费总支出、本年度家庭重大事项发生情况、年末借贷款余额共4个二级指标;第二个子系统是公共服务与设施供给,具体包括农村最低生活保障享受情况、医疗保险参加情况、住宅外道路路面情况、管道供水情况、主要饮用水来源情况、获取饮用水存在困难的情况共6个二级指标;第三个子系统是教育与文化,具体包括上学的便利程度、受教育程度、有线电视信号覆盖情况、文化活动室拥有情况共4个二级指标;第四个子系统是医疗健康与卫生,具体包括就医状况、残疾状况、健康状况共3个二级指标;第五个子系统是农业生产,具体包括小型农用拖拉机拥有情况、收割机拥有情况、脱粒机拥有情况、农业生产性固定资产投资资金来源共5个二级指标;第六个子系统是家庭生活,具体包括婚姻状况、房屋主要建筑材料、饮水使用前消毒情况、厕所类型、厕所使用情况、洗澡设施、取暖情况、主要取暖用能源状况、主要使用能源状况、耐用消费品拥有情况共10个二级指标;第七个子系统是环境,具体包括村务会议参与情况、村级公共事务建议情况、垃圾集中处理情况、主要遭遇的自然灾害情共4个二级指标①。显然，该指标体系较为全面，覆盖面比较广，但实际运用中可能会存在一定的困境，如对房屋主要建筑材料如何进行衡量，可能会出现比较大的争议，因为不同的地区因风俗习惯不同，其主要使用的房屋建筑材料不可能相同。

张琦等（2018）根据客观性、系统性、科学性以及经济性四大原则，结合各地教育脱贫工作实际情况，参考联合国教科文组织的绩效评价体系，构建了一个教育脱贫工作绩效评价指标量表。量表共包括五个维度，12个二级指标，26个三级指标。其中，第一维度是脱贫根基保障度，二级指标包括学前教育、义务教育和教师队伍，相应的三级指标包括学前三年毛入园率、师幼比、义务教育巩固率、全面改革达标率、营养餐达标率、特岗计划教师数、国培计划教师数、义务教育阶段师生比共8个指标。第二维度是脱贫能力提升度，二级指标包括中职教育、职业培训以及高中教育，相应的三级指标包括中职学校规模、中职学生规模、职业培训组织机构规模、职业培训学生规模、高中阶段毛入学率以及高中阶段贫困生比例共6个指标。第三维度是脱贫通道流动度，二级指标包括高中教育、高校招生、贫困生就业，相应的三级指标包括高中阶段毛入学率、高中阶段贫困生比例、高校贫困生招生规模、贫困生生均资助金额、高中以上贫困生就业率、高中以上贫困生年人均收入共6个指标。第四维度是脱贫空间协作度，二级指标包括定点扶贫、对口支援，相应的三级指标包括参与定点扶贫机构数量、定点扶贫帮扶资金规模、参与对口支援机构数量、对口支援帮扶资金规模共4

---

① 韩君、张文辉：《基于生活质量视角的农村贫困测度方法研究》，《兰州财经大学学报》2017年第5期。

个指标。第五维度是政府与社会的支持度,二级指标包括教育财政、社会参与,相应的三级指标包括教育财政扶贫资金规模、教育财政扶贫资金占比、社会参与教育扶贫资金规模、社会参与教育扶贫资金占比共4个指标①。教育脱贫实际上是教育保障的重要组成部分,因此教育脱贫工作绩效评价指标量表也可看作农村贫困人口社会保障指标测量的一个细化的指标体系。

另外,周慧洁(2018)在对贫困人口自身发展能力进行界定后指出,贫困人口自身发展能力包括生存能力、提高体能素质的能力、自主决策能力、维护人际关系能力、融资能力、经营能力、取得信息能力共7个方面的能力;并以此为三级指标,构建了一个包括20个4级指标,34个5级指标的贫困人口发展能力指标体系②。该指标体系主观类的指标比较多,客观类的指标比较少。

王艳慧等(2014)以全球性多维贫困维度与指标体系为基本框架,构建了一个经济福利、生活水平、健康以及教育四个向度的简易指标体系,以对村级贫困人口进行多维测算。其中,经济福利维度只有人均纯收入1个指标;生活水平维度包括房屋结构、饮水情况、通电情况、资产、燃料类型5个指标;健康维度包括家庭健康1个指标;教育维度包括平均教育年龄、儿童入学率2个指标③。

曾小溪(2013)构建了一个包括义务教育类、基本医疗卫生类、社会保障类、基础设施类共四大类的基本公共服务保障水平测算指标,其义务教育类以普通中学生师比、普通小学生师比2个指

---

① 张琦、史志乐:《我国教育脱贫工作绩效评价指标体系构建》,《教育与经济》2018年第2期。
② 周慧洁:《贫困人口发展能力指标体系构建》,《科技经济市场》2018年第7期。
③ 王艳慧、钱乐毅、段福洲等:《村级贫困人口多维测算及其贫困特征分析——以河南省内乡县为例》,《人口与经济》2014年第5期。

标进行衡量，基本医疗卫生类以每万人口医疗机构床位、每万人口卫生技术人员数2个指标进行衡量，社会保障类以每万人口社会福利收养单位床位数、每万人口参加养老保险人数2个指标进行衡量，基础设施类以每万人口农业机械总动力、每万人口公路里程2个指标进行衡量①。尽管该指标体系整体上比较简单，但基本上包含了广义角度的社会保障的大部分内容。

郑鑫（2014）为研究农村社会保障水平对农村贫困的影响，构建了包含11个指标的农村社会保障水平指标体系和包含16个指标的农村贫困的指标体系。其中，农村社会保障水平指标体系共分为"新农保""新农合"和"农村低保"三个向度。"新农保"选用了人均"新农保"基金支出占农村人均劳动收入的比重、"新农保"基金支出占农业GDP的比重、参保人数占农村总人口的比重、达到领取待遇年龄参保人数占农村总人口的比重以及个人缴费占农村家庭人均纯收入的比重共5个评价指标。"新农合"子系统选取"新农合"基金支出占农业GDP的比重、参保人数占农村总人口的比重、补偿受益人次占农村总人口的比重共3个评价指标；"农村低保"子系统选取了3个评价指标："农村低保"支出额占农业GDP的比重、保障人数占农村总人口的比重、人均低保支出额占农村家庭人均纯收入的比重②。

综上所述，目前国内有关农村贫困人口社会保障指标体系的研究成果比较少。

二 乡村振兴战略下农村贫困人口社会保障制度评价体系

本书参照其他相关研究成果，从农村贫困人口减少保障、农村

---

① 曾小溪：《减贫：提升基本公共服务水平视角》，硕士学位论文，湖南农业大学，2013年，第30页。

② 郑鑫：《农村贫困与社会保障水平的关系研究》，硕士学位论文，上海工程技术大学，2014年，第24—25页。

贫困人口生活保障、农村贫困人口基本社会保障、农村贫困人口子女教育保障、农村贫困人口就业保障、农村贫困人口防止返贫保障共六大维度，构建了乡村振兴战略下农村贫困人口社会保障制度评价的指标体系（见表5-1）。

表5-1　乡村振兴战略下农村贫困人口社会保障制度评价指标体系

乡村振兴战略下农村贫困人口社会保障制度评价体系	农村贫困人口减少保障A	农村绝对贫困人口数（A1）
		农村相对贫困人口数（A2）
		农村绝对贫困人口发生率的下降速度（A3）
		农村相对贫困人口发生率的下降速度（A4）
	农村贫困人口生活保障B	未获得基本生活保障的比例（B1）
		未获得基本住房保障比例（B2）
		未获得饮用水安全保障的比例（B3）
		未获得基本交通出行保障的比例（B4）
	农村贫困人口基本社会保障C	未参加基本养老保险的比例（C1）
		未参加基本医疗保险的比例（C2）
		未参加生育保险的比例（C3）
		未参加基本工伤保险的比例（C4）
		未参加基本失业保险的比例（C5）
	农村贫困人口子女教育保障D	农村贫困人口子女接受小学教育比例（D1）
		农村贫困人口子女接受普通初中教育比例（D2）
		农村贫困人口子女接受中等职业教育的比例（D3）
		农村贫困人口子女接受高中教育的比例（D4）
		农村贫困人口子女接受普通高等教育的比例（D5）
	农村贫困人口就业保障E	农村贫困人口参加就业培训的比例（E1）
		农村贫困人口对就业培训的满意率（E2）
		农村贫困人口对就业渠道拓展的满意率（E3）
		农村贫困人口对政府就业政策的满意率（E4）
		农村贫困人口对政府创业政策的满意率（E5）
	农村贫困人口防止返贫保障F	农村贫困人口脱贫后返贫率（F1）
		农村贫困人口对政府扶贫政策的满意率（F2）
		农村贫困人口对村组织扶贫工作的满意率（F3）
		农村贫困人口对社会参与扶贫的满意率（F4）
		农村贫困人口对自我发展能力的满意率（F5）

从表 5-1 可知，本书的农村贫困人口社会保障制度评价指标体系既有农村贫困人口占总人口的比例、未参加基本医疗保险的比例等宏观层面的指标，也有农村贫困人口对村组织扶贫工作的满意率、农村贫困人口对自我发展能力的满意率等微观层面的指标；既有农村贫困人口占农村人口的比例、农村贫困人口未参加基本养老保险的比例、农村贫困人口参加就业培训的比例等客观性的指标，也有农村贫困人口对就业培训的满意率、农村贫困人口对就业渠道拓展的满意率、农村贫困人口对村组织扶贫工作的满意率等主观性的指标。

（一）农村贫困人口减少保障

贫困可以分为绝对贫困和相对贫困。绝对贫困是指停留在物质层面上的贫困，大体可以理解为物质上的匮乏，也就是缺乏为维持身体健康而绝对必需的物品的一种状态，而相对贫困是一种主观判断，大体可以理解为相对社会上多数人而言，有少数人处于较低生活水平的一种状态[①]。农村贫困人口减少保障是指政府、村集体以及其他社会组织、个人为促进农村贫困人口不断减少而采取的产业支持政策、就业培训支持政策、资金扶持手段等的总和。农村贫困人口之所以致贫，必然有其深刻内在原因和外在原因，要促进农村贫困人口不断减少，真正促进乡村振兴战略的实现，从社会保障的角度来看，主要应通过外部政策的努力来实现。农村贫困人口减少保障维度共包括农村绝对贫困人口数（A1）、农村相对贫困人口数（A2）、农村绝对贫困人口发生率的下降速度（A3）以及农村相对贫困人口发生率的下降速度（A4）共四个二级指标。显然，农村

---

① 陈劲、尹西明、赵闯：《反贫困创新的理论基础、路径模型与中国经验》，《天津社会科学》2018 年第 4 期。

贫困人口减少保障维度全部为客观性的指标，主要是考察农村绝对贫困人口和相对绝对的数量及减少问题，毕竟农村贫困人口的数量及减少是衡量农村贫困人口社会保障最直观的指标。

（二）农村贫困人口生活保障

农村贫困人口生活保障是指各级政府对家庭人均收入低于当地政府公告的最低生活标准的贫困人口给予一定现金资助，以保证该家庭成员基本生活所需的一种社会保障制度①。显然，生活保障也就是通常所说的最低生活保障。最低生活保障是我国的一种传统做法，但随着社会的发展、生活水平的不断提高，其含义已经有了很大的变化。在过去，最低生活保障的救济对象被分成不同类型，对不同类型的农村贫困人口实行差别待遇。尽管随着乡村振兴的推进，农村贫困人口的生活状况必然不断改善，但因为个体差异性的事实存在，无论在乡村振兴的哪个阶段，农村贫困人口生活保障都有其存在的价值。农村贫困人口生活保障维度共包括未获得基本生活保障的比例（B1）、未获得基本住房保障比例（B2）、未获得饮用水平安全保障的比例（B3）、未获得基本交通出行保障的比例（B4）共四个二级指标。这些指标均为客观指标，且全部为反向计分方式。

（三）农村贫困人口基本社会保障

社会保障是指国家和社会在通过立法对国民收入进行分配和再分配，对社会成员特别是生活有特殊困难的人们的基本生活权利给予保障的社会安全制度②。从本质上看，社会保障的作用是维护社

---

① 池忠军：《习近平新时代国家治理的善治路径》，《河南师范大学学报》（哲学社会科学版）2018 年第 5 期。
② 张道航：《借鉴国外经验完善住房保障体制》，《行政管理改革》2010 年第 4 期。

会公平进而促进社会稳定发展。基本社会保障是民生问题的一道安全网，是一个非常重要的社会稳定器，与人民幸福安康特别是幸福感、获得感、安全感密切相关，同时也事关国家的永续发展与长治久安。就目前而言，基本社会保障通常是指五大基本社会保险，即基本养老保险、基本医疗保险、工伤保险、失业保险和生育保险。农村贫困人口基本社会保障维度共包括未参加基本养老保险的比例（C1）、未参加基本医疗保险的比例（C2）、未参加生育保险的比例（C3）、未参加基本工伤保险的比例（C4）、未参加基本失业保险的比例（C5）共五个二级指标。这些指标全部为客观指标，且全部采用正向计分办法。

（四）农村贫困人口子女教育保障

在现代社会，教育已经成为影响人们生存能力和发展水平的重要因素之一，成为人们生产生活的必需品之一。然而，我国目前有不少农村家庭因消费不起教育而贫困，特别是城乡教育的极大不公平，农村教育的极端落后，更是使农村贫困人口的子女教育得不到保障。虽然义务教育在我国广大农村地区已经实施多年，但在实际中，因恶劣的教育条件、极差的教育资源和教育质量，使其成本相当低下，再加上部分学校变相收取相关杂费，因而算不上真正意义上的义务教育。正因如此，我国的教育有被世界进一步拉大的趋势。不公平的教育制度，导致农村贫困人口陷入了代际贫困的艰难境地，因此，建立农村贫困人口子女教育保障制度势在必行。事实上，在乡村振兴过程中，如果农村贫困人口的子女教育得不到应有的保障，对这项持续的宏伟工程来说，也是一个重大的人力资本损失。农村贫困人口子女教育保障维度共包括农村贫困人口子女接受小学教育比例（D1）、农村贫困人口子女接受普通初中教育比例（D2）、农村贫困人口子女接受中等职业教育的比例（D3）、农村贫困人口子女接受高中教育的比例（D4）、农村贫困人口子女接受普通高等教育的比例（D5）共五个二级指标。与农村贫困人口基本社会保障维度相同，这些指标全部为客观指标，且全部采用正向计分办法。

（五）农村贫困人口就业保障

就业保障通常是指国家为了保障公民实现劳动权所采取的创造就业条件、扩大就业机会的各种措施的总称①。就业保障的目标主要包括三个：一是对劳动者提供必要的培训，使其能够提高技能与工作能力，进而促进就业、扩大就业数量；二是保障失业人员的基本生活，适度提高失业保险与失业保障的待遇水平；三是实现符合条件的失业人员的"应保尽保"。从国家角度看，国家有责任鼓励和支持劳动者自主创业，自谋职业，为再就业创业者提供相关专业培训和便利。各级劳动保障部门也应联合有关部门，简化程序，提高效率，为劳动者自主创业，再就业，自谋职业提供便利和服务，同时监督企业与就业人员签订相关劳动合同，维护就业者利益和相关权益②。农村贫困人口就业保障维度共包括农村贫困人口参加就业培训的比例（E1）、农村贫困人口对就业培训的满意率（E2）、农村贫困人口对就业渠道拓展的满意率（E3）、农村贫困人口对政府就业政策的满意率（E4）、农村贫困人口对政府创业政策的满意率（E5）共五个二级指标。除农村贫困人口参加就业培训的比例 E1 之外，E2、E3、E4、E5 都是主观性的指标。

（六）农村贫困人口防止返贫保障

返贫是指某些地区或某些阶层的贫困人口，特别是农村贫困人

---

① 曹燕：《反思与重构：劳动者权利概念的类型化研究》，《河南财经政法大学学报》2013 年第 1 期。
② 江维国：《我国农业供给侧结构性改革研究》，《现代经济探讨》2016 年第 4 期。

口在脱贫之后又重新陷入了贫困的现象。防止返贫保障，也就是防止在某个特定阶段已经脱贫的农村贫困人口再次陷入贫困而采取系列措施的总和。如一定时期内让已脱贫农村贫困人口继续享受相关政策，以确保其生活水平稳步提高；对已经销号的贫困村，原有扶贫政策保持不变，以稳步提升其基本公共服务水平，从而确保农村贫困人口脱贫后不再返贫。"返贫"现象的存在，部分抵消了人们为减轻贫困所作的努力，从而延缓了人类缓解贫困的进程。因而，在一定程度上说，脱贫只是完成了前期工作，防止返贫才是后期工作。农村贫困人口防止返贫保障维度共包括农村贫困人口脱贫后返贫率（F1）、农村贫困人口对政府扶贫政策的满意率（F2）、农村贫困人口对村组织扶贫工作的满意率（F3）、农村贫困人口对社会参与扶贫的满意率（F4）、农村贫困人口对自我发展能力的满意率（F5）共五个二级指标。除农村贫困人口脱贫后返贫率 F1 之外，F2、F3、F4、F5 都是主观性的指标。

三 乡村振兴战略下农村贫困人口社会保障制度评价体系的使用方法

（一）各维度的计算方法

本书构建的乡村振兴战略下农村贫困人口社会保障制度评价体系共分为六个维度，但随着乡村振兴战略逐步实施、目标的不断达成，每个维度在不同时期的权重应该有所区别。本书按照乡村振兴战略推进的 2020 年、2035 年和 2050 年这三个重要的时间节点，采用专家调查法，经过几轮征询，专家意见趋于集中，最后分别对各维度及各维度下的各项目达成如下赋值（见表 5 – 2）。

从表 5 – 2 可知，在 2020 年，与乡村振兴战略推进进程相匹配的农村贫困人口社会保障制度评价权重如下：农村贫困人口减少保障维度权重为 25%、农村贫困人口生活保障维度权重为 15%、农村贫困人口基本社会保障维度权重为10%、农村贫困人口子女教育保障维度权重为15%、农村贫困人口就业保障维度权重为15%、农村贫困人口防止返贫保障维度权重为20%。在全面建成小康社会的此阶段，贫困人口全部脱贫是党和政府的庄严承诺，因而农村贫困人口减少保障是各维度中占比最大的。尽管此时已经实现"贫困县全部摘帽、贫困村全部退出"，但因农村贫困人口的特殊性，防止返贫保障依然应在其社会保障体系中占据主要的位置，因而其权重为20%，仅次于农村贫困人口减少保障维度的权重。农村贫困人口生活保障维度、农村贫困人口子女教育保障维度、农村贫困人口就业保障维度权重同样为15%，其原因是在此阶段农村贫困人口的生活保障需求、农村贫困人口子女的教育需求、农村贫困人口的就业需求满足尽管已经得到一定程度的改善，但依然需要政府、社会各界合力进一步改善。农村贫困人口基本社会保障在此阶段并不是不重要，而是相对其他维度的保障而言，其基本社会保障水平不是非常紧迫。

表5-2　　乡村振兴战略下农村贫困人口社会保障制度评价各维度的权重

维度	权重		
	2020年	2035年	2050年
农村贫困人口减少保障A	25	15	5
农村贫困人口生活保障B	15	10	5
农村贫困人口基本社会保障C	10	15	15
农村贫困人口子女教育保障D	15	20	25
农村贫困人口就业保障E	15	20	25
农村贫困人口防止返贫保障F	20	20	25

在2035年时，农村贫困人口减少保障维度权重为15%、农村贫困人口生活保障维度权重为10%、农村贫困人口基本社会保障维度权重为15%、农村贫困人口子女教育保障维度权重为20%、农村贫困人口就业保障维度权重为20%、农村贫困人口防止返贫保障维度权重为20%。在此阶段，农村贫困人口防止返贫保障维度权重没有改变，依然为20%，其原因是此时农村贫困人口及贫困状况尽管已经有了较大的改善，但并不能掉以轻心，防止返贫的工作不能放松，要一如既往地给予重视。农村贫困人口减少保障维度、农村贫困人口生活保障维度的权重分别下降为15%和10%，因为贫困人口在此阶段已经大幅减少且其生活已经有了一定的保障，党和政府以及社会各界的扶持资源要开始向其他保障维度倾斜。农村贫困人口基本社会保障、农村贫困人口子女教育保障以及农村贫困人口就业保障维度的权重分别上升为15%、20%和20%，其原因是在此阶段，乡村振兴已经进入中期阶段，一方面，全社会的保障能力和保障水平都应该有大幅提升，党和政府要更加注重农村贫困人口的基本社会保障以及就业保障；另一方面，农村贫困人口自身也将更加注重子女的教育，希望通过教育投资增强后代的可行能力，避免再度陷入贫困。

在2050年时，农村贫困人口减少保障维度权重为5%、农村贫困人口生活保障维度权重为5%、农村贫困人口基本社会保障维度权重为15%、农村贫困人口子女教育保障维度权重为25%、农村贫困人口就业保障维度权重为25%、农村贫困人口防止返贫保障维度权重为25%。此时，农村贫困人口减少保障维度、农村贫困人口生活保障维度的权重进一步下降，因为农村贫困人口已经越来越少且生活保障已经不再是农村贫困人口社会保障体系中的核心内容，党和政府完全可以将这方面的资源和精力配置在其他更加重要的方面。农村贫困人口基本社会保障维度的权重维持在15%保持不变,因为此阶段我国的基本社会保障体系已经较为完善,城乡社会保障的差别伴随乡村振兴的推进已经日益消除,保持其适度提升与正常运行即可。农村贫困人口子女教育保障、农村贫困人口就业保障和农村贫困人口防止返贫保障维度的权重进一步上升,其权重均达到了25%。其原因是在农村物质文明、政治文明、精神文明、社会文明、生态文明已经全面提升的此阶段,教育保障对农村贫困人口子女的重要性,就业保障对农村贫困人口自身的重要性,全社会防止农村贫困人口返贫的重要性在农村贫困人口社会保障体系之中变得同等重要,毕竟这三个维度既代表了农村贫困人口自身的努力,也代表了社会的努力。

根据以上分析,乡村振兴战略下农村贫困人口社会保障制度评价体系的计算公式为:

$$S_{2020} = A \times 25\% + B \times 15\% + C \times 10\% + D \times 15\% + E \times 15\% + F \times 20\% \quad (5-1)$$

$$S_{2035} = A \times 15\% + B \times 10\% + C \times 15\% + D \times 20\% + E \times 20\% + F \times 20\% \quad (5-2)$$

$$S_{2050} = A \times 5\% + B \times 5\% + C \times 15\% + D \times 25\% + E \times 25\% + F \times 25\% \quad (5-3)$$

(二) 各维度下相应项目的计算方法

因乡村振兴战略下农村贫困人口社会保障各维度下相应项目基本上都是选取的一些具有代表性的项目,具有普适性,不需要根据乡村振兴战略的推进进程再分别进行赋值,因而本书假设各维度的总分均为100分,各维度下相应项目的分数同样为100分。

1. 农村贫困人口减少保障维度的计算方法

根据专家调查法的结果,农村绝对贫困人口数(A1)、农村相对贫困人口数（A2）、农村绝对贫困人口发生率的下降速度（A3）以及农村相对贫困人口发生率的下降速度（A4）大体反映了同一个问题，因而其权重各占25%。于是就有：

$$A = A_1 \times 25\% + A_2 \times 25\% + A_3 \times 25\% + A_4 \times 25\% \quad (5-4)$$

人类历史是贫困与财富共生的历史，但随着社会生产力的发展和人类创造物质财富能力的不断增强，普遍性的绝对贫困将逐渐演变为部分人的相对贫困，相对贫困将逐渐取代绝对贫困而成为社会关注的焦点。对于转型期的中国，虽然绝对贫困依然存在，但其发生率已经很低，而且主要集中在中西部和少数民族地区；相反，随着人均收入水平的提高和收入分配不平等的加剧，相对贫困问题却越来越突出，并引起了社会各界的关注①。参照2017年年底我国农村绝对贫困人口数量、相对贫困人口数量以及近些年的减少速度，本书给出了农村贫困人口减少保障维度下各项目的计分，见表5-3。

表5-3　农村贫困人口减少保障维度下相应项目计分方式

项目	计分					
农村绝对贫困人口数（A1）	2000万≤A1 =0分	1500万≤A1 <2000万 =60分	1000万≤A1 <1500万 =70分	500万≤A1 <1000万 =80分	200万≤A1 <500万 =90分	A1<200万 =100分
农村相对贫困人口数（A2）	6500万≤A2 =0分	5000万≤A2 <6500万 =60分	3500万≤A2 <5000万 =70分	2000万≤A2 <3500万 =80分	500万≤A2 <2000万 =90分	A2<500万 =100分
农村绝对贫困人口发生率的下降速度（A3）	2%≤A3 =0分	1.6%≤A3 <2% =60分	1.2%≤A3 <1.6% =70分	0.8%≤A3 <1.2% =80分	0.4%≤A3 <0.8% =90分	A3<0.4% =100分

---

① 张清霞：《浙江农村相对贫困：演变趋势、结构特征及影响因素》，博士学位论文，浙江大学，2007年，第5—8页。

续表

项目	计分					
农村相对贫困人口发生率的下降速度（A4）	5%≤A4 =0分	4%≤A4 <4.5% =60分	3.5%≤A4 <4% =70分	3%≤A4 <3.5% =80分	2.5%≤A4 <3% =90分	A4<2.5% =100分

从表 5-3 可知，农村贫困人口减少保障维度下，当 2000 万≤A1 时，A1 计 0 分；当 1500 万≤A1＜2000 万时，A1 计 60 分；当 1000 万≤A1＜1500 万时，A1 计 70 分；当 500 万≤A1＜1000 万时，A1 计 80 分；当 200 万≤A1＜500 万时，A1 计 90 分；当 A1＜200 万时，A1 计 100 分。2017 年年底全国农村贫困人口 3046 万人，贫困发生率为 3.1%，比 2016 年年末下降 1.4 个百分点[①]，按照目前的扶贫力度和农村绝对贫困人口减少趋势，本书认为农村绝对贫困人口数大于 2000 万时，该项目只能计 0 分，但农村绝对贫困人口数小于 200 万时，就应该计 100 分，毕竟农村人口众多，异质性是客观存在的，个别的绝对贫困现象必然存在。农村相对贫困人口数当前大约为 8000 万，因而无论是乡村振兴的第一阶段、第二阶段还是第三阶段，当 6500 万≤A2 时，就只能计 0 分，与 A1 同样的道理，当 A2＜500 万时，就计 100 分。无论是农村绝对贫困人口发生率，还是农村相对贫困人口发生率，在乡村振兴的每一个阶段，都要保持一定比例下降，因而本书认为当 2%≤A3，5%≤A4 时，A3 和 A4 均只能计 0 分，当 A3＜0.4%、A4＜2.5%时，A3 和 A4 均计 100 分。

[①] 贺雪峰：《中国农村反贫困战略中的扶贫政策与社会保障政策》，《武汉大学学报》（哲学社会科学版）2018 年第 3 期。

2. 农村贫困人口生活保障维度计分方法

对于农村贫困人口而言，生活保障具有特殊的重要性，其中基本生活保障、基本住房保障更是如此，因而其所占的权重理应更大。农村贫困人口生活保障维度下各项目的计分，见式（5-5）。

$$B = B_1 \times 30\% + B_2 \times 30\% + B_3 \times 25\% + B_4 \times 15\% \quad (5-5)$$

本书此处的生活保障包括吃饭、穿衣等基本生活保障，基本住房保障，饮用水安全保障以及基本交通出行保障四个项目，这些项目目前已经取得了较好的效果，但面临的任务依然比较艰巨。有书指出，农村贫困人口未获得基本生活保障现象近些年来已经大幅减少，未获得基本住房保障的现象在政府危房改造工程的持续推进中已经明显好转，未获得饮用水安全保障和未获得基本交通出行保障的情况也越来越少[①]。参照近些年来的实际情况，本书给出了农村贫困人口生活保障维度下四个项目的计分方式，见表5-4。

表5-4　农村贫困人口生活保障维度下相应项目计分方式

项目	计分					
未获得基本生活保障的比例（B1）	25%≤B1 =0分	20%≤B1 <25%=60分	15%≤B1 <20%=70分	8%≤B1 <15%=80分	2%≤B1 <8%=90分	B1<2% =100分
未获得基本住房保障比例（B2）	35%≤B2 =0分	25%≤B2 <35%=60分	15%≤B2 <25%=70分	10%≤B2 <15%=80分	5%≤B2 <10%=90分	B2<5% =100分
未获得饮用水安全保障的比例（B3）	25%≤B3 =0分	20%≤B3 <25%=60分	12%≤B3 <20%=70分	8%≤B3 <12%=80分	1%≤B3 <8%=90分	B3<1% =100分
未获得基本交通出行保障的比例（B4）	30%≤B4 =0分	25%≤B4 <30%=60分	20%≤B4 <25%=70分	15%≤B4 <20%=80分	10%≤B4 <15%=90分	B4<5% =100分

---

① 苏明：《中国包容性发展与财政政策选择》，《当代经济管理》2013年第5期。

从表 5-4 可知，农村贫困人口生活保障维度下，当 25%≤B1 时，B1 计 0 分；当 20%≤B1＜25% 时，B1 计 60 分；当 15%≤B1＜20% 时，B1 计 70 分；当 8%≤B1＜15% 时，B1 计 80 分；当 2%≤B1＜8% 时，B1 计 90 分；当 B1＜2% 时，B1 计 100 分。其原因是农村贫困人口未获得基本生活保障的比例（B1）无论是在全面脱贫的 2020 年的乡村振兴第一阶段，还是 2035 年的乡村振兴中继阶段抑或是 2050 年的乡村振兴全面实现阶段，如果有超过 25% 的农村贫困人口未能获得基本生活保障，都只能计 0 分，如果只有少于 2% 的农村贫困人口未能获得基本生活保障，那么就计满分 100 分。饮用水安全问题关系到广大人民群众，特别是农村贫困人口的生命健康，必须高度重视，因而其满分标准更为严格。基本住房保障和基本交通出行保障可能会受到一些客观条件和人为因素的制约，如个别深山地区的农村贫困人口不愿意迁移到其他地方居住，因而其满分标准就相对宽松些。

3. 农村贫困人口基本社会保障维度计分方法

在现代社会，基本社会保障对任何个体来说都是非常重要的。基本社会保障关乎基本民生改善和社会公平正义，是实现基本公共服务均等化的重要体现，社会关注度高，利益诉求多样。特别是在我国人口老龄化加剧、城镇化进程加快以及乡村振兴全面实施的新形势下，基本社会保障制度的建设更不容忽视，基本养老保险、基本医疗保险、生育保险、工伤保险、失业保险具有同等的重要性，因而其权重也应具有一致性。农村贫困人口生活保障维度下各项目的计分，见式（5-6）。

$$C = C_1 \times 20\% + C_2 \times 20\% + C_3 \times 20\% + C_4 \times 20\% + C_5 \times 20\%$$

(5-6)

根据目前我国农村贫困人口基本养老保险、基本医疗保险、生育保险、工伤保险、失业保险的覆盖情况，本书制定的农村贫困人口基本社会保障维度下五个项目的计分方式，见表5-5。

表5-5 农村贫困人口基本社会保障维度下相应项目计分方式

项目	计分					
未参加基本养老保险的比例（C1）	20%≤C1 =0分	15%≤C1 <20%=60分	10%≤C1 <15%=70分	6%≤C1 <10%=80分	1%≤C1 <6%=90分	C1<1% =100分
未参加基本医疗保险的比例（C2）	15%≤C2 =0分	12%≤C2 <15%=60分	10%≤C2 <12%=70分	6%≤C2 <10%=80分	2%≤C2 <6%=90分	C2<2% =100分
未参加生育保险的比例（C3）	40%≤C3 =0分	30%≤C3 <40%=60分	20%≤C3 <30%=70分	10%≤C3 <20%=80分	5%≤C3 <10%=90分	C3<5% =100分
未参加基本工伤保险的比例（C4）	50%≤C4 =0分	40%≤C4 <50%=60分	30%≤C4 <40%=70分	20%≤C4 <30%=80分	10%≤C4 <20%=90分	C4<10% =100分
未参加基本失业保险的比例（C5）	50%≤C5 =0分	40%≤C5 <50%=60分	30%≤C5 <40%=70分	20%≤C5 <30%=80分	10%≤C5 <20%=90分	C5<10% =100分

从表5-5可知，农村贫困人口基本社会保障维度下，当20%≤C1时，C1计0分；当15%≤C1<20%时，C1计60分；当10%≤C1<15%时，C1计70分；当6%≤C1<10%时，C1计80分；当1%≤C1<6%时，C1计90分；当C1<1%时，C1计100分。养老保险是近现代的产物，伴随着工业社会而产生，古代并没有，古时主要是家庭养老，俗话所说的"养儿防老"就是这个原因。在现代社会，养老保险是实现"老有所依"最重要的保障。人力资源社会保障部部长尹蔚民2016年年底表示，我国养老保险的覆盖

率已经达到 85%①。换言之，当时大约有 15% 的人群没有被养老保险覆盖。但该数据是针对全体城乡居民而言的，农村贫困人口的实际情况可能要糟糕得多。因此，本书认为，农村贫困人口中未参加基本养老保险的比例小于 20% 时，开始计分，但要小于 1% 时才能计满分。因"新农合"覆盖率逐年上升，只有未参加基本医疗保险的比例小于 15% 时，才开始计分，小于 2% 时才能计满分 100 分。目前，未参加生育保险者在农村贫困人口中占比较大，因而当 $C3 < 40\%$ 时，开始计 60 分，当 $C3 < 5\%$ 时，计满分 100 分。未参加基本工伤保险的比例、未参加基本失业保险的比例在农村贫困人口中比未参加生育保险的比例更多，因而当 C4、C5 小于 50% 时就开始计分，当它们 <10% 时，计满分 100 分。

4. 农村贫困人口子女教育保障维度计分方法

人力资本的形成主要依赖于教育，舒尔茨、贝克尔、明塞尔以及大量的研究者的研究结果已经证实了这一观点。潘海红等（2002）研究了农民受教育程度的不同和农民收入水平的关系后指出，初、高中文化水平劳动力的人均收入高于平均收入水平，文盲半文盲和小学文化水平劳动力的人均收入低于平均收入水平；农村高文化从业者对农村经济发展的影响力较大，主要作用有：对农村经济结构调整的作用，高文化程度从业者具有更强的获取信息和处理信息的能力，他们能够发现机会并抓住机会，从而拓展经营领域；对优化资源配置的作用，人力资本附着、沉淀于人身，人力资本拥有主体流动能力的高低和流动空间的大小，决定了人力资本与产业资本形成合理、高效匹配机会的多少；对改进经营、就业观念

---

① 尹蔚民：《创新举措强化服务努力开创返乡创业工作新局面》，《中国就业》2017 年第 8 期。

第五章　乡村振兴战略下农村贫困人口社会保障制度目标 / 203

的作用①。实际上,为农村贫困人口子女提供教育保障是阻断贫困代际传递最为有效的方法。农村贫困人口子女教育保障维度下各项目的计分,见式(5-7)。

$$D = D_1 \times 10\% + D_2 \times 15\% + D_3 \times 20\% + D_4 \times 25\% + D_5 \times 30\%$$
(5-7)

因为目前我国农村义务教育已经实施多年,农村贫困人口子女教育保障的重心随着乡村振兴的推进向中等职业教育、高中教育和普通高等教育进行转变。本书制定的农村贫困人口子女教育保障维度下五个项目的计分方式,见表5-6。

表5-6　农村贫困人口子女教育保障维度下相应项目计分方式

项目	计分					
农村贫困人口子女接受小学教育比例(D1)	D1<80% =0分	80%≤D1 <85%=60分	85%≤D1 <90%=70分	90%≤D1 <95%=80分	95%≤D1 <98%=90分	D1≥99% =100分
农村贫困人口子女接受普通初中教育比例(D2)	D2<80% =0分	80%≤D2 <85%=60分	85%≤D2 <90%=70分	90%≤D2 <95%=80分	95%≤D2 <98%=90分	D2≥99% =100分
农村贫困人口子女接受中等职业教育的比例(D3)	D3<30% =0分	30%≤D3 <35%=60分	35%≤D3 <40%=70分	40%≤D3 <45%=80分	45%≤D3 <50%=90分	D3≥50% =100分
农村贫困人口子女接受高中教育的比例(D4)	D4<30% =0分	30%≤D4 <35%=60分	35%≤D4 <40%=70分	40%≤D4 <45%=80分	45%≤D4 <50%=90分	D4≥50% =100分

---

① 潘海红、程培堽:《农村教育投资对农业经济增长的贡献》,《苏南乡镇企业》2002年第8期。

续表

项目	计分					
农村贫困人口子女接受普通高等教育的比例（D5）	D5＜10%＝0分	10%≤D5＜15%＝60分	15%≤D5＜20%＝70分	20%≤D5＜25%＝80分	25%≤D5＜30%＝90分	D5≥30%＝100分

从表 5-6 可知，农村贫困人口子女教育保障维度下，当 D1＜80% 时，D1 计 0 分；当 80%≤D1＜85% 时，D1 计 60 分；当 85%≤D1＜90% 时，D1 计 70 分；当 90%≤D1＜95% 时，D1 计 80 分；当 95%≤D1＜98% 时，D1 计 90 分；当 D1≥99% 时，D1 计 100 分。初中教育同样属于义务的部分，所以其计分方式与小学教育一致。中等职业教育与高中教育属于同一级别的教育，尽管长期以来，国家把主要精力放在普及义务教育和扩大高等教育招生规模上，对高中阶段教育关注力度不够①，但随着乡村振兴的推进，这两种类型的教育可能会在乡村获得更多的重视而并驾齐驱，所以本书认为 D3、D4＜30% 时，均只能计 0 分，D3、D4≥50% 时，方能计满分 100 分。在乡村振兴战略实施过程中，高等教育在新农村建设中责无旁贷，理应发挥重要作用。然而，整体上看，我国高等教育服务农村水平落后，不仅影响到农村社会的发展，而且严重阻碍了高等教育普及化的深入、农村人口"中等收入陷阱"的跨越和以人为本的城镇化建设；虽然近年来国家大力推行农村教育扶贫，但农村人口的基本受教育权依然无法得到很好的保障，更何况是接受高等教育的权利；即使 2020 年我国高等教育毛入学率在整体上实现了量的达标，在很大程度上也只能说是高等教育在发达地区或

---

① 卢颖：《农村家庭普通高中教育投资的优化研究——以河南省虞城县为例》，《哈尔滨学院学报》2018 年第 6 期。

城镇地区的普及化,农村地区并未达标,因而并不能称为面向全体国民的均衡发展的普及化高等教育,农村人口受高等教育的现状使农村成为我国高等教育普及化的"塌陷区"①,而农村贫困人口子女的普通高等教育现状则更为糟糕。因此,本书认为当 $10\% \leqslant D_5 < 15\%$ 时,可以开始计分,当 $D_5 \geqslant 30\%$ 时,计满分 100 分。

5. 农村贫困人口就业保障维度计分方法

有专家认为,贫困问题实质上是发展问题,发展脱贫是治本之策。"发展是甩掉贫困帽子的总办法,贫困地区要从实际出发,因地制宜,把种什么、养什么、从哪里增收想明白,帮助乡亲们寻找脱贫致富的好路子。"脱贫不返贫,产业是根本。要让贫困者真正脱贫,重点是发展贫困地区的生产力,通过多种方式和途径,采取综合配套措施,鼓励低收入农户从事种植业、养殖业,发展生态旅游业等实现脱贫。这里讲的"产业是根本"②。事实上,这实际上就是说,发展产业是防止农村贫困人口返贫的有效保障,而这些保障主要由政府、村集体、社会其他组织提供。近些年来参加过农业部门的"雨露培训""阳光工程培训""农村实用技术培训",人社部门的农村劳动力转移培训、"春潮行动"就业技能培训等以及各种行业协会举办的培训农村贫困人口不在少数。农村贫困人口就业保障维度下各项目的计分,见式 (5-8)。

$$E = E_1 \times 25\% + E_2 \times 15\% + E_3 \times 15\% + E_4 \times 15\% + E_5 \times 30\%$$

$$(5-8)$$

显然,式 (5-8) 中,农村贫困人口参加就业培训的比例

---

① 闵琴琴:《农村高等教育扶贫:缘起、困境和突围》,《高等教育研究》2018 年第 5 期。

② 王喜成:《推进脱贫攻坚和精准扶贫工作的若干思考》,《中州学刊》2018 年第 6 期。

(E1) 和农村贫困人口对政府创业政策的满意率 (E5) 所占的权重是比较大的, 其原因是就业培训无论在乡村振兴的哪一个阶段, 都是提升农村贫困人口就业技能、参与市场竞争的有效手段, 而创业政策则对那部分有创业愿景和创业能力的农村贫困人口跳出"贫困陷阱"具有重要的现实意义。本书制定的贫困人口就业保障维度下五个项目的计分方式, 见表5-7。

表5-7　农村贫困人口就业保障维度下相应项目计分方式

项目	计分					
农村贫困人口参加就业培训的比例 (E1)	E1<60%=0分	60%≤E1<65%=60分	65%≤E1<70%=70分	70%≤E1<75%=80分	75%≤E1<80%=90分	E1≥80%=100分
农村贫困人口对就业培训的满意率 (E2)	E2<60%=0分	60%≤E2<70%=60分	70%≤E2<80%=70分	80%≤E2<85%=80分	85%≤E2<95%=90分	E2≥95%=100分
农村贫困人口对就业渠道拓展的满意率 (E3)	E3<60%=0分	60%≤E3<70%=60分	70%≤E3<80%=70分	80%≤E3<85%=80分	85%≤E3<95%=90分	E3≥95%=100分
农村贫困人口对政府就业政策的满意率 (E4)	E4<60%=0分	60%≤E4<70%=60分	70%≤E4<80%=70分	80%≤E4<85%=80分	85%≤E4<95%=90分	E4≥95%=100分
农村贫困人口对政府创业政策的满意率 (E5)	E5<50%=0分	50%≤E5<55%=60分	55%≤E5<60%=70分	60%≤E5<65%=80分	65%≤E5<70%=90分	E5≥70%=100分

从表5-7可知, 农村贫困人口就业保障维度下, 当E1<60%时, E1计0分; 当60%≤E1<65%时, E1计60分; 当65%≤E1<70%时, E1计70分; 当70%≤E1<75%时, E1计80分; 当

75%≤E1<80%时，E1 计 90 分；当 E1≥80%时，E1 计 100 分。E2、E3、E4 的计分方式是一致的，当 60%≤E2/E3/E4<70%时，它们均计 60 分；当 70%≤E2/E3/E4<80%时，均计 70 分；当 80%≤E2/E3/E4<85%时，均计 80 分；当 85%≤E2/E3/E4<95%时，均计 90 分；当 E2/E3/E4≥95%时，均计 100 分。当 50%≤E5<55%时，E5 计 60 分；当 55%≤E5<60%时，E5 计 70 分；当 60%≤E5<65%时，E5 计 80 分；当 65%≤E5<70%时，E5 计 90 分；当 E5≥70%时，E5 计 100 分。毕竟创业需要一定的胆识、资金积累，也要面临项目风险、市场风险、管理风险等一系列风险，不是所有农村贫困人口都有创业意愿，因而 E5≥70%时，就计满分。

6. 农村贫困人口防止返贫保障维度计分方法

说到返贫，习近平总书记在不同场合多次直面该命题。总书记说，防止返贫和继续扶贫攻坚同样重要，已经摘帽的贫困县、贫困村、贫困户，要继续巩固，增强"造血"功能，建立健全稳定脱贫长效机制。防止返贫，意义重大，将扶贫与防止返贫相结合，才能有效遏制边脱贫边返贫的现象。否则，"辛辛苦苦几十年、一朝回到解放前"的现象将会不断上演。不仅弱化来之不易的扶贫成就，更会让返贫人口陷入沮丧乃至绝望之中。贫困面大的西南、西北地区的返贫率高达 20% 以上；西北有个别省份甚至出现过返贫人口超过脱贫人口的情况；即使是我国农村扶贫形势出现重大转机、脱贫效果极为显著、脱贫人口数量创当时新高的 2004 年，脱贫人口也仅有 300 万，而返贫率仍然在 10% 左右。据有关部门统计，中国目前各地返贫率平均达到 15% 左右，而有的统计则认为中国目前返贫率为 15%—20%，甚至达到 20%—30%；世界银行"秦巴"扶贫项目中，1998—1999 年的脱贫农户比重为 8%，返贫农户却高达 11.5%，有些地方脱贫农民的返贫率高达 50% 以上[①]。农村贫困人口防止返贫保障维度下各项目的计分，见式（5-9）。

$$F = F_1 \times 30\% + F_2 \times 10\% + F_3 \times 10\% + F_4 \times 15\% + F_5 \times 35\%$$

（5-9）

农村贫困人口脱贫后之所以出现返贫，其主要原因大抵有两个。一是脱贫后又不幸遇到了难以化解的风险，如重大疾病，单靠一己之力或者一家之力难以抗衡，哪怕享受到大病医保等政策，但因为农村贫困人口家底太单薄而无力走出困境；二是农村贫困人口家庭享受了"输血"，但自身"造血"功能并不强大，尽管脱贫，但在致富路上只是刚出发，尚未形成稳定的财产来源，一旦遇到小风小浪，自身能力不足，无法应对。因此，农村贫困人口防止返贫保障维度中，农村贫困人口脱贫后返贫率（F1）和农村贫困人口对自我发展能力的满意率（F5）的权重最大。本书制定的农村贫困人口防止返贫保障维度下五个项目的计分方式，见表 5-8。

表 5-8　农村贫困人口防止返贫保障维度下相应项目计分方式

项目	计分					
农村贫困人口脱贫后返贫率（F1）	F1 > 10% = 0 分	8% ≤ F1 < 10% = 60 分	6% ≤ F1 < 8% = 70 分	4% ≤ F1 < 6% = 80 分	1% ≤ F1 < 4% = 90 分	F1 < 1% = 100 分
农村贫困人口对政府扶贫政策的满意率（F2）	F2 < 70% = 0 分	70% ≤ F2 < 75% = 60 分	75% ≤ F2 < 80% = 70 分	80% ≤ F2 < 85% = 80 分	85% ≤ F2 < 95% = 90 分	F2 ≥ 95% = 100 分

---

① 张珺：《当前我国农村返贫现状与问题分析》，《中国管理信息化》2011 年第 11 期。

续表

项目	计分					
农村贫困人口对村组织扶贫工作的满意率（F3）	F3<70%=0分	70%≤F3<75%=60分	75%≤F3<80%=70分	80%≤F3<85%=80分	85%≤F3<95%=90分	F3≥95%=100分
农村贫困人口对社会参与扶贫的满意率（F4）	F4<60%=0分	60%≤F4<70%=60分	70%≤F4<80%=70分	80%≤F4<85%=80分	85%≤F4<90%=90分	F4≥90%=100分
农村贫困人口对自我发展能力的满意率（F5）	F5<50%=0分	50%≤F5<55%=60分	55%≤F5<60%=70分	60%≤F5<65%=80分	65%≤F5<70%=90分	F5≥70%=100分

从表5-8可知，农村贫困人口防止返贫保障维度下，当F1>10%时，F1计0分；当8%≤F1<10%时，F1计60分；当6%≤F1<8%时，F1计70分；当4%≤F1<6%时，F1计80分；当1%≤F1<4%时，F1计90分；当F1<1%时，F1计100分。农村贫困人口脱贫后返贫率如果超过10%，那么说明地方政府必然存在"数字脱贫"和"政绩脱贫"下的"限期脱贫"以及"快速催肥式"下的"短期脱贫""只输血不造血"的"项目扶贫"，并没有从根本上有效遏制返贫现象，因而应该计0分。同时，本书认为，无论在乡村振兴的哪一个阶段，农村贫困人口脱贫后返贫率只有小于1%时，该项目才能计满分。农村贫困人口对政府扶贫政策的满意率（F2）和农村贫困人口对村组织扶贫工作的满意率（F3）计分方式是一样的，当70%≤F2/F3<75%时，它们均计60分；当75%≤F2/F3<80%时，均计70分；当80%≤F2/F3<85%时，均计80分；当85%≤F2/F3<95%时，均计90分；当F2/F3≥

95%时,均计100分。农村贫困人口对社会参与扶贫的满意率(F4)的计分方式比F2、F3略微宽松,毕竟社会其他组织与个人参与扶贫都是自愿的,都是出于一种社会责任感。尽管自我发展能力是农村贫困人口脱贫和防止返贫的内在力量,但该群体的自我发展能力的提升毕竟需要较长的时间,因而本书认为,当F5≥70%时,就应该计满分。

(三) 总分值计算方法

联立公式 (5-1)、式 (5-4)、式 (5-5)、式 (5-6)、式 (5-7)、式 (5-8)、式 (5-9),联立式 (5-2)、式 (5-4)、式 (5-5)、式 (5-6)、式 (5-7)、式 (5-8)、式 (5-9),联立式 (5-3)、式 (5-4)、式 (5-5)、式 (5-6)、式 (5-7)、式 (5-8)、式 (5-9),可以得到式 (5-10)、式 (5-11)、式 (5-12)。

$$S_{2020} = (A_1 \times 25\% + A_2 \times 25\% + A_3 \times 25\% + A_4 \times 25\%) \times 25\% + (B_1 \times 30\% + B_2 \times 30\% + B_3 \times 25\% + B_4 \times 15\%) \times 15\% + (C_1 \times 20\% + C_2 \times 20\% + C_3 \times 20\% + C_4 \times 20\% + C_5 \times 20\%) \times 10\% + (D_1 \times 10\% + D_2 \times 15\% + D_3 \times 20\% + D_4 \times 25\% + D_5 \times 30\%) \times 15\% + (E_1 \times 25\% + E_2 \times 15\% + E_3 \times 15\% + E_4 \times 15\% + E_5 \times 30\%) \times 15\% + (F_1 \times 30\% + F_2 \times 10\% + F_3 \times 10\% + F_4 \times 15\% + F_5 \times 35\%) \times 20\% \quad (5-10)$$

$$S_{2035} = (A_1 \times 25\% + A_2 \times 25\% + A_3 \times 25\% + A_4 \times 25\%) \times 15\% + (B_1 \times 30\% + B_2 \times 30\% + B_3 \times 25\% + B_4 \times 15\%) \times 10\% + (C_1 \times 20\% + C_2 \times 20\% + C_3 \times 20\% + C_4 \times 20\% + C_5 \times 20\%) \times 15\% + (D_1 \times 10\% + D_2 \times 15\% + D_3 \times 20\% + D_4 \times 25\% + D_5 \times 30\%) \times 20\% + (E_1 \times 25\% + E_2 \times 15\% + E_3 \times 15\% + E_4 \times 15\% + E_5 \times 30\%) \times 20\% + (F_1 \times 30\% + F_2 \times 10\% + F_3 \times 10\% + F_4 \times 15\% + F_5 \times 35\%) \times 20\% \quad (5-11)$$

$$S_{2050} = (A_1 \times 25\% + A_2 \times 25\% + A_3 \times 25\% + A_4 \times 25\%) \times 5\% + (B_1 \times$$

$$30\% + B_2 \times 30\% + B_3 \times 25\% + B_4 \times 15\%) \times 5\% + (C_1 \times 20\% + C_2 \times 20\% + C_3 \times 20\% + C_4 \times 20\% + C_5 \times 20\%) \times 15\% + (D_1 \times 10\% + D_2 \times 15\% + D_3 \times 20\% + D_4 \times 25\% + D_5 \times 30\%) \times 25\% + (E_1 \times 25\% + E_2 \times 15\% + E_3 \times 15\% + E_4 \times 15\% + E_5 \times 30\%) \times 25\% + (F_1 \times 30\% + F_2 \times 10\% + F_3 \times 10\% + F_4 \times 15\% + F_5 \times 35\%) \times 25\% \qquad (5-12)$$

根据式（5-10）、式（5-11）以及式（5-12），可以计算出 2020 年、2035 年、2050 年我国乡村振兴战略下农村贫困人口社会保障制度的得分，为此还需要给出得分的评判标准。本书综合专家意见后认为，S_{2020}、S_{2035}、S_{2050} 得分为 80 分以上为良好、90 分以上为优秀。接下来，本书以良好为下限、优秀为上限，分别对 2020 年、2035 年、2050 年乡村振兴战略下我国农村贫困人口社会保障制度的建设标准展开讨论。

第三节 乡村振兴战略下中国农村贫困人口社会保障制度目标

在经历了大约 15 年的快速建设和快速发展以后，未来我国社会保障制度应该如何建设、如何发展，在学界并没有形成统一认识，引发了新的讨论。面对新的发展环境，中共中央十八大、十八届三中全会、十八届六中全会等重要会议文件一再强调"保障和改善民生"的基本目标，并且提出了"共享发展"的理念，近些年来中央也提出了"社会政策要托底"的要求。党的十九大报告对这些问题更作了进一步的强调。面对未来发展的要求、面对社会主要矛盾转变的时代背景，我们应该通过进一步深入研究去落实中央提出的社会政策目标和要求。然而，社会各界对我国社会保障等社会政策的具体发展方向的态度与观点存在较大的区别,学界对该问题也有存在几乎截然相反的意见。有不少学者认为,尽管我国社会保障水平已经有了大幅提升,但如果与发达国家的平均水平相比,则我们的保障水平仍然比较低下,持有此观点的学者通常以"看病难、看病贵""上学难""住房难"等现实问题来佐证自己的观点。并且,随着社会主要矛盾的转变,民众对提高民生和社会服务水平以及社会保障水平的需要也在水涨船高、不断提升[1]。因此,党和政府要进一步推动我国"福利社会"建设,增大社会服务供给,提升全社会的社会保障水平和总体福利水平。

与此同时,目前我国社会面临着劳动力成本不断提高,传统产业竞争力日益下降的问题,因此也有不少学者提出,要通过有效的途径约束社会保障水平和总体福利水平的上升。还有学者甚至提出了"中国已经不再是'低福利国家'"的论调,其言下之意就是要减缓社会保障水平和总体福利水平的提升步伐,避免"高福利陷阱"[2],避免陷入目前许多欧洲高福利国家面临的发展困境。

总之,目前在社会保障等社会政策方面存在不同的声音、夹杂着各种争论。这些现象表明,我国的社会保障等社会政策在经历了快速建设和快速发展时期以后,开始进入一个新的阶段。在未来的发展中如何确立社会保障等社会政策的努力目标,还需要通过广泛讨论来凝聚新的共识,形成新的合力。

目前,我国农村贫困人口社会保障领域也存在类似的情况。这些情况既在一定程度上反映出当前我国社会保障政策的总体性特

---

[1] 景天魁:《民生建设的"中国梦":中国特色福利社会》,《探索与争鸣》2013年第8期。

[2] 楼继伟:《建立更加公平更可持续的社会保障制度》,《人民日报》2015年12月16日,第7版。

征，但同时也有其具体的特点。我国现行的社会保障制度在 20 世纪 80 年代初建之时，经济发展水平及人民群众的收入和生活水平都还较低，当时社会保障制度的基本目标是一种"生存型"保障，其主要任务是要构筑一条基本生活的保障网，以保障农村贫困人口及其家庭能够获得最基本的温饱，后来逐步扩展到满足贫困人口及其家庭在教育、医疗、住房等方面最基本的需要。在经过几十年快速发展后，目前我国经济已经处于中等发达的水平，国家的公共服务和人民群众的生活水平也有较大幅度的提升，但农村贫困人口的社会保障水平却长期停留在很低的层次上。迄今为止，我国农村贫困人口的社会保障仍然是以低保制度为基础的综合性社会保障体系，低保标准在较大程度上决定着农村贫困人口整个社会保障制度的覆盖范围和待遇水平，而多年来我国低保标准一直维持在较低的水平。发达国家的贫困线一般为人均收入中位值的 60%，而我国低保标准仅为人均收入中位值的 20%（城市）和 30%（农村）左右，并且这一水平没有随着经济发展而相应提高。偏低的低保标准导致近年来符合低保条件的农村贫困人口人数快速减少，进而使整个农村贫困人口的社会保障制度的对象覆盖面大幅度缩小，长此以往社会保障的功能将逐渐弱化[①]。

总之，我国农村贫困人口社会保障的未来发展面临着三个基本问题：一是我国农村社会中的贫困问题发生了什么样的变化，这些变化对社会保障提出了哪些新的要求；二是我国农村贫困人口社会保障制度能否超越过去的生存型保障目标，针对贫困问题的变化，在未来的反贫困行动中发挥更加积极的作用；三是农村贫困人口社

---

① 关信平：《论现阶段中国社会救助制度目标提升的基础与意义》，《社会保障评论》2017 年第 4 期。

会保障的建设如何才能与乡村振兴这个宏伟战略保持一致？本书围绕这两个问题展开分析讨论。

一 乡村振兴战略下中国农村贫困人口社会保障制度 2020 目标

根据前文所知，到 2020 年时，中国乡村振兴将取得突破性的进展，实施乡村振兴战略的工作格局已经基本形成，初步构建城乡融合发展的体制机制以及政策体系。届时，主要农产品供给能力稳步增强，农村基础保障条件进一步改善，公共服务水平进一步提高，幸福美丽新村建设任务基本完成，农民收入持续稳定增长，实现贫困县全部摘帽、贫困村全部退出、贫困人口全部脱贫，农民生活达到全面小康水平①。据此，本书提出的乡村振兴战略下中国农村贫困人口社会保障制度 2020 目标（见表 5-9）。

表 5-9　　乡村振兴战略下中国农村贫困人口社会保障制度 2020 目标

维度	项目	建设目标	得分
农村贫困人口减少保障 A	农村绝对贫困人口数（A1）	200 万	90 分
	农村相对贫困人口数（A2）	2000 万	80 分
	农村绝对贫困人口发生率的下降速度（A3）	1.2%	70 分
	农村相对贫困人口发生率的下降速度（A4）	3.5%	70 分
农村贫困人口生活保障 B	未获得基本生活保障的比例（B1）	12%	80 分
	未获得基本住房保障比例（B2）	12%	80 分
	未获得饮用水安全保障的比例（B3）	10%	80 分
	未获得基本交通出行保障的比例（B4）	15%	80 分

---

① 王亚华、苏毅清：《乡村振兴——中国农村发展新战略》，《中央社会主义学院学报》2017 年第 6 期。

续表

维度	项目	建设目标	得分
农村贫困人口基本社会保障 C	未参加基本养老保险的比例（C1）	5%	90 分
	未参加基本医疗保险的比例（C2）	5%	90 分
	未参加生育保险的比例（C3）	10%	80 分
	未参加基本工伤保险的比例（C4）	20%	80 分
	未参加基本失业保险的比例（C5）	20%	80 分
农村贫困人口子女教育保障 D	农村贫困人口子女接受小学教育比例（D1）	95%	90 分
	农村贫困人口子女接受普通初中教育比例（D2）	95%	90 分
	农村贫困人口子女接受中等职业教育的比例（D3）	35%	70 分
	农村贫困人口子女接受高中教育的比例（D4）	35%	70 分
	农村贫困人口子女接受普通高等教育的比例（D5）	15%	70 分
农村贫困人口就业保障 E	农村贫困人口参加就业培训的比例（E1）	70%	80 分
	农村贫困人口对就业培训的满意率（E2）	80%	80 分
	农村贫困人口对就业渠道拓展的满意率（E3）	80%	80 分
	农村贫困人口对政府就业政策的满意率（E4）	80%	80 分
	农村贫困人口对政府创业政策的满意率（E5）	60%	80 分
农村贫困人口防止返贫保障 F	农村贫困人口脱贫后返贫率（F1）	3%	90 分
	农村贫困人口对政府扶贫政策的满意率（F2）	80%	80 分
	农村贫困人口对村组织扶贫工作的满意率（F3）	80%	80 分
	农村贫困人口对社会参与扶贫的满意率（F4）	80%	80 分
	农村贫困人口对自我发展能力的满意率（F5）	65%	90 分
合计		—	80.325 分

根据表 5-9 的相关数据，根据式（5-1）可以算出，在 2020 年，乡村振兴战略下中国农村贫困人口社会保障制度建设的目标是至少达到 80.325 分，也就是要达到本书的良好水平。

从农村贫困人口减少保障维度来看，农村绝对贫困人口数（A1）必须控制在 200 万左右，获得 90 分的计分，这与 2020 年乡村振兴下全面脱贫目标高度一致；农村相对贫困人口数（A2）必须控制在2000万左右，获得至少80分的计分，部分农村贫困人口可能脱离了绝对贫困，但发展的能力可能还是会弱于其他人、发展速度可能慢于其他人；农村绝对贫困人口发生率的下降速度（A3）必须控制在1.2%左右，获得至少70分的计分，乡村振兴的第一阶段，绝对脱贫的压力并不小；农村相对贫困人口发生率的下降速度（A4）必须控制在3.5%左右，获得至少70分的计分。

从农村贫困人口生活保障维度来看，未获得基本生活保障的比例（B1）必须控制在12%左右，获得至少80分的计分；未获得基本住房保障比例（B2）控制在12%左右，获得至少80分的计分；未获得饮用水安全保障的比例（B3）必须达到10%左右，获得至少80分的计分；未获得基本交通出行保障的比例（B4）必须达到15%左右，获得至少80分的计分。

从农村贫困人口基本社会保障维度来看，未参加基本养老保险的比例（C1）必须控制在5%左右，获得至少90分；未参加基本医疗保险的比例（C2）必须控制5%左右，获得至少90分；未参加生育保险的比例（C3）必须控制在10%左右，获得至少80分；未参加基本工伤保险的比例（C4）必须控制在20%左右，获得至少80分；未参加基本失业保险的比例（C5）必须控制在20%左右，获得至少80分。养老和医疗在基本保险中最为重要，因而其参加比例应该更高。

从农村贫困人口子女教育保障维度来看，农村贫困人口子女接受小学教育比例（D1）必须达到95%左右，获得至少90分；农村贫困人口子女接受普通初中教育比例（D2）同样必须达到95%左右，获得至少90分；农村贫困人口子女接受中等职业教育的比例（D3）必须达到35%左右，获得至少70分；农村贫困人口子女接受高中教育的比例（D4）同样必须达到35%左右，获得至少70分；农村贫困人口子女接受普通高等教育的比例（D5）必须达到15%左右，获得至少70分。中等职业教育和高中教育两者加起来必须达到70%以上，这一点在乡村振兴过程中要特别注意。在过去30年里，中国的高中教育比例大约增加了23个百分点，单从增加值来看，自身的增长幅度并不小，但在同期这一增幅仍然低于情况与我国大体类似的国家①。同期墨西哥和印度尼西亚的高中教育比例增加了25个百分点，土耳其增加了29个百分点，巴西增加了32个百分点，哥伦比亚增加了34个百分点，智利增加了38个百分点，南非增加了39个百分点。同期增幅最大的当属于亚洲的韩国，该比例从50%增加到了将近100%。2010年的人口普查数据显示，在25—34岁这个年龄段，城市高中教育比例为52%，而农村为14%，农村比城市少了38个百分点②。与此同时，发达国家（OECD）的高中教育比例的最低值是75%③，这也就是本书认为乡村振兴第一阶段必须达到的最低值。

从农村贫困人口就业保障维度来看，农村贫困人口参加就业培训的比例（E1）必须达到70%左右，获得至少80分；农村贫困人口对就业培训的满意率（E2）必须达到80%左右，获得至少80分；农村贫困人口对就业渠道拓展的满意率（E3）必须达到80%左右，获得至少80分；农村贫困人口对政府就业政策的满意率（E4）必须达到80%左右，获得至少80分；农村贫困人口对政府

---

① 杨娟、高曼：《教育扩张对农民收入的影响——以文革期间的农村教育扩张政策为例》，《北京师范大学学报》（社会科学版）2015年第6期。
② 邓希泉、李偘、陈庆梅：《中国青年人口和青年发展统计报告（2017）》，《北京青年研究》2018年第2期。
③ 陈小平：《我国农业中等职业教育投资效率研究》，博士学位论文，西北农林科技大学，2016年，第19—22页。

创业政策的满意率（E5）必须达到 60% 左右，获得至少 80 分。

从农村贫困人口防止返贫保障维度来看，农村贫困人口脱贫后返贫率（F1）必须控制在 3% 左右，从而至少获得 90 分；农村贫困人口对政府扶贫政策的满意率（F2）必须达到 80% 左右，从而至少获得 80 分；农村贫困人口对村组织扶贫工作的满意率（F3）必须达到 80% 左右，从而至少获得 80 分；农村贫困人口对社会参与扶贫的满意率（F4）必须控制在 80% 左右，从而至少获得 80 分；农村贫困人口对自我发展能力的满意率（F5）必须达到 65% 左右，从而至少获得 90 分。

二 乡村振兴战略下中国农村贫困人口社会保障制度 2035 目标

实施好乡村振兴的第二步战略，关键要在已经确立好的制度框架内坚持走好中国特色社会主义乡村振兴的道路，充分运用好 2020—2035 年的这 15 年时间，系统解决好城乡关系的重塑、集体经济的实现、小农户与现代农业的衔接、生态宜居村庄的发展、乡村文化的重振、乡村治理体系的健全等重大问题[①]。乡村振兴战略推进到 2035 年时，在全面建成小康社会的基础上，整个战略要取得决定性进展，在全国基本实现农业农村现代化，基本建成农产品市场竞争力强、科技创新水平高、农业质量效益好、三次产业融合深、服务体系建设优、农村生态环境美、乡村善治文化兴、职业农民队伍强的农业强国[②]。那时，优秀的传统文化开始重新充满活力，农民的精神面貌得以重新焕发，人们的思想道德得以革新，乡村社会的文明程度已经大幅进步[③]。与此同时，乡村产业兴旺、生

[①] 王亚华：《乡村振兴"三步走"战略如何实施》，《人民论坛》2018 年第 10 期。
[②] 魏后凯：《如何走好新时代乡村振兴之路》，《人民论坛·学术前沿》2018 年第 3 期。
[③] 杜育红、杨小敏：《乡村振兴：作为战略支撑的乡村教育及其发展路径》，《华南师范大学学报》（社会科学版）2018 年第 2 期。

第五章 乡村振兴战略下农村贫困人口社会保障制度目标

态宜居、乡风文明、治理有效、生活富裕的具体目标已经全面推进并取得重大进展。

那么，农村贫困人口社会保障制度也将要在乡村振兴战略的持续推进下，随着乡村经济社会的发展实现质的飞跃[①]。农村贫困人口减少保障、农村贫困人口生活保障、农村贫困人口基本社会保障、农村贫困人口子女教育保障、农村贫困人口就业保障、农村贫困人口防止返贫保障各个维度下各个项目的计分也要出现较大的提高（见表5-10）。

表5-10　乡村振兴战略下中国农村贫困人口社会保障制度2035目标

维度	项目	建设目标	得分
农村贫困人口减少保障A	农村绝对贫困人口数（A1）	小于150万	100分
	农村相对贫困人口数（A2）	小于500万	100分
	农村绝对贫困人口发生率的下降速度（A3）	0.4%	90分
	农村相对贫困人口发生率的下降速度（A4）	2.5%	90分
农村贫困人口生活保障B	未获得基本生活保障的比例（B1）	2%	90分
	未获得基本住房保障比例（B2）	5%	90分
	未获得饮用水安全保障的比例（B3）	1%	90分
	未获得基本交通出行保障的比例（B4）	6%	90分
农村贫困人口基本社会保障C	未参加基本养老保险的比例（C1）	1%	90分
	未参加基本医疗保险的比例（C2）	4%	90分
	未参加生育保险的比例（C3）	6%	90分
	未参加基本工伤保险的比例（C4）	10%	90分
	未参加基本失业保险的比例（C5）	12%	90分

① 马玉荣：《一号文件为乡村振兴搭建起"梁"和"柱"——专访国务院发展研究中心农村经济研究部部长叶兴庆》，《中国发展观察》2018年第Z1期。

续表

维度	项目	建设目标	得分
农村贫困人口子女教育保障 D	农村贫困人口子女接受小学教育比例（D1）	大于99%	100分
	农村贫困人口子女接受普通初中教育比例（D2）	大于99%	100分
	农村贫困人口子女接受中等职业教育的比例（D3）	45%	90分
	农村贫困人口子女接受高中教育的比例（D4）	45%	90分
	农村贫困人口子女接受普通高等教育的比例（D5）	20%	80分
农村贫困人口就业保障 E	农村贫困人口参加就业培训的比例（E1）	75%	90分
	农村贫困人口对就业培训的满意率（E2）	90%	90分
	农村贫困人口对就业渠道拓展的满意率（E3）	85%	90分
	农村贫困人口对政府就业政策的满意率（E4）	85%	90分
	农村贫困人口对政府创业政策的满意率（E5）	68%	90分
农村贫困人口防止返贫保障 F	农村贫困人口脱贫后返贫率（F1）	小于1%	100分
	农村贫困人口对政府扶贫政策的满意率（F2）	90%	90分
	农村贫困人口对村组织扶贫工作的满意率（F3）	90%	90分
	农村贫困人口对社会参与扶贫的满意率（F4）	90%	90分
	农村贫困人口对自我发展能力的满意率（F5）	70%	100分
合计		—	91.95分

根据表 5-10 的相关数据，根据式（5-2）可以算出，在 2035 年，乡村振兴战略下中国农村贫困人口社会保障制度建设的目标是至少达到 91.95 分，也就是要达到本书界定的优秀水平。

从农村贫困人口减少保障维度来看，农村绝对贫困人口数（A1）必须小于 150 万，获得 100 分的计分；农村相对贫困人口数（A2）必须小于 500 万，获得 100 分的计分；农村绝对贫困人口发生率的下降速度（A3）必须控制在 0.4% 左右，获得至少 90 分的计分；农村相对贫困人口发生率的下降速度（A4）必须控制在 2.5% 左右，获得至少 90 分的计分。

从农村贫困人口生活保障维度来看，未获得基本生活保障的比例（B1）必须控制在2%左右，获得至少90分的计分；未获得基本住房保障比例（B2）必须控制在5%左右，获得至少90分的计分；未获得饮用水安全保障的比例（B3）必须达到1%左右，获得至少90分的计分；未获得基本交通出行保障的比例（B4）必须达到6%左右，获得至少90分的计分。

从农村贫困人口基本社会保障维度来看，未参加基本养老保险的比例（C1）必须控制在1%左右，获得至少90分；未参加基本医疗保险的比例（C2）必须控制4%左右，获得至少90分；未参加生育保险的比例（C3）必须控制在6%左右，获得至少90分；未参加基本工伤保险的比例（C4）必须控制在10%左右，获得至少90分；未参加基本失业保险的比例（C5）必须控制在12%左右，获得至少90分。

从农村贫困人口子女教育保障维度来看，农村贫困人口子女接受小学教育比例（D1）必须大于99%，获得100分；农村贫困人口子女接受普通初中教育比例（D2）同样必须大于99%，获得100分；农村贫困人口子女接受中等职业教育的比例（D3）必须达到45%左右，获得至少90分；农村贫困人口子女接受高中教育的比例（D4）同样必须达到45%左右，获得至少90分；农村贫困人口子女接受普通高等教育的比例（D5）必须达到20%左右，获得至少80分。

从农村贫困人口就业保障维度来看，农村贫困人口参加就业培训的比例（E1）必须达到75%左右，获得至少90分；农村贫困人口对就业培训的满意率（E2）必须达到90%左右，获得至少90分；农村贫困人口对就业渠道拓展的满意率（E3）必须达到85%左右，获得至少90分；农村贫困人口对政府就业政策的满意率

（E4）必须达到 85% 左右，获得至少 90 分；农村贫困人口对政府创业政策的满意率（E5）必须达到 68% 左右，获得至少 90 分。

从农村贫困人口防止返贫保障维度来看，农村贫困人口脱贫后返贫率（F1）必须小于 1%，从而获得 100 分计分；农村贫困人口对政府扶贫政策的满意率（F2）必须达到 90% 左右，从而至少获得 90 分；农村贫困人口对村组织扶贫工作的满意率（F3）必须达到 90% 左右，从而至少获得 90 分；农村贫困人口对社会参与扶贫的满意率（F4）必须控制在 90% 左右，从而至少获得 90 分；农村贫困人口对自我发展能力的满意率（F5）必须达到 70% 左右，从而获得 100 分。

三　乡村振兴战略下中国农村贫困人口社会保障制度 2050 目标

在 2036—2050 年的这 15 年时间中，中国乡村振兴进入第二步战略阶段。此时，乡村振兴将面临之前两个战略阶段中依然没有解决的农业农村发展中的老大难问题，也将可能面对一些需要根据实际发展情况而做出策略调整的新情况。但作为迈向乡村振兴的最后一大步，第三步必须针对重点、难题，集中力量展开决胜攻坚。在此阶段，需要集中力量从乡村文化、生态环境和社会治理等方面入手进行决胜攻坚、取得最后的胜利。然而，乡村文化的兴盛，是长期沉淀的结果，不是一朝一夕就能完成的任务，它需要从文化传承人才的培育、思想道德引导、乡贤文化再造以及文化素质教育等方面入手，进行长期不懈的努力。因此，实现文化的振兴无疑是乡村振兴决胜阶段的关键内容①。当然，一旦乡村文化得以重振、焕发新的生机，乡村生态环境的进一步改善和社会治理的进一步完善也

---

① 姜德波、彭程：《城市化进程中的乡村衰落现象：成因及治理——"乡村振兴战略"实施视角的分析》，《南京审计大学学报》2018 年第 1 期。

第五章 乡村振兴战略下农村贫困人口社会保障制度目标

将会变得自然而然,此时,自然、社会的良性互动与循环协调格局也就在乡村中得以形成,乡村也就实现了从物质到精神的全面振兴①。

到 2050 年,乡村全面振兴,农村物质文明、政治文明、精神文明、社会文明、生态文明全面提升,全面建成农业强国,全面实现农业农村现代化,城乡居民实现共同富裕,农业强、农村美、农民富全面实现。此阶段,中国农村贫困人口社会保障制度目标见表 5-11。

表 5-11 乡村振兴战略下中国农村贫困人口社会保障制度 2050 目标

维度	项目	建设目标	得分
农村贫困人口减少保障 A	农村绝对贫困人口数（A1）	小于 50 万	100 分
	农村相对贫困人口数（A2）	小于 100 万	100 分
	农村绝对贫困人口发生率的下降速度（A3）	0.1%	100 分
	农村相对贫困人口发生率的下降速度（A4）	1%	100 分
农村贫困人口生活保障 B	未获得基本生活保障的比例（B1）	1%	100 分
	未获得基本住房保障比例（B2）	2%	100 分
	未获得饮用水安全保障的比例（B3）	小于 1%	100 分
	未获得基本交通出行保障的比例（B4）	小于 3%	100 分
农村贫困人口基本社会保障 C	未参加基本养老保险的比例（C1）	小于 1%	100 分
	未参加基本医疗保险的比例（C2）	1%	100 分
	未参加生育保险的比例（C3）	2%	100 分
	未参加基本工伤保险的比例（C4）	3%	100 分
	未参加基本失业保险的比例（C5）	5%	100 分

① 魏后凯:《实施乡村振兴战略的科学基础和重点任务》,《团结》2018 年第 1 期。

续表

维度	项目	建设目标	得分
农村贫困人口子女教育保障 D	农村贫困人口子女接受小学教育比例（D1）	100%	100 分
	农村贫困人口子女接受普通初中教育比例（D2）	100%	100 分
	农村贫困人口子女接受中等职业教育的比例（D3）	50%	100 分
	农村贫困人口子女接受高中教育的比例（D4）	50%	100 分
	农村贫困人口子女接受普通高等教育的比例（D5）	28%	90 分
农村贫困人口就业保障 E	农村贫困人口参加就业培训的比例（E1）	80%	100 分
	农村贫困人口对就业培训的满意率（E2）	95%	100 分
	农村贫困人口对就业渠道拓展的满意率（E3）	92%	90 分
	农村贫困人口对政府就业政策的满意率（E4）	92%	90 分
	农村贫困人口对政府创业政策的满意率（E5）	75%	100 分
农村贫困人口防止返贫保障 F	农村贫困人口脱贫后返贫率（F1）	小于 1%	100 分
	农村贫困人口对政府扶贫政策的满意率（F2）	92%	90 分
	农村贫困人口对村组织扶贫工作的满意率（F3）	92%	90 分
	农村贫困人口对社会参与扶贫的满意率（F4）	90%	90 分
	农村贫困人口对自我发展能力的满意率（F5）	80%	100 分
合计		—	98.1 分

根据表 5-11 的相关数据，根据式（5-3）可以算出，在 2050 年，乡村振兴战略下中国农村贫困人口社会保障制度建设的目标是至少达到 98.1 分，也就是接近本书界定的满分水平。

从农村贫困人口减少保障维度来看，农村绝对贫困人口数（A1）必须小于 50 万，获得 100 分的计分；农村相对贫困人口数（A2）必须小于 100 万，获得 100 分的计分；农村绝对贫困人口发生率的下降速度（A3）必须控制在 0.1% 左右，获得 100 分的计分；农村相对贫困人口发生率的下降速度（A4）必须控制在 1% 左右，获得 100 分的计分。

从农村贫困人口生活保障维度来看,未获得基本生活保障的比例(B1)必须控制在1%左右,获得100分的计分;未获得基本住房保障比例(B2)必须控制在2%左右,获得100分的计分;未获得饮用水安全保障的比例(B3)必须小于1%,获得100分的计分;未获得基本交通出行保障的比例(B4)必须达到3%左右,获得100分的计分。

从农村贫困人口基本社会保障维度来看,未参加基本养老保险的比例(C1)必须小于1%,获得100分的计分;未参加基本医疗保险的比例(C2)必须控制在1%以内,获得100分的计分;未参加生育保险的比例(C3)必须控制在2%以内,获得100分的计分;未参加基本工伤保险的比例(C4)必须控制在3%以内,获得100分的计分;未参加基本失业保险的比例(C5)必须控制在5%以内,获得100分的计分。

从农村贫困人口子女教育保障维度来看,农村贫困人口子女接受小学教育比例(D1)必须达到100%,获得100分;农村贫困人口子女接受普通初中教育比例(D2)同样必须达到100%,获得100分;农村贫困人口子女接受中等职业教育的比例(D3)必须达到50%左右,获得100分;农村贫困人口子女接受高中教育的比例(D4)同样必须达到50%左右,获得100分;农村贫困人口子女接受普通高等教育的比例(D5)必须达到28%左右,获得至少90分。

从农村贫困人口就业保障维度来看,农村贫困人口参加就业培训的比例(E1)必须达到80%左右,获得100分;农村贫困人口对就业培训的满意率(E2)必须达到95%左右,获得100分;农村贫困人口对就业渠道拓展的满意率(E3)必须达到92%左右,获得至少90分;农村贫困人口对政府就业政策的满意率(E4)必须达到92%左右，获得至少90分；农村贫困人口对政府创业政策的满意率（E5）必须达到75%左右，获得至少100分。

从农村贫困人口防止返贫保障维度来看，农村贫困人口脱贫后返贫率（F1）必须小于1%，从而获得100分计分；农村贫困人口对政府扶贫政策的满意率（F2）必须达到92%左右，从而至少获得90分；农村贫困人口对村组织扶贫工作的满意率（F3）必须达到92%左右，从而至少获得90分；农村贫困人口对社会参与扶贫的满意率（F4）必须控制在90%左右，从而至少获得90分；农村贫困人口对自我发展能力的满意率（F5）必须达到80%左右，从而获得100分。

四 乡村振兴战略下中国农村贫困人口社会保障制度阶段目标的对比分析

整体上看，乡村振兴战略下中国农村贫困人口社会保障制度阶段目标是依据当前我国经济社会发展水平、乡村振兴战略的阶段目标以及有关社会保障制度的建设现状而制定的。但本书认为，目前我国农村贫困人口社会保障制度的建设滞后于其他群体的社会保障制度，因而，本书将2020—2035年视为中国农村贫困人口社会保障制度建设的发力阶段，各维度下各项目都要取得突破性的进展，而将2036—2050年视为中国农村贫困人口社会保障制度建设的巩固和完善阶段，少部分维度下部分项目的建设维持第二阶段的水平即可。至于乡村振兴战略下中国农村贫困人口社会保障制度阶段目标的差异，见表5-12。

从表5-12可知，2035年较2020年增加了11.625分，2050年较2035年增加了6.15分。其原因就是，本书认为，2020—2035年为中国农村贫困人口社会保障制度建设的发力阶段，各维度下各项目都要取得突破性的进展，而2036—2050年是中国农村贫困人口社会保障制度建设的巩固和完善阶段，少部分维度下部分项目的建设维持第二阶段的水平即可。

表5-12　乡村振兴战略下中国农村贫困人口社会保障制度的目标比较

维度	项目	2020年建设目标	2035年建设目标	2050年建设目标	2035年较2020年的变化	2050年较2035年的变化
农村贫困人口减少保障A	农村绝对贫困人口数（A1）	200万	小于150万	小于50万	减少50万	减少100万
	农村相对贫困人口数（A2）	2000万	小于500万	小于100万	减少1500万	减少400万
	农村绝对贫困人口发生率的下降速度（A3）	1.2%	0.4%	0.1%	-0.8%	-0.3%
	农村相对贫困人口发生率的下降速度（A4）	3.5%	2.5%	1%	-1%	-1.5%
农村贫困人口生活保障B	未获得基本生活保障的比例（B1）	12%	2%	1%	-10%	-1%
	未获得基本住房保障比例（B2）	12%	5%	2%	-7%	-3%
	未获得饮用水安全保障的比例（B3）	10%	1%	小于1%	-9%	基本一致
	未获得基本交通出行保障的比例（B4）	15%	6%	小于3%	-9%	-3%
农村贫困人口基本社会保障C	未参加基本养老保险的比例（C1）	5%	1%	小于1%	-4%	基本一致
	未参加基本医疗保险的比例（C2）	5%	4%	1%	-1%	-3%
	未参加生育保险的比例（C3）	10%	6%	2%	-4%	-4%
	未参加基本工伤保险的比例（C4）	20%	10%	3%	-10%	-7%
	未参加基本失业保险的比例（C5）	20%	12%	5%	-8%	-7%

续表

维度	项目	2020年建设目标	2035年建设目标	2050年建设目标	2035年较2020年的变化	2050年较2035年的变化
农村贫困人口子女教育保障D	农村贫困人口子女接受小学教育比例（D1）	95%	大于99%	100%	+4%	基本一致
	农村贫困人口子女接受普通初中教育比例（D2）	95%	大于99%	100%	+4%	基本一致
	农村贫困人口子女接受中等职业教育的比例（D3）	35%	45%	50%	+5%	+5%
	农村贫困人口子女接受高中教育的比例（D4）	35%	45%	50%	+10%	+5%
	农村贫困人口子女接受普通高等教育的比例（D5）	15%	20%	28%	+5%	+8%
农村贫困人口就业保障E	农村贫困人口参加就业培训的比例（E1）	70%	75%	80%	+5%	+5%
	农村贫困人口对就业培训的满意率（E2）	80%	90%	95%	+10%	+5%
	农村贫困人口对就业渠道拓展的满意率（E3）	80%	85%	92%	+5%	+7%
	农村贫困人口对政府就业政策的满意率（E4）	80%	85%	92%	+5%	+7%
	农村贫困人口对政府创业政策的满意率（E5）	60%	68%	75%	+8%	+7%
农村贫困人口防止返贫保障F	农村贫困人口脱贫后返贫率（F1）	3%	小于1%	小于1%	-2%	基本一致
	农村贫困人口对政府扶贫政策的满意率（F2）	80%	90%	92%	+10%	+2%
	农村贫困人口对村组织扶贫工作的满意率（F3）	80%	90%	92%	+10%	+2%
	农村贫困人口对社会参与扶贫的满意率（F4）	80%	90%	90%	+10%	基本一致
	农村贫困人口对自我发展能力的满意率（F5）	65%	70%	80%	+5%	+10%
	合计	80.325分	91.95分	98.1分	+11.625分	+6.15分

第五章　乡村振兴战略下农村贫困人口社会保障制度目标 / 229

从农村贫困人口减少保障维度来看，2035年的农村绝对贫困人口数（A1）较2020年减少50万，2050年较2035年减少100万；2035年的农村相对贫困人口数（A2）较2020年减少了1500万，2050年较2035年减少了400万；2035年的农村绝对贫困人口发生率的下降速度（A3）较2020年降低了0.8%，2050年较2035年降低了0.3%；2035年的农村相对贫困人口发生率的下降速度（A4）较2020年降低了1%，2050年较2035年降低了1.5%。可见，在乡村振兴的第一、第二阶段，农村人口相对贫困问题的任务是比较重的。无论农村绝对贫困人口发生率还是相对贫困人口发生率，随着乡村振兴的持续推进，都将越来越小，直到最后接近于0。

从农村贫困人口生活保障维度来看，2035年未获得基本生活保障的比例（B1）较2020年降低了10%，2050年较2035年降低了1%；2035年未获得基本住房保障比例（B2）较2020年降低了7%，2050年较2035年降低了3%；2035年未获得饮用水安全保障的比例（B3）较2020年降低了9%，2050年和2035年基本一致；2035年未获得基本交通出行保障的比例（B4）较2020年降低了9%，2050年较2035年降低了3%。农村贫困人口基本生活保障、基本住房保障、饮用水安全保障问题在乡村振兴第二阶段已经基本解决，第三阶段时面临的任务已经比较小。特别是饮用水安全保障，因为事关生命健康，理应在第二阶段彻底解决。基本交通出行保障尽管在乡村振兴第二阶段已经取得突破性进展，但在第三阶段依然面临较大的任务。

从农村贫困人口基本社会保障维度来看，2035年未参加基本养老保险的比例（C1）较2020年降低了4%，2050年与2035年基本保持一致；2035年未参加基本医疗保险的比例（C2）较2020

年降低了1%，2050年较2035年降低了3%；2035年未参加生育保险的比例（C3）较2020年降低了4%，2050年较2035年降低了4%；2035年未参加基本工伤保险的比例（C4）较2020年降低了10%，2050年较2035年降低了7%；2035年未参加基本失业保险的比例（C5）较2020年降低了8%，2050年较2035年降低了7%。基本养老保险和基本医疗保险在乡村振兴的第二阶段，要基本实现全覆盖。生育保险、工伤保险和失业保险因农村贫困人口对其的认识不足，要实现全覆盖，需要较长的时间，在乡村振兴的第二、第三阶段均要努力。

从农村贫困人口子女教育保障维度来看，2035年农村贫困人口子女接受小学教育比例（D1）较2020年提高了4%，2050年与2035年基本一致；2035年农村贫困人口子女接受普通初中教育比例（D2）较2020年提高了4%，2050年与2035年基本一致；2035年农村贫困人口子女接受中等职业教育的比例（D3）较2020年提高了5%，2050年较2035年提高了5%；2035年农村贫困人口子女接受高中教育的比例（D4）较2020年提高了10%，2050年较2035年提高了5%；2035年农村贫困人口子女接受普通高等教育的比例（D5）较2020年提高了5%，2050年较2035年提高了8%。农村贫困人口子女接受小学教育、普通初中教育理应在乡村振兴第一阶段之前就要全覆盖，但因为该群体的实际困难和认识不足问题，本书认为，小学教育能在第二阶段全覆盖，普通初中教育能在第三阶段全覆盖，就比较理想了。因为高中教育和中等职业教育属于同一层次的教育，在乡村振兴的第一阶段，已经不可能全覆盖，经过第二、第三阶段的努力，目标是要实现全覆盖。普通高等教育第二阶段较第一阶段提高5%、第三阶段较第二阶段提高8%。也就是说，在第三阶段大约有30%的农村贫困人口子女能接受普通高等教育，届时应该是我国高等教育事业建设中很了不起的一个成就。

从农村贫困人口就业保障维度来看，2035 年农村贫困人口参加就业培训的比例（E1）较 2020 年提高了 5%，2050 年较 2035 年提高了 5%；2035 年农村贫困人口对就业培训的满意率（E2）较 2020 年提高了 10%，2050 年较 2035 年提高了 5%；2035 年农村贫困人口对就业渠道拓展的满意率（E3）较 2020 年提高了 5%，2050 年较 2035 年提高了 7%；2035 年农村贫困人口对政府就业政策的满意率（E4）较 2020 年提高了 5%，2050 年较 2035 年提高了 7%；2035 年农村贫困人口对政府创业政策的满意率（E5）较 2020 年提高了 8%，2050 年较 2035 年提高了 7%。农村贫困人口参加就业培训的比例在乡村振兴的第三阶段达到了 80%，应该说在有需要的群体中已经实现了全覆盖。E2、E3、E4、E5 属于主观指标，能达到 90% 以上，当属不易，但这理应是政府对农村贫困人口就业保障工作的目标所在。

从农村贫困人口防止返贫保障维度来看，2035 年农村贫困人口脱贫后返贫率（F1）较 2020 年下降了 2%，2050 年与 2035 年基本一致；2035 年农村贫困人口对政府扶贫政策的满意率（F2）较 2020 年提高了 10%，2050 年较 2035 年提高了 2%；2035 年农村贫困人口对村组织扶贫工作的满意率（F3）较 2020 年提高了 10%，2050 年较 2035 年提高了 2%；2035 年农村贫困人口对社会参与扶贫的满意率（F4）较 2020 年提高了 10%，2050 年与 2035 年基本一致；2035 年农村贫困人口对自我发展能力的满意率（F5）较 2020 年提高了 5%，2050 年较 2035 年提高了 10%。在经历第一、第二阶段的努力之后，农村贫困人口脱贫后返贫率已经控制在非常低的水平，也就是只有那些不可抗拒因素导致的返贫现象存在了。F2、F3、F4主要反映政府、村集体和社会其他组织与个人为防止返贫所提供的保障被农村贫困人口的认可度，但这些都属于外部因素，满意率能达到90%以上，应该说是很不错的了。尽管乡村振兴是以人为本、以农村人口为本，但无论是在乡村振兴的哪一个阶段，农村贫困人口对自我发展能力的满意度也不可能达到100%，因为人的追求是永无止境的。

第六章 乡村振兴战略下农村贫困人口社会保障制度目标的实现机制

第一节 "精准扶贫"与社会保障的关联

实现全面建成小康社会的目标,就需要让全体人民摆脱贫困,逐步过上富裕、幸福的生活。习近平总书记在2013年11月提出了"精准扶贫"的重要思想,要求全国的扶贫工作要实事求是、因地制宜。精准扶贫是帮助贫困人口摆脱贫困的重要方法,而社会保障则是通过保障民生达成精准扶贫,是精准扶贫的重要举措和有效途径,两者共同促进,相得益彰。

一 社会保障公平促进"精准扶贫"

机会公平、权利公平和规则公平是社会保障公平性的主要体现,因为每一位社会成员都拥有参与社会保障的机会,这是一种机会的公平;能够依据具体的条件和标准享有社会保障的权利,这是一种权利的公平;而社会保障规则制度的制定、执行、完善也是遵循公正、公开的原则进行,是一种规则的公平。由此可见,在现代社会,每位公民都要求享有公正、公平的待遇与权利,社会保障是最能体现社会公平的因素之一。

中国的社会保障制度是在马克思主义社会保障制度的基础上形成的，在社会实践中积累了丰富的发展经验。特别是在"十二五"期间，中国的社会保障基本形成了一个包含社会救助、慈善事业、社会保险和社会福利的体系。党的十八届五中全会后通过了《中共中央关于制定国民经济和社会发展第十三个五年规划的建议》，其中在社会保障领域提出了全民参保的观点，以保障国家的每位公民都能够融入社会保障体系，使社会保障制度更加公平和可持续。在养老保险方面，要求建立全国统筹的职工基础养老金，通过划转部分国有资本归口社会保障基金的方式来充实社会保障基金，进一步发挥社会保障基金的作用和效益。在卫生医疗保障方面，结合"健康中国"建设，要求建立全方位、全周期的医疗保险制度，特别是实施城乡居民的大病保险制度，使老百姓的生命权利得到保护，构建"大卫生、大健康"的社会格局。这些建议继承和发扬了党的十八大精神，贯彻了十八届二中、三中、四中全会的宗旨，关注每个社会公民最实际、最需要的诉求，解决人民最关心的问题。我们国家发展、社会进步的出发点和落脚点最终都要落到增进人民福祉、促进社会公平这个基本目标上来，这个观点不容动摇。关于社会保障，习近平总书记一再强调，公平和可持续是社会保障制度建立的基础，一定要不断加强社会保障体系建设，包括城镇职工基本养老、城乡居民养老等养老保险制度，城镇基本医疗、生育、失业、工伤等其他社会保障，这些举措都与社会民生息息相关，是提高社会保障和社会福利水平的重点。

要实现2020年全面建成小康社会的目标，要达成党的"十三五"规划任务，使全体国民真正享受公平的待遇，首要任务就是要推进"反贫困"工作。现在我国还有7000多万人生活在国家贫困线以下，提高他们的生活水平，减少贫困人口数量将直接影响中国人的幸福指数，也将决定 2020 年建成小康社会的目标是否能够实现。在习近平总书记提出的"十三五"规划建议的解释中，强调小康社会不是单方面宣布建设，而是应该考虑到仍有数千万人生活在贫困标准之下的实际情况。人民是世界的创造者，他们对小康社会建设的满意度将极大地影响人民对国家和政府的信心，也将对中国在国际社会中的认可产生重大影响。习近平总书记一再强调农村是扶贫的难点和重点，农村贫困人口扶贫是建设全面小康社会的最艰巨任务。我们要充分发挥政治优势和制度优势，坚决打赢脱贫攻坚战。2015 年，在党的十八届五中全会召开后，党中央又专门召开了中央扶贫开发工作会议，旨在消除贫困、走向小康社会。习近平总书记等中共中央政治局主要领导和地方党政领导出席了会议，足见会议的重要性。习近平总书记在 2016 年新年贺词中提道："我心中的牵挂就是如何让千万农村贫困人口生活好起来。"习近平总书记给予扶贫工作高度的重视与肯定，提出切实可行且富有创造性的"精准扶贫"方略，"采取超常举措，拿出过硬办法，按照精准扶贫、精准脱贫要求，用一套政策组合拳，确保在既定时间节点打赢扶贫开发攻坚战。"习近平总书记非常关心农民群体的利益，强调："让广大农民平等参与改革发展进程、共同享受改革发展成果。"因而，必须坚持公正、公平原则，提高社会保障在再分配领域的调节力度。

二 "精准扶贫"对完善社会保障的促进作用

中国是传统的农业大国，农民人口数量庞大，是最大的社会群体，农村对我国社会经济发展的贡献巨大，但是，在工业化、城镇化进程中，"三农"问题日益显现。农业现代化进程缓慢、农民收入较低且来源单一、农村"空心化"现象严重，全国共有 7000 多万生活在国家贫困线以下的农村贫困群众，这些低收入群体在我国人口的占比非常大。如何让这部分群体摆脱贫困是精准扶贫工作的难点和重点之所在，这是实现全面小康社会的攻坚点，是最艰巨的任务。改善贫困地区农民的生活状况，也会逐步完善农村地区的社会保障体系。

(一) 中国社会保障的现状

我国目前尚处于社会主义的初级阶段，社会保障体系建设也还存在一些不足之处：第一，以农村地区的贫困人口为主的部分群体没有参与社会保障。我国是传统的农业大国，农村人口数量众多，占全国人口的比重较大，由于经济相对落后以及生活闭塞，农村居民对社会保障的重要性认识不足，导致这部分农村贫困人口没有参与保障，这也反映出社会保障制度存在一些纰漏。第二，社会保险的管理制度不够完善，特别是保险关系的转移连接不畅，缺乏流动性。随着社会流动性的增加，特别是农民工群体的壮大，对社会保险关系的转移提出越来越具体的要求。农民工群体在外务工没有针对性也缺乏固定性，这就出现了在一处参保后转移到另一处又要再参保一次的问题，两次社会保险的对接程序烦琐，操作困难，而农民工不理解政策和有关部门政策没有有效对接。这对于流动性大的外出务工的农民工群体来说极为不利，因此需要加强社会保障制度的衔接。第三，社会保障领域的公平性问题依然存在。虽然国家一直致力于城乡一体化建设，但由于历史基础的差异，城乡待遇差距仍然很大，贫富差距依然存在，这也反映出社会保障制度的覆盖面不足。此外，随着人们对社会保障政策的逐步认识，大多数人明白了社会统筹的内容和意义，那么就存在如何维持和增加社会保障基金价值的问题。随着人们对资金保值增值理念的理解以及投资方式选择的差异，社会保障管理系统也存在分裂问题。这一系列问题将影响社会保障制度的建设效率和发展速度。第四，公众对社会保障的认识需要逐步提高。传统的农村地区对社会信息关注度相对较低,没有有效的宣传,他们认识不到社会保障的重要性。很多人都认为自己现在收入稳定,身体健康,就不需要参加社会保险。也有些人原本就因为贫穷而没有良好的生活质量,更不愿意花钱来购买保险。还有些人认为社会保险和商业保险都是商业活动,要从自己身上获取利润。这些错误的想法只能通过正确的指导,才能使社会保障制度更加健全。

(二) 社会保障制度的完善

养老保险、医疗保险和失业保险构成社会保障制度的主体,也是社会保障制度建设的重点领域:第一,对新型农村社会养老保险制度进行改革。"双轨制"影响了公共资源配置的公平性,应该坚决予以废除。实现城镇居民的社会养老保险和新型农村社会养老保险的统一,体现制度的公平,让城乡居民能够平等享用公共资源。当然这个过程需要尊重社会发展状况,实事求是,循序渐进,保护城乡居民的养老利益,根据社会发展情况逐步提高基础养老金的比例。社会保障养老保险制度的实施通过采取社会统筹和个人账户结合的方式,促进个人缴费与待遇水平成正比,建立明确的收付制度,体现出保险的性质和价值。第二,对新型农村合作医疗制度进行改革。2016年1月,国务院下发了《国务院关于整合城乡居民基本医疗保险制度的意见》,要求对新型农村合作医疗制度与城乡居民基本医疗保险制度进行整合,将两者统一为城乡居民基本医疗保险制度,从而使农村人群平等享受城镇人群的医疗保险制度。第三,对城乡社会救助制度和扶贫政策进行统筹。在完善城乡最低生活保障制度的过程中,进一步完善社会救助制度,衔接好教育、就业、医疗、住房等专项救助与低保政策、扶贫政策制度的整合。第四,加强宣传精准扶贫和社会保障政策。重点对贫困家庭开展有针对性的政策讲解和宣传，帮助他们树立正确的养老保险观念，积极参与保险，支持和鼓励有条件的地方，加大政策扶持力度，不断提高贫困地区的基础养老保险标准。

三 社会保障应体现"精准扶贫"的保底作用

随着中国社会保障事业的发展，整个社会保障的公共服务体系已经初步建立起来。"十三五"期间，更加要注重"精准扶贫"的保障作用。实现"精准扶贫"保障的关键是发挥其"保底"效能。所谓"保底"就是"保基本"，不仅要确保建立社会保障体系，还要整合不同的社会保障，从而实现全方位的"保底"。社会保障应该实现"精准扶贫"的保障作用，做到精准识别、精准扶持。

（一）建立具有针对性"保底"的医疗保障体系

在社会分群中，弱势群体大都是因为年龄、身体等因素的影响而表现出能力的相对欠缺，例如，贫困在老年人、残疾人、重病人群和无行为能力青少年中表现得更为突出。由于这些群体的特殊性，对社会发展程度的影响将是巨大的，只有保护弱势群体的基本生活，建立有效的保障体系，才能实现社会的公平与进步。在这部分弱势群体的贫困，社会需要为之建立广覆盖、保基本的医疗保险制度，在精准扶贫与基本医疗保险、重大疾病保险之间建立有效衔接，把特殊群体的所有贫困人口纳入重特大疾病的救助范围，确保弱势贫困群体能够治愈疾病，恢复健康，从而全面实现有针对性、全方位的社会保障。

（二）建立具有"保底"性的最低生活保障体系

随着国家综合实力的增强，社会进步发展，低保的覆盖范畴应逐步扩大，将符合社会保障"保底"资格的贫困对象纳入到贫困家庭农村低保的范畴，并根据实际情况发放低保金。根据扶贫对象的实际情况，给予补贴。按照当地的低保补贴范围，对没有劳动能力和无收入的家庭给予全额补贴，对有一定收入的家庭给予差额补贴。建立流动性低收入保险保障机构，及时有效地支付低收入保险救助资金，帮助突发的和临时需要帮助的人，从而体现低保救助资金"快速、准确、稳定"的特征。同时，要随时监管贫困家庭经济状况的变化情况，完善最低生活保障待遇的动态管理机制，确保最低生活保障家庭的基本生活水平与精准扶贫工作相适应，同时还要防止多发、错发情况的出现，防止不符合最低生活保障条件的人领取救助金，保证专项资金的公正运行。

（三）建立多维度的社会保障体系

对于处于社会低端并需要帮助的弱势贫困群体来说，不仅需要物质上的帮助，还需要精神上的财富，精神扶贫也是必不可少的。精准扶贫应该鼓励和动员全社会的力量，鼓励和发挥每个部门和组织的作用，激发每位工作人员的积极性，发动社会工作者、志愿者、社会组织和慈善组织积极参与到社会保障"保底"工作，以对抗贫困，开展社会融合、心理咨询和其他多方面的服务。要宣传国家法律和社会保障的有关规定，解释全面优惠政策，加强政府采购服务，支持和完善社会救助体系。此外，政府应科学地减少行政审批程序，建立"一站式"服务，随时了解和解决有需要群众的需求，切实建立多维社会保障模型。

（四）对社会保障的"保底"方式进行创新

发展乡村旅游，实现旅游扶贫，是精准扶贫工作的有效手段。在"十二五"期间，旅游景区扶贫模式已经取得初步成效。据有关资料显示，一个旅游景点，特别是影响力巨大的5A级景区，周围有大量贫困农村地区，景区建设可以产生明显的辐射效应，带动周边数百平方公里乡村的经济发展。同时，从当地农民的收入来看，可以使当地居民每年的人均收入上升数千元甚至上万元。不同的创新渠道可以为景点提供帮助。从资金方面来看，除了国家的支持，还可以成立基金会，或者接受捐款，将帮助贫困户的专项资金按需发放，同时加强资金的管理，定期进行专项审计，将财务公开，自觉接受社会与捐助者的监督。从就业方面来看，发展乡村旅游，为当地居民创造了更多的就业岗位，应优先安置贫困大学生和旅游景区当地贫困村民，缓解贫困人群就业压力。从社会服务来看，道路、水电和其他扶贫基础设施的建设将促进周边地区的产业发展，如餐饮、住宿、商店和其他旅游扶贫产业。为了赢得"十三五"脱贫攻坚战，需要大胆创新，摸索更多有效的方法。为支持旅游扶贫事业，国家旅游局修订了旅游景点质量的分类和评价标准。众所周知，景区是旅游业发展的核心要素，是最具有吸引力的旅游资源。景区的发展影响着旅游消费的数量，良好的景观效果是巨大的。在吸引游客增加收入的同时，他们也让游客对周边地区的农副产品感兴趣，从而为周边地区农村地区带来经济效益。而且很多以自然景观为主的5A景区山青水秀，坐落在乡村之中，周边地区多为农村或欠发达的贫困地区。因此，旅游扶贫是行之有效的途径。国家旅游局制定的新标准表明，景区应根据其对旅游扶贫的贡献大小进行适当的评级和奖励。这一措施可以使景区成为"精准扶贫"的新生力量，带动周边贫困农民增加产能和收入。

四 精准扶贫与社会保障目标的统一性

习近平总书记精准扶贫的思想和社会保障制度的建立，都以关注民生为宗旨，要提高人民的获得感与幸福感，体现了"以人为本""执政为民"的理念，其目标是统一的。

（一）反映"公平正义"的统一性

中国共产党第十八次全国代表大会的报告明确提出了"增强公平"的理念。随着社会保障制度的不断完善，城镇灵活就业人员社会养老保险、新型农村合作医疗保险和新型农村社会养老保险等社会保险政策的陆续健全，惠及的群体越来越多，特别是能够保障贫困人群的根本利益。在精确的扶贫政策和措施的推动下，贫困人群可以真正摆脱贫困，实现"人人享有基本生活保障"的目标，社会的公平与正义才可以充分体现。

（二）保持社会稳定的统一性

人民群众是历史的缔造者，人民拥护才能确保社会的长治久安。中国是传统的农业大国，农村人口数量多，比例大，农村中的贫困人口是精准扶贫的重点对象。只有帮助农村贫困人口实现脱贫，才能让所有国民安居乐业、共享幸福。社会保障的建立和完善是国家的制度，只有建立健全社会保障体系才能有效达成"精准扶贫"的目标，才能使党和人民群众更加密切，树立党在人民群众中的威信，有利于巩固中国共产党执政基础，实现社会稳定。

（三）实现小康社会的目标统一性

现阶段，党带领中国人民正在为实现全面建设小康社会的伟大目标努力奋斗，力争早日实现中华民族伟大复兴的"中国梦"。"小康不小康，关键看老乡"，全面小康意味着全体中国人民进入了小康社会，达到了小康的生活标准。在这个过程中，不能忽略农村贫困人口生活质量的提升。在党的十八届五中全会上，特别强调到 2020 年要消灭所有贫困县，帮助所有农村贫困人口摆脱贫困。只有消除了所有贫困，才是真正实现了小康社会。建立社会保障制度是维护和提高人民生活水平的一种方式，是服务于人民、造福于社会、实现小康社会的重要路径。

综上所述，正确认识习近平总书记关于精确扶贫与社会保障之间的关系，有利于把握人民群众最关心、最切实、最核心的利益。扶持社会最需要的贫困群体，能发挥社会保障体系最大的效益。社会保障与精准扶贫相结合,是实现中华民族伟大复兴"中国梦"的重要步骤和有效路径。

第二节 农村扶贫开发战略的举措

一 开发式扶贫与最低生活保障制度的结合

(一)将开发式扶贫与最低生活保障制度相结合的必要性

在整个中国的扶贫开发过程中,我们一直沿用发展的道路来解决大规模的贫困问题。经济增长确实是扶贫的前提和基础,也为中国的扶贫工作创造了巨大奇迹。然而,长达三十多年使用发展促进减贫的方法,减贫的边际效益将难免出现递减。那些没有工作能力的贫困家庭无法在大规模扶贫工作中得到真正的帮助,使他们的人口特征更加异质,这些异质群体也由于能力的缺失使开发式扶贫效果减弱。此外,扶贫开发具有周期性特征。在产生扶贫政策的发展效果之前,即使是有劳动能力的贫困人口也需要得到最低生活保障制度的帮助。因此,《中国农村扶贫开发纲要(2011—2020年)》明确界定了"低保维持生存,扶贫促进发展"的新工作方向,提出了扶贫开发与最低生活保障相结合的制度安排。发展型扶贫与最低生活保障制度的结合不仅可以解决发展型扶贫无法触及的问题,而且可以使传统的扶贫开发摆脱促进发展与维持生活的双重负担,专注于提高贫困人口的自我发展能力,从而奠定2020年基本消除绝对贫困的基础。

(二)开发式扶贫制度和最低生活保障制度相结合的内容

根据指导近年来两个系统融合的相关文件,可以得出结论,两个系统的融合核心是对象的识别,目标是实现政策的全面覆盖,关键是实施动态管理。从内容的角度来看，两个系统的融合重点是程序、政策和管理的对接。

1. 程序的融合

程序上的融合主要是做好对象标准、规模、组织方式、方法、任务和时间上的对接。为了确保两个系统对接的合理性，第一步需要明确农村最低生活保障制度和扶贫对象的确定程序。为此，国务院扶贫办和其他部门发布的《关于做好农村最低生活保障制度和扶贫开发政策有效衔接扩大试点工作的意见》（以下简称《意见》）对确定农村最低生活保障目标和扶贫对象的程序提出了详细具体的要求。《意见》指出，村委会负责申请最低生活保障和扶贫制度家庭的调查核实工作，进行集中民主评议。乡（镇）人民政府负责审核，认定的扶贫对象或低保对象，再分别向县级人民政府扶贫部门或者县级人民政府民政部门报送，进行审批。三级单位都要及时向社会公布民主评议意见、审计意见和审批结果。

2. 政策的融合

政策融合的目标是确保扶贫政策和最低生活保障政策的全面覆盖。由于农村最低生活保障和扶贫开发的对象都是贫困人群，两个制度所覆盖的目标对象不可避免地出现重叠。按照"应保尽保、应扶尽扶"的原则，政策的融合可以使农村最低生活保障标准下的贫困家庭都纳入低保范畴，给予有劳动能力低保对象以扶贫开发政策的扶持。

3. 管理的融合

为了实现两项制度的衔接与融合，必须对其进行分类的动态管理，为此，《意见》提出了具体的要求。首先，县乡两级政府应分别为贫困人群和低收入家庭建立档案，完善资料。其次，要对两项制度进行动态的管理模式，能够对制度进行实时观察和及时调整。

根据实际情况，建立收入超过最低保险标准人群的退出机制，对于已经实现脱贫的人群应当停止扶贫政策。最后，顺应大数据时代的发展变化，加强信息化建设。各地区要建立和完善扶贫开发和农村低收入保障的数据库，通过互联网络共享信息数据，促进动态管理。

二 政府主导和社会扶贫的结合

贫困是一种复杂的社会现象，是一个无法通过市场机制消除的问题。它要求政府在反贫困中发挥主导作用。但是，扶贫是一项复杂的社会工程，政府在进行主导的同时需要引导社会力量共同应对贫困。社会扶贫、产业扶贫和专项扶贫一直是中国特色扶贫开发的主要扶持力量。随着农村扶贫开发战略的不断完善，形成了"三位一体"的扶贫模式。在新时期，为实现到2020年基本消除绝对贫困的战略目标，《中国农村扶贫开发纲要（2011—2020年）》将坚持政府主导的扶贫与社会扶贫相结合的方式，并将之作为引领农村扶贫开发战略的重要原则。

（一）政府领导与社会扶贫相结合的必要性

从目前的贫困状况看，中国农村贫困人口基数大，结构复杂，原因繁多，表现形式多样。如若政府作为扶贫开发的单一主体，难以形成灵活的贫困治理体系来应对多元贫困的实际需求，需要动员多元化的社会资本来共同参与，协同治理。

对社会扶贫的价值取向和功能进行分析，社会扶贫促进了中国农村扶贫开发战略的发展，使其从工具性经济目标向价值理性目标转变。中国的扶贫开发始终强调经济发展的作用，将收入和其他经济指标作为扶贫的最终目标。在这一目标的引领下，扶贫过程充满了经济中心的工具性，经济手段和经济目标造成不平衡的经济结果，忽视了扶贫的价值理性目标。扶贫工作的实践证明，贫困不仅是一种经济存在，而是一种具有复杂特征的社会存在。贫困的社会性否定了经济结果主义的反贫困价值取向，并使反贫困的价值取向从经济性向公平公正的社会性回归。这种回归是社会扶贫的基本价值取向，也是社会扶贫的功能之所在。从国家治理的理念出发，培育多元化社会扶贫主体和动员多方社会组织自愿参与贫困的治理是建立和完善国家治理体系的重要途径，是提高国家治理能力的有效方式。

启动之初由农业、林业、科技等十个部委分别在全国18个集中连片贫困区开展定点扶贫工作。国务院于1987年召开第一次中央和国家机关定点扶贫工作会议后，涌现出大批的中央、国家机关以及企事业单位陆续开展定点扶贫工作。1990年2月23日，国务院批转的《国务院贫困地区经济开发领导小组关于九十年代进一步加强扶贫开发工作的请示》在充分肯定定点扶贫工作的基础上指出要继续动员国家机关参加定点扶贫，并将此长期认真地搞下去。"每个部门要重点联系一片贫困地区帮助脱贫致富，并作为一项制度长期坚持下去，不脱贫，不脱钩。贫困地区的省、地、县机关也要根据这一精神和原则，继续开展扶贫工作。"

（二）社会扶贫的主要模式和作用

从广义上讲，社会扶贫是指政府全职扶贫开发机构以外的所有主体，主要包括国家主持下的东西扶贫合作、党政机关开展的定点扶贫、军队和武警参与的部队扶贫，以及社会组织、企业和公民个人参与的扶贫。

1. 定点扶贫制度的演变

国务院贫困地区经济发展领导小组在1986年提出了党政机关、企业事业单位参与扶贫工作的要求。随着定点扶贫工作的扶贫效果越来越明显，定点扶贫工作的主体逐渐扩大，从国务院各部委和中央企事业单位发展到中央机关和地方各级党政机关和企事业单位，并形成了稳定的制度。

第一阶段是定点扶贫工作的兴起。自十一届三中全会以来，国家通过实行家庭联产承包责任制，将生产经营自治权恢复下放给农民，极大地调动了农民的生产积极性，促进了农村商品的流通，实现权力、责任和利益的高度统一，农村经济的快速发展，有效缓解农村贫困问题。同时，由于自然条件和工作基础的不同，农村经济社会发展仍然不平衡，"老、少、边"地区的贫困问题开始显现。为此，1984年9月29日中共中央、国务院发布了《关于帮助贫困地区尽快改变面貌的通知》，明确规定各级党委和政府必须高度重视并采取积极的态度和实际措施，帮助这些地区的人民摆脱贫困，改善生产条件，提升生产能力，加强商品生产，跟随国民经济发展的步伐。水电、金融、煤炭、农业、林业等国家有关部门纷纷响应中共中央和国务院的号召，设立专人帮助贫困地区的经济发展。1986年6月26日，国务院贫困地区经济发展领导小组第二次全体会议标志着定点扶贫工作的兴起。会议明确指出，国务院各有关部委要突出定点扶贫工作的重要性，通过多种形式积极帮助和支持贫困地区。定点扶贫实现对国家扶贫开发工作重点县的全覆盖。2012年国务院扶贫开发领导小组办公室等8部门颁发的《关于做好新一轮中央、国家机关和有关单位定点扶贫工作的通知》确定了新一轮定点扶贫结对关系，由310个中央单位帮扶592个国家重点县，第一次实现了定点扶贫工作对国家扶贫开发工作重点县的全覆盖。

第二阶段是定点扶贫制度的形成。自1991年以来，由于农村经济结构调整等机构改革的完成，农村地区的减贫速度明显放缓。国务院于1994年2月召开全国扶贫开发会议，实施《国家八七扶贫攻坚计划1994—2000》，该计划的发布标志着中国在20世纪最后七年进入到基本解决八千万贫困人口温饱问题的关键阶段。该计划指出，中央和地方党政机关应积极与贫困县定点挂钩扶贫。1994年8月，中共中央办公厅和国务院办公厅联合发布《关于加强中央党政机关定点扶贫工作的通知》，这时参与定点扶贫的单位增长迅速，有120个中央单位定点帮助330个重点县，中央单位承担的扶贫工作模式基本形成，也标志着党政机关和企业事业单位定点扶贫制度的形成。1996年10月，中共中央国务院在《关于尽快解决农村贫困人口温饱问题的决定》中进一步强调，党政机关要尽最大努力为贫困地区献爱心、送温暖、做贡献。2002年，定点扶贫中央单位已达272个，定点帮扶481个重点工作县。2010年，中共中央办公厅和国务院办公厅发布《关于进一步做好定点扶贫工作的通知》，进一步加强对定点扶贫基地扶贫工作的指导。2012年，国务院扶贫开发领导小组办公室和其他八个部门发布的《关于做好新一轮中央、国家机关和有关单位定点扶贫工作的通知》意味着新一轮定点扶贫合作伙伴关系的形成，310个中央单位定点帮助592个国家重点县，定点扶贫工作的推进实现了对国家扶贫开发工作重点县的全面覆盖。

2. 定点扶贫工作的成果

定点扶贫工作的成果主要体现在干部锻炼、农技推广、资金引进和技术培训这几个方面，并取得了理想的成绩。

在干部挂职锻炼方面，通过定点扶贫工作培养一批能力强的领导干部。1997年，中央组织部和人事部发布了《关于进一步做好选派干部下乡扶贫工作的意见》，之后党政机关、企事业单位以及各高等院校一直将选派干部帮助农村贫困人口作为一项稳定的制度长期坚持下来。2002—2010年，中央单位通过定点扶贫共派出

3559 名常任干部扶助贫困人口。

在农业技术推广方面，定点单位通过基地试用、科技承包和校际联系等形式，将科研单位、高等院校、科研人员与农业劳动者结合在一起，将先进、安全、实用的农业生产技术推广给农业劳动者，改革贫困地区的落后生产方式，将封闭的小农经济引向现代化农业，提高劳动生产率和资源开发水平。2002—2010 年中央定点扶贫单位为贫困地区引进了 4348 名人才和 1937 项技术。

在实施基金项目方面，重点做好资金引进和援助项目的工作。定点单位主要通过增加单位扶贫预算资金、鼓励单位员工捐款和多渠道引进外资等方式，为定点扶贫工作募集资金，支援定点扶贫地区做好基础设施建设，开展教育扶贫、工业扶贫、救灾送暖等活动，充分发挥部门优势，满足地方发展和贫困人口的需求。2002—2010 年，中央单位直接投入的扶贫资金和物资价值 91 亿元，帮助引进项目 10655 个，资金 339 亿元。

在劳动力技能培训方面，定点单位充分发挥专业领域的经验优势，通过职业教育、创业培训、就业培训转移、农业应用技术等手段，帮助对口支援的贫困人口提高自我发展能力。同时，与"阳光工程""雨露计划"等福利性项目相衔接，和地方党政机构部门共同制定政策措施，根据贫困人口的特点和类型设计有针对性的教育培训计划，不仅有效增加了贫困人口的经济收入，也促进了农村区域人力资源的发展，从源头上增强了贫困人口摆脱贫困的能力，这种"赋能"措施取得了卓越的成绩。2002—2010 年，中央定点扶贫单位组织培训班共举办了 13000 期，累计对 168 万人次的各级干部、技术人员和农村劳动力进行了培训，对 31.4 万名贫困学生进行了资助。

三 扶贫开发与区域发展的结合

随着《中国农村扶贫开发纲要（2001—2010年）》的实施，中国农村扶贫开发取得举世瞩目的新进展，基本解决了农村居民的温饱问题，部分贫困地区已经摆脱整体贫困。然而，农村贫困仍然存在，其出现了新的特征，即农村贫困出现不平衡和不协调的情况，贫困主要集中在连片特殊贫困地区，其脱贫工作不能由一般经济发展来驱动，也无法通过常规扶贫手段来达成脱贫目标。在中国扶贫开发的新阶段和全面建成小康社会的关键时期，解决好片区的贫困问题并协调好发展问题已成为新时期农村扶贫开发的重中之重。为此，《中国农村扶贫开发纲要（2011—2020年）》提出了"区域发展推动扶贫开发，扶贫开发促进区域发展"的基本理念，实施扶贫开发与区域发展相结合的战略措施，力求解决片区的贫困问题。

（一）扶贫开发与区域发展结合的政策背景

1. 片区的划分

2010年6月，起草《中国农村扶贫开发纲要（2011—2020年）》的领导小组成立了区域划分专门工作组（以下简称"片区划分小组"），正式开始选区划分。其主要任务是"有效提高中国扶贫工作的针对性和有效性，充分认识贫困地区的分布规律，系统分析不同地区的地理特征，科学划定全国集中连片特殊困难地区，为制定新十年扶贫开发方案提供重要支持"。

2011年3月，国务院扶贫开发领导小组审议通过了片区划分小组研究制定的《集中连片特殊困难地区分区方案》，确定了"突出重点、集中连片、区划完整、全国统筹"的划分原则，并指定了老、少、边地区的权重进行政策资源的倾斜。以经济指标为基础进行初步筛选，在此基础上，将环境、产业和文化相似的县划分为同一地区，初步确定了472个县。在审议同意初选名单结果的基础上，片区划分小组再次对结果进行了细化，形成了11个片区和505个县。2011年5月27日，中共中央、国务院发布《中国农村扶贫开发纲要（2011—2020年）》将这11个片区和明确实施特殊政策的西藏、四省藏区、新疆南疆三地州作为2011—2020年国家扶贫工作的主战场。这14个区域覆盖中国680个县，其中有440个县既是扶贫开发重点县又是片区县，有240个县成为片区县但不是扶贫开发重点县。在这680个片区县的名单中，民族自治地方县占到371个，革命老区县占到252个，陆地边界县占到57个。

综合分析这些片区县的特征，主要体现在四个角度。第一，从政治地理学的角度来看，片区县包括了大量的革命老区、少数民族地区和边境地区。做好这些地区的扶贫开发工作，能够协调区域发展，并且关系到国家的政治稳定、民族团结和边境关系。第二，从自然地理的角度来看，这14个地区覆盖了中国主要的喀斯特地貌区、荒漠化地区、高原地区和山脉地带，自然环境和贫困问题交织在一起，地理环境制约因素明显。第三，从扶贫开发的角度看，这些地区发展存在滞后问题，资金投入和发展相对落后，基础设施建设和人民生活水平处于较低水平。第四，从区域发展的角度来看，这些领域具有"等、靠、要"的落后思想，片区县的自我发展能力较差。因此，必须要有打赢攻坚战的决心，坚持扶贫开发与区域发展相结合的原则，实现以区域发展带动的全面脱贫工作，用可持续性扶贫的策略促进区域发展成果。

2. 片区的发展与规划

关于片区的发展和规划，有比较丰富的理论依据，诸如集聚经济理论、增长极理论、定位轴理论、梯度转移理论、协调发展理论、二元结构理论、循环结构理论和可持续发展理论等。以这些理论为指导，片区的发展与规划以区域为基础，侧重于扶贫开发。这是国家宏观规划与县级规划在片区的层面上的总体平衡。它不仅体现了国家扶贫开发战略和国家区域发展战略的宏观性，而且体现了县级扶贫的特殊性和针对性，做到因地制宜，有的放矢。它不仅突出了扶贫的特殊性，也突出了地区整体发展的协调性，是扶贫开发和区域发展战略融合前进的具体部署。

为了明确区域发展和扶贫的目标，制定实现这些目标的方式步骤和行动计划，从2011年3月开始，在国务院扶贫办和国家发展和改革委员会的带领下，有关部门和地方政府的积极参与，陆续开始制定各个片区的区域发展和扶贫规划。为了积累跨省片区大规模扶贫的经验和方法，党中央和国务院决定率先在武陵山片区开展区域发展和扶贫试点工作。2011年11月15日，国务院扶贫开发领导小组在湖南省土家族和苗族湘西自治州吉首市武陵山区召开区域发展与扶贫试点会议。与此同时，国务院还批准了西藏、新疆和四省藏区的"十二五"经济社会发展和建设项目。截至2013年1月，14个集中连片特殊困难地区均已启动了区域发展和扶贫计划。

从片区规划的层面看，规划分为片区的总体规划、省级实施规划和县级实施规划三个层次；从内容方面进行分析，包括社会基本公共服务、产业发展、基础设施、基本生产和生活条件、生态保护和环境建设、人力资源开发六个方面。从保障体系的角度来看，它包括政策支持、机制创新和体制改革。在打破行政边界的基础上，各片区的规划反映了空间结构（工业化和城市化的空间分布）、功能区划（重点发展区、农业发展区、生态保护区）和城镇分布（中心城市和该区的主要城镇的功能定位与空间利用的部署）的组合。根据扶贫开发战略和区域发展战略，区域规划的内容和保障体系可以说是基于区域客观条件的具体再现。区域规划的空间布局非常具有特色，主要涉及"中心城市""经济圈、轴线、带、走廊"和"经济区"三个概念。这三个概念构成了区域规划中空间布局的点、线和面。这些片区的规划都贯彻了空间布局中点、线和面的结合，使整体效应最大化。

（二）扶贫开发与区域发展的内在关联

1. 扶贫开发与区域发展的耦合性与凝聚力

扶贫开发与区域发展之间的联系反映在二者内容和目标的耦合中。从内容的角度来看，第一，减贫是片区发展的重要组成部分。由于地理和自然的禀赋，经济的正常发展无法实现区域的整体发展。要通过有针对性的扶贫措施，突破区域整体发展的"瓶颈"。第二，区域协调发展与扶贫有着内在的统一。区域经济发展的不平衡导致该地区存在贫困，该地区贫困的复杂性也加剧了区域发展的不平衡程度。第三，扶贫与区域发展之间存在双赢关系。片区扶贫是通过有针对性的措施，促进片区内外生产要素的合理流动，解决制约区域发展的根本原因，促进区域新发展的实现。充分协调生产要素的合理配置，形成新的生产力，已成为扶贫开发的新动力。从目标的角度来看，在建设小康社会中，扶贫和区域发展是统一的。《中国农村扶贫开发纲要（2011—2020年）》制定了2020年新时期扶贫开发工作实现"两不愁、三保障"的战略目标，扶贫开发成为全面建设小康社会的重要途径。中国共产党十六大以来，区域发展不断注入均衡协调发展的意义，也为区域发展"全面建设小康社会"铺平了道路。

扶贫开发与区域发展的凝聚力体现在两个方面：功能凝聚力和顺序凝聚力。扶贫与开发这两个"要素"统一在全面建设小康社会的功能中。习近平总书记多次强调，"小康不小康，关键在老乡"。全面建设小康社会的重点在于农村，关键在于片区。全区小康社会的建设需要有机结合扶贫开发与区域协调发展。扶贫开发是补齐短板，实现社会的公平，增加社会的福利。而区域发展则是促进社会的进步与繁荣，增加社会的整体财富。扶贫工作需要社会发展的支持，社会整体财富不增加，扶贫工作缺乏应有的资源，工作难以开展。社会发展之后，不帮助弱势群体，则有违社会的公平。所以，两者的凝聚有利于社会的和谐与进步。

2. 区域发展视阈下扶贫开发工作的再审视

在突破行政区划界限的前提下，扶贫重点区域的划分以"自然地理"和"政治地理"为原则。片区发展是区域发展概念的扩展与延伸，它是区域经济增长、社会发展和生态优化等因素有序变化的过程，包含一系列经济社会整体协调发展的活动，其中土地利用、资源开发、产业组织和结构优化是区域内经济和社会整体协调发展的核心要素。片区发展的愿景是片区的全面协调发展。这一愿景要求扶贫工作立足于扶贫，但是要超越扶贫。贫困问题是区域全面发展的短板和瓶颈，扶贫开发的意义在于弥补短板。但是，扶贫不仅可以用于扶贫，也不能只是弥补短板，而应该着眼于可持续性的长期发展，着眼于社会的进步与繁荣。如果孤立地看待扶贫，扶贫将不可避免地在扶贫方面变得狭隘。扶贫应更加注重与本地区各方面的合作与互动，将扶贫纳入全面发展，全面建成小康社会的决策体系中。

随着《中国农村扶贫开发纲要（2000—2010年）》的全面实施和《中国农村扶贫开发纲要（2011—2020年）》的继往开来，中国的扶贫开发事业形成了"三位一体"的扶贫模式，即专项扶贫、行业扶贫、社会扶贫共同为片区扶贫攻坚工作提供有力的支持。扶贫开发的"扶贫促进发展，低保维持生存"的"两轮驱动"

模式为该地区解决困难奠定了基础；扶贫开发的指导思想的转化和进步拓宽了扶贫开发的道路，从而更加注重经济发展方式的转变，更加注重增强扶贫对象的自身发展能力，更加注重基本公共服务的可及性与均等化。不断升级完善的"普惠性"农业支持政策和更有针对性的"特惠性"扶贫政策，为片区发展提供了系统的政策保障；从解决温饱问题到"两不愁、三保障"的扶贫战略目标，拓宽了区域发展的视野；西部大开发等区域发展战略所取得的成绩，以及长期将老、少、边地区作为扶贫开发战略的重点区域，这些都为片区扶贫攻坚工作奠定了坚实的基础；点、线、面空间区域的规划，能够有效发挥中心城市的辐射效应和边缘农村的承接作用，能够合理地配置资源，实现整体效益的最大化。在此基础上，强调"通过扶贫开发促进区域发展，通过区域发展带动扶贫开发"的政策，是对农村贫困分布特征的准确把握，是对贫困群体实际需求的科学应对，也是全面消除贫困、全面建设小康社会、取得扶贫攻坚战胜利的英明决策。

四 扶贫开发与农村普惠性政策的结合

进入 21 世纪以来，党和政府高度重视"三农"问题，采取一系列措施来解决农民收入增长缓慢、农村经济社会发展水平低、城乡发展不平衡、农业生产率低等问题。2003 年，中共中央、国务院颁布了《中共中央国务院关于促进农民增加收入若干政策的意见》，提出了以"多予、少取"为宗旨的惠农政策。自 2004 年以来，中央一号文件连续十五年关注"三农"问题。为促进农业、农村和农民的发展，政府相继取消了农业税，免除农村义务教育学费，提供种子补贴、粮食补贴、大型农业机械购置补贴、农业用品综合补贴等农业生产补贴，建立新型农村合作医疗制度和新型农村养老保险制度，建立了系统的惠农政策框架，形成了农业、农村和农民的科学发展战略,丰富了中国特色社会主义指导农业、农村和农民发展的理论,对解决"三农"问题产生了深刻而长远的影响。十多年来,在中国宏观经济快速发展的背景下,这些针对农村、农业、农民的普惠性政策和针对贫困地区、贫困人口的特惠性政策共同促进了农村的进步和发展,农村扶贫开发战略取得举世瞩目的成就。

(一)扶贫开发与农村普惠性政策结合的意义

普惠性农村政策与优惠扶贫政策之间的关系不是整体与部分的关系,而是不同层次和不同视角的政策体系。虽然普惠性政策在减少农村贫困方面发挥了重要作用,但相关研究表明,非贫困人口的受益数量和受益程度都高于贫困人口。普惠性政策以宏观驱动的方式促进农村地区的整体发展,但对于贫困原因多种多样的农村贫困人口而言,受益于这一宏观政策的机会并不是绝对的。也就是说,普惠性政策不会自发地关注贫困,也不能满足穷人的多样化需求。宏观驱动的方法可能不一定能够实现均衡和全面的发展成果。因此,必须将普惠性政策与以贫困为导向的扶贫和发展政策相结合,以实现普惠性成果。当然,普惠性政策促使农村地区整体走向繁荣兴旺,为扶贫工作的开展奠定了坚实的基础。

(二)普惠性农村政策的内容

中国共产党十六大以来,在农村基础设施薄弱,农民收入增长缓慢,社会事业的相对滞后,农产品的高价格和高成本以及粮食生产大幅度减少的背景下,中央政府始终坚持农村发展的"重中之重"战略,继续深化农业、农村和农民的战略改革,陆续出台了一系列加强和支持农业的总体政策,取得了历史性的突破,如粮食生产连续十年增加,农民收入连续十年快速增长,实现城乡一体化的实质性推进。这些普惠性的农村政策主要包括"多予""少取"

和新型社会保障政策。

1. "多予"政策的内容

第一,建立了农业生产性补贴政策。该政策始于2004年,旨在通过经济杠杆刺激农业生产力。补贴的主要形式是种子补贴、农业生产补贴、购买大型农业机械补贴和农业生产资料补贴。各种农业生产补贴对农民收入和支出的影响因补贴类型而异:①主要农产品生产补贴的受益程度取决于补贴产品的播种面积与耕地面积的比例。②根据耕地面积或改良品种的使用面积,补贴的效益分配程度取决于改良品种的使用面积和补贴方式,玉米、小麦、早稻、大豆和油菜每亩10元,中早稻和棉花补贴每亩15元。③在正常情况下,购买大型农业机械的补贴的利益分配程度与是否同年购买大型农业机械有关。补贴机器类型包括12类,45个子类和180个项目,补贴标准是购买价格的30%。④大部分地区农业生产资料综合补贴主要依据耕地面积分布。2011年,中央政府在这"四类补贴"上投入了1400亿元,已扩展到林业、畜牧业、草原和农业保险等领域。

第二,建立了稳定的支持农业金融增长机制。自2004年以来,中央一号文件连续十五年关注农业、农村和农民问题,强调国家对农业的财政支持。2006年,中央一号文件指出,国家对农业资金的财政支持增幅高于上年,农村建设用国债和预算资金比例高于去年。其中,直接用于改善农村生产生活条件的资金高于上年,即"三个高于"。2007年和2008年,中央一号文件分别提出了"三个继续高于"和"三个明显高于"的政策取向。2009年,中央一号文件提出,国家应大力增加对农村基础设施和社会事业的投入;大幅增加政府土地出让金收益,更低占用税新增收入用于农业的比例,更低占用税税率提高后新增收入全部用于农业,土地流转收入应侧重于支持农业,大幅度增加中西部地区农村公益性建设项目的投入。2010年,中央财政对农业、农村和农民的预算达到8183亿元,占财政总支出的17.5%。总体而言,已经基本实现了比例稳步增长和总量不断增加的目标。

2."少取"政策的内容

第一,取消农业税。2002年,在592个重点扶贫开发县中,农民缴纳农业税的比例为82.44%,农业税人均32.93元,农民负担不轻。为了降低农民负担,调动农民生产积极性,让农业步入健康发展的新时代,2000年3月,中共中央和国务院发布了《关于进行农村税费改革试点工作的通知》,迈出了全面取消农业税的第一步。同时,根据中央政府的决定,安徽省率先开展了农业税改革试点。到2003年年底,废除了农村教育筹资、乡镇总体规划费、屠宰税、农村劳动力积累工和义务工等农民负担项目。2005年12月,第十届全国人民代表大会常务委员会第十九次会议通过决定,废除《中华人民共和国农业税条例》。2006年1月1日,《中华人民共和国农业税条例》正式失效,这标志在中国历史上延续了2600多年的按地亩向农民征税的税收制度将永远退出历史舞台,这是农村发展事业的伟大创举,将每年减少全国农民1335亿元的负担。

第二,普及免费的义务教育。20世纪70年代后期农村土地制度改革不仅解放了农村生产力,而且改革了代表集体所有制的人民公社。地方政府接管了人民公社的基本职能,提供基本公共服务。但是,地方政府提供的服务必须以他们筹集的资金为基础,这对缺乏提供服务财政资源的贫困地区构成挑战。为了弥补成本,教育等基本公共服务的负担被部分转移到农民家庭。根据世界银行的估计,在1997—2000年,50%的基础教育经常费用由农民支付。根据一项在3037个村庄开展的调查，2004年每个小学五年级学生年度平均学费是260元，而每个中学生平均每年学费为442元，这两项费用分别相当于官方贫困线标准的40%和70%。对贫困家庭而言，这是比较沉重的负担，由此可能导致贫困家庭的孩子被迫放弃学业，使其失去获得平等发展的机会，进而形成了代际性的贫困。为了给予农村贫困家庭儿童平等接受教育的权利，实现普及基础教育的目标，2006年9月在教育法修正案中写入了一项名为"两免一补"的义务教育财政改革政策。在基础教育的学杂费和书本费的基础上，对贫困家庭的学生提供食宿补贴。这项制度的实施很快在农村地区产生"益贫"的成效。据统计，2007年初中的总入学率达到98%，降低成本是渐进累积的。对于最贫困的家庭来说，降低成本占三分之一最贫困家庭总支出的6%以上。这项制度节省的成本为贫困家庭提供了进一步扩大人力资本投资的可能性。

3. 新型社会保障政策内容

第一，建立新型农业合作医疗制度。农村绝对集体制改革自然也影响了原本是人民公社负担的医疗服务。同样，受地方政府财政资源的限制，提供医疗服务的成本转移到农村家庭。根据世界银行2006年的估计，农村家庭的私人医疗支出总额在1994—2004年增加了6倍，如果与20世纪80年代的费用对比，则增加了约40倍。此外，约有8亿人没有健康医疗保险。如果人力资本的相对不平等是由教育不平等和其他机会引起的，那么医疗保障不平等造成的健康不平等就是人力资本的绝对不平等。公平完善的医疗保障体系不仅具有预防疾病的功能，还具有影响健康的补救功能。据国家统计局2004年的统计数据表明，592个贫困县中有26%的家庭因其成员无行为能力或病情严重而陷入贫困。可以看出，医疗支出负担和由此造成的收入损失是许多家庭贫困的常见原因之一,其原因是医疗服务不平等。贫困的农村家庭很难通过私人救济来抵御疾病的影响,或者收入不平等导致健康不平等,或者每个人的疾病都是平等的但能否克服疾病的经济条件是不平等的。相关数据显示,2003年只有20%的农村人口拥有医疗保险,而实际医疗支出在1978—2003年以年均16%左右的实际增长率增加。因此,大量农村人口处于无保障的疾病冲击下,有可能导致家庭可支配收入和劳动力供应大幅减少。

为解决上述问题,中共中央、国务院于2002年发布了《关于进一步加强农村卫生工作的决定》,指出要在2010年前在全国范围内建立新的医疗体系,以满足农村经济社会发展。新型农村合作医疗制度基于政府组织和农民自愿参与的原则,以个人、集体和政府资金为筹资方式的新型医疗共济制度。2003年1月,国务院办公厅转发了卫生部、财政部和农业部发布的《关于建立新型农村合作医疗制度的意见》,要求各省、自治区、直辖市从2003年起选择至少2—3个县(市)为试点项目。从那时起,正式开始用"公私共济"的方法来取代私人救济的方法,以解决农村医疗市场化带来的不平衡发展矛盾。2006年1月,卫生部和其他七个部委联合发布了《关于加快推进新型农村合作医疗试点工作的通知》,扩大新农合的试点范围并于2010年基本覆盖全国农村居民。为提高参加新型农村合作医疗计划的农民的收入水平,各级政府的补贴标准从2003年的每人20元逐步提高到2006年的每人40元,进而在2008年提升到每人80元。其中,中央财政对西部地区参合农民的补贴标准已逐步从2003年的每人每年10元提高到2008年的40元。六年内补贴标准翻了两番,而农民个人缴费水平则无须大幅增加,从2003年的每人10元到2008年的每人20元,仅提高了10

元。财政补贴占新型农村合作医疗总体融资水平从初始的66%提高到2008年的80%，2003—2008年，新型农村合作医疗各级财政补助资金达到1197亿元，其中中央财政补助资金416亿元。截至2010年年底，参与扶贫开发重点县新型农村合作医疗的农民比例达到93.3%，91.4%的人在生病时及时就医。

第二，建立新型农村养老保险制度。作为一个人口最多，农村老年人口占绝大多数的发展中国家，中国的人口老龄化明显提前，属于典型的"未富先老"型。相对于城市社会养老体系而言，农村养老保险措施主要是依靠家庭和土地的传统养老模式，但在农村人口老龄化的背景下，仅仅依靠家庭力量养老不仅会阻碍家庭劳动力就业的转移，而且对家庭消费和投资结构产生负面影响，更重要的是，老年人的贫困可能处于更加突出的位置。为了适应社会发展的形式，使农村养老保险的主体从家庭转向社会，2007年党的十七大报告提出："加快建立覆盖城乡居民的社会保障体系，保护以人民群众为基本生活，探索建立农村养老保险制度。"2008年，中共十七届三中全会发布《关于推进农村改革发展若干重大问题的决定》，并提出完善农村社会保障体系，坚持广覆盖、保基本、多层次、可持续的原则，加快和完善农村社会保障体系。根据个人缴费、集体救助、政府补贴结合建立新型农村社会养老保险制度，创造条件探索城乡老年人养老保险有效衔接的办法和途径。2009年我国正式启动新农村社会养老保险试点，2011年新农村社会养老保险覆盖率已达到60%，共有493个国家扶贫开发重点县进行试点，覆盖率达到83%。新农村社会养老保险实施政府补贴与集体补贴相结合，将政府和集体纳入传统农村养老保险制度的主体。它减轻了农村家庭的负担，对家庭消费结构和摆脱贫困产生了积极影响。中央政府根据中央政府规定的基础养老金，给予东部地区

50%的补贴,给予中西部地区全额补贴。2010年,中央政府补贴新农村社会基础养老金111亿元,地方政府补助养老保险资金116亿元。

(三)普惠性农村政策取得的成效

1. 普惠性农村政策的普惠性好处

在"多予""少取"和新型社会保障政策的推动下,中国农业综合生产能力得到显著提高,农民收入快速增长,农村社会事业稳步发展。农村普惠性政策的成熟和完善为农业、农村和农民的发展奠定了基础,是农村事业发展的根本动力。

第一,粮食生产实现连续十年增长。近年来,农产品总供需平衡与结构性短缺之间存在矛盾;农产品需求刚性增长与农业资源供给的刚性约束之间存在矛盾;农村劳动力转移与农业劳动力素质结构性下降之间存在矛盾;农业生产成本上升与比较效率下降之间存在矛盾。在这些突出问题的背景下,中国粮食总产量连续10年增长,并在2013年首次超过6亿吨大关。持续实施的惠农政策全面激发农业生产力,粮食产量在逆境中不降反升,表现出强大的抗风险能力。

第二,随着农业生产力能力的增强,农民的收入也相应出现连续十年的增长,城乡居民收入差距不断缩小。据农业部数据显示,截至2013年,农民收入保持了十年来相对较快的增长速度。根据国家统计局的数据,恩格尔系数从1978年的68%下降到2012年的39.3%,城乡收入比从3.33:1下降到3.1:1。农民人均纯收入实际增长率连续三年超过10%,增长速度比城镇居民更快,城乡之间的收入差距正在逐步缩小。这些进展与"多予""少取"的强农政策所产生的成效是密不可分的。

第三,农村公共事业取得全面发展。2004年以来,在强农惠农政策的推动下，农村基本公共服务体系不断完善，城乡基本公共服务均等化取得实质性进展。2012年，全国约有1.2亿农村义务教育学生享受学费和杂费与免费教科书，1300多万家庭寄宿学生享受补贴，实现了全面的义务教育。新型农村合作医疗制度、农村最低生活保障制度和新型农村社会养老保险制度基本实现了农村人口的全覆盖，新型农村合作医疗参与人口超过8亿，融资标准、报销比例和保障水平稳步提高。

2. 普惠性农村政策的"益贫性"成效

许多以惠农政策为主题的研究表明，惠农政策对农民增收和扶贫有着非常积极影响，对于农村贫困人群有着显著的帮助。

第一，大幅提高了贫困农民收入。从2002年到2009年，由于"多予、少取"政策的实施，扶贫重点县农民收入增长明显，占到了同期农民收入增长的14.2%。这些政策对于底层贫困人群的经济增长效果更为显著，政策实施所增加的收入占到底层10%低收入农户同期收入增加额的31.5%。

第二，对扶贫开发工作产生的影响。根据中国农村贫困监测报告的数据，从贫困的角度来看，重点县的贫困发生率从2002年的33.5%下降到2009年的12.1%。"多予"政策使这一阶段的贫困率下降了19.4%。本阶段重点县"少取"政策的贡献率为6%。此外，"两免一补"的教育政策也有所贡献。2002—2009年，关键县的贫困发生率降低了29%。从贫困深度来看，该政策的实施在2002—2009年对重点县的减贫工作贡献了41.9%，其中"多予"政策贡献了27%，"少取"政策贡献了6.1%。

第三节 乡村振兴战略下农村精准扶贫体系的构建

一 乡村振兴战略与农村精准扶贫的关联

（一）精准扶贫是马克思主义中国化践行者实施乡村振兴战略的历史责任

精准扶贫是现阶段有效促进农村扶贫的重要举措，也是马克思主义中国化践行者的历史责任。纵观古今内外，农村贫困问题一直是社会发展的难点。为改变农村贫困状况，共产主义者对其予以了高度的关注，从马克思、恩格斯、列宁、斯大林等国际共产主义代表到毛泽东、邓小平、江泽民、胡锦涛等中国马克思主义代表，都想方设法提高农村居民的生活状况。中国作为传统的农业大国，农民数量巨大，在改革开放四十周年之际，以习近平总书记为核心的当今马克思主义中国化的践行者们，客观、准确地认识到社会主义新时代中国建设中出现的新问题和新矛盾，对农业、农村、农民问题进行新部署，设计新方案，在党的十九大报告中提出"乡村振兴"战略。振兴乡村是社会主义现代化建设的重要目标，是解决新时期农村发展问题的重要任务。

推进精准扶贫，实施乡村振兴战略具有重要的时代意义，已成为马克思主义中国化践行者的历史历任。第一，马克思主义中国化的使命要求保护广大人民群众的根本利益，是解决人民日益增长的需求与不平衡不充分发展之间矛盾的政治要求，以确保贫困群体在社会发展中获得应有的发展成果；第二，马克思主义中国化的使命需要实现社会的公平正义，以促进政治、经济、社会、文化等方面的和谐发展;第三,马克思主义的中国化使命要求突破落后的思想,克服贫困,实现国家和民族的伟大复兴。

(二)精准扶贫是我国政府解决农村贫困问题,实现乡村振兴的有效路径

精准扶贫是中国政府在国际社会体现大国责任,为世界扶贫做出突出贡献的重要举措。这也是有效解决中国长期存在的"三农"问题的关键措施。中国政府采取通过"扶贫对象精准、项目安排精准、资金使用精准、措施到户精准、因村派人精准、脱贫成效精准"的"六个精准"和"通过扶持生产和就业发展一批、易地搬迁安置一批、生态保护脱贫一批、教育扶贫脱贫一批、低保政策兜底一批"的"五个一批"扶贫措施,提升了农村扶贫工作的精确度,为贫困户建立档案,在就业、社会保障和财政补贴等方面取得了很大成绩。中国政府有责任和要求做好精准扶贫,解决农村贫困问题,实现乡村振兴。这体现在以下几个方面:第一,做好精准扶贫工作,就是要坚持"立党为公,执政为民"的理念,始终以农村贫困群体的"所思、所想、所能"作为核心,以农村基层党建作为重要抓手,建立民主、高效的农村治理新机制,改善贫困农村基层治理工作。第二,做好精准扶贫工作就是实现改革成果的共建共享的措施,突破传统的"点线"扶贫和"外延式"扶贫之路,优化区域资源结构,形成跨区域聚力思想,构建区域间相互合作、相互协调、跨区域合作的优势互补模式,实现广泛的扶贫协同机制。第三,做好精准扶贫工作需要采取"区域协调,科学统筹"的方针,以提高农村贫困群体的生活水平和质量为核心,统筹农村产业发展和生态环境保护,建设产业兴旺、生态宜居、乡风文明、治理有效、生活富裕的社会主义新农村。第四,做好精准扶贫有利于解决"'三农'问题,社会分化"的矛盾,以缩小城乡差距为目

标，改革宏观政治体制和经济管理体制，减少贫困农村的"三农"问题，消除乡村中的贫困现象。

（三）精准扶贫是探索农村帮扶模式，助力乡村振兴的阶段性任务

2016年，习近平总书记在20国集团工商峰会上指出："在2020年前实现现行标准下5700多万农村贫困人口全部脱贫，贫困县全部摘帽。"这个目标一旦实现，贫困地区的乡村建设将迎来振兴和繁荣的新面貌。其中，精准扶贫工作是实现乡村振兴非常必要的阶段性任务，应该得到全面的落实。乡村振兴的途径和方式是多种多样的，精准扶贫的重点是帮助贫困人群摆脱贫困，而乡村中贫困人群生活质量和水平的提升，将乡村振兴和发展奠定了坚实的基础，也是促进农村和谐发展的重要途径。

为实现乡村振兴，精准扶贫的帮扶模型具体可包括以下几种类型：第一，能人带头脱贫的精英治理模式。该模式旨在消除农村基层贫困，实现乡村善治，创新性地引入了体制外的治理精英，由他们带领村民开展脱贫建设。第二，提升脱贫技能的教育扶智模式。实现脱贫最重要的是提升贫困人群的能力和智力，所谓治贫先治愚、扶贫必先扶智，通过"赋能"教育，改变贫困群体的思维观念，提高其脱贫能力。帮助贫困地区的儿童接受良好的教育，改变贫困的代际传承。第三，产业"造血"脱贫模式。随着扶贫工作和扶贫理念的发展，传统的"输血式"扶贫模式暴露出诸多不足，应该变"输血式"扶贫模式为"造输血式"扶贫模式。该模式是根据当地资源特点创造农村特色农产品或旅游服务，通过发展农村农业或旅游业，带动农村贫困人口摆脱贫困。第四，主体励志模式。该模式贫困人口的思想动员工作，帮助贫困群体客观认识到自我的能力与优势，通过目标任务来激发其内生动力，改变扶贫对象

"等、靠、要"的消极懒惰思想,既要积极关注扶贫对象的"所急、所思、所能",又要以其自身能力为主体,发挥贫困群体脱贫致富的积极性,通过"扶志"来消灭源自精神层面的"贫困根源"。第五,对口支援的社会帮扶模式。该模式强调政府在扶贫工作的主导地位,同时发挥社会组织和企业组织的辅助作用,开展专项扶贫、社会扶贫、企业扶贫项目,帮助农村贫困人口摆脱贫困,走向致富。第六,培育乡镇龙头企业模式,这种模式通过乡镇龙头企业的发展,有效运用贫困地区的土地、劳动力和特点资源,进而让贫困地区的居民获得稳定的收入与回报。主要采取工业扶贫、捐赠扶贫、就业扶贫、贸易扶贫等方式,帮助农村贫困群体就业创业,勤劳致富。这些模式在精准扶贫的工作中发挥了重要的作用,取得了巨大的成就,为乡村振兴下经济发展与社会和谐做出了不可磨灭的贡献。

二 乡村振兴战略背景下农村精准扶贫的成就

2017年,习近平总书记在中共中央政治局第39次集体学习会议上就"我国脱贫攻坚形势和更好实施精准扶贫"指出,2013—2016年,农村贫困人口每年减少1000多万,四年内累计减贫5564万人;2012年年底贫困发生率为10.2%,2016年年底减少到4.5%,四年时间下降了5.7%;贫困地区农村居民收入增长率高于全国平均水平,贫困人口生活水平有了显著提高,贫困地区面貌得到了明显改善。在乡村振兴战略背景下,我国农村精准扶贫工作的成就主要体现在以下几个方面。

(一)统筹规划,协同发展新农村与城镇化

依托"造血式"精准扶贫方式,推动农村产业的发展,积极促进新农村建设与城镇化的协同,从发展布局上有效推进农村城镇化进程,缩小城乡差距,形成了城乡协调发展的合理模式。在产业集群方面，做强做大城市的优势产业，发挥农村地区的承接作用，通过土地、税收等政策，将资源引向农村地区，发挥农村劳动力的优势，同时为农村贫困群体脱贫提供产业平台。

（二）优化结构，加快贫困地区农业供给侧改革

精准扶贫强调根据当地实际情况制定脱贫策略，采取社会多元帮扶模式，加快贫困地区农业的供给侧改革。基层政府要认真落实政策，以改革创新为动力，注重结构调整，促进农业转型升级。在我国农村地区，特别是尚未开发的贫困地区，拥有资深独特的资源，但是没有得到充分的利用和开发，导致经济效益未能体现。基层政府应该对本地区的乡村资源进行调研和分析，准确定位，进行农业的供给侧改革，并运用现代社会的网络平台，加以推广，克服空间距离的限制，打造优势产业。

（三）创新机制，加大现代农业的资金投入力度

精准扶贫促进了农村工作机制的创新，加大了资金对现代农村农业的投入，形成了农村繁荣振兴的产业基础，提升了贫困农民参与农村建设的积极性。在农村地区蕴藏着巨大的商机，例如新鲜的绿色食品深受城市居民的喜爱，农村基层组织要重视农村扶贫机制的创新，加大对现代农业资金的投入，紧紧特色产业积极培育市场，整合资金促进农业现代化发展。加大资金投入力度，助推现代农业发展，紧扣特色产业，积极培育市场。

（四）加强社会保障建设，提高深度贫困家庭抵御风险的能力

对于一些没有劳动能力的贫困家庭来说，以社会保障的形式支持他们是非常重要的。这些深陷贫困的家庭往往由于年龄、疾病、家庭条件等原因，导致他们难以通过自身能力来缓解贫困。完善社会保障体系，从社会救济到医疗保险、养老保险，保障了深度贫困群体的基本生存和生活条件。例如，国家基本公共卫生服务项目的

实施,免费为全体国民提供儿童接种免疫、老年人体检、孕产妇检查等服务,能够有效地保障贫困人群的健康,预防疾病。

(五)普及惠农政策,加快了贫困地区农村跨越式发展

要实现精准扶贫,必须认真落实中央政府的各项农业扶贫政策,从农村教育,农民创业,农民增收,农地流转等方面加快贫困地区农村的跨越式发展。特别是在中共十九大及乡村振兴战略之后,中共中央将先后出台有利于农业发展的系统政策,团结全党和全国力量来支持农村的发展,有效解决农业、农村和农民问题,包括实施农民补贴、深化户籍制度改革、建立全国农业信贷担保体系、完善农村教师的待遇政策、放宽城市居住条件等。

三 中国农村精准扶贫的主要问题和成因

(一)贫困的农村留守家庭帮扶难度较大

精准帮扶农村家庭关键在于促进家庭建设,它强调贫困家庭不仅应该得到经济上的帮助,还应该给予更多的情感和心理护理。精准扶贫对促进农村经济社会发展起到了积极作用,但对于一些西部贫困地区而言,工业经济的扶贫功能短期内无法有效反映,劳动力暂时也没有回归的条件与平台,导致农村空巢家庭的扶贫问题没有得到解决。首先,留守老人脱贫难度大。由于年龄和疾病因素,农村留守老人的劳动能力有限,不能有效参与产业发展,脱贫返贫的较大。特别是对于一些弱势老人群体,如丧偶老人和病重的老人,只能依靠社会保障来兜底扶贫,无法实现赋能脱贫。其次,留守儿童的教育和健康问题。虽然政府积极鼓励贫困学龄儿童上学,以改变贫困代际传播的恶性循环,但留守儿童缺乏父母的照顾,父母的缺位导致家庭教育的弱化甚至丧失。长期缺乏家庭情感对留守儿童的心理健康产生了非常不利的影响,限制了教育扶贫的真正效应。最后,留守女性的压力很大。选择农村留下的女性,大多数的教育

水平不高，而且生活压力巨大，很难为孩子提供高质量的辅导，而且由于生理因素，女性的劳动能力较弱，单独发展生产的难度较大。此外，夫妻双方的两地分居会导致各种婚姻和情感危机的增加，影响家庭稳定，从而影响农村社会的稳定和发展。

(二) 农村基层利益冲突难以平衡，需要精准管理扶贫利益

精准管理扶贫效益，就是要重视农村扶贫工作中相关利益相关者的平衡，强调农村基层员工不仅要积极实施国家政策，造福贫困农民，还要公平透明，创造一个良好的工作形象。这影响了精确扶贫的成效，也影响了政府的形象。基层工作人员的公众评价代表了村民对于政府形象的评价。要努力平衡农村基层的利益，避免基层出现以下类型的冲突。一是村民与村干部之间的冲突。在处理与村民利益有关的重大事件时，一些农村干部缺乏责任意识，滥用职权等，损害了村民的利益，引发了冲突。二是村民与基层干部的冲突。由于收入不足，补贴有限，乡镇基层干部滥用权力随意向村民征收各种税费，使村民承受过多，造成矛盾。三是村民之间的冲突。农村邻居之间甚至村民之间的冲突在发展中不断突出。特别是在当今有限的社会资源中，冲突是由于利益斗争、资源占用和村民之间的文化差异造成的。这些涉及农村基层利益的冲突在短期内难以实现绝对平衡。但是，基层政府通过精准管理扶贫利益，公平、合理地进行利益分配，可以在一定程度上减少类似冲突的发生。

(三) 以人为本、全面发展的社会扶贫环境尚待健全

精准以人为本的发展，强调精准扶贫不仅可以使穷人过上小康生活，实现扶贫，还要强调农村社会的全面发展，让所有村民都能获得幸福感。目前，农村社会全面发展仍存在一些重大问题。第一，农村地区缺乏教育人才，教育水平落后。贫困农村落后的生活条件和艰苦的生活条件导致教育工作者极度短缺，难以建设高质量

的教育资源。第二，贫困地区难以实施医疗保险。一方面，由于医疗资源不足，农村缺乏医疗设备，医疗卫生服务的可及性差；另一方面，农村医疗保障体系存在缺陷，如报销项目的限制以及烦琐的报销流程。而在偏远贫困的农村地区，由于信息传递滞后，对系统的认识程度不够或存在疑虑偏见，导致医疗保障体系难以实施，农民生不起病、看不起病问题依然存在。第三，农村养老的压力逐渐增大。贫困农村落后封闭，自给自足的思想根深蒂固，农村养老保险的力度非常有限，而由于经济条件限制农村贫困居民又无力承担商业保险，加上人口结构老龄化，农村养老问题逐渐凸显。第四，部分农村地区的扶贫存在表面化现象，缺乏可持续性扶贫的途径。一些基层政府为了突出基层政治成果，创造一些不可持续的扶贫"短平快"项目，并没有真正为贫困家庭打造"造血式"扶贫产业，短期内所有可持续的扶贫工作都无法得到验证。

（四）需要加强基层精准善治，实现农村可持续性减贫

精准基层社会善治在于精准扶贫后农村社会的和谐与可持续发展。强调基层政府的贫困管理不仅受到村民的爱戴，而且为实现农村的繁荣和振兴、继续推进农村可持续的扶贫工作创造了良好的氛围。但实际上，农村精准扶贫过程中仍存在一些治理问题，影响了农村扶贫工作的可持续发展。一是农村基层经济治理。存在双重领导现象，导致责任划分不明确，某些管理人员存在钻政策漏洞和不负责任的情况。一些基层政府人员存在腐败行为，导致政府的经济资金不到位，另外，由于贫困村的产业结构发展单一，农业生产易受自然灾害的影响，这些都严重阻碍了农村经济的发展。二是农村基层文化治理问题。从事农村文化传播的人才相对稀缺，文化活动的组织存在难度。基层文化建设投入不足，一些政府过度把财政收入用于经济建设，而忽视了农村文化建设的发展，这些都严重制约

了农村基层文化事业的建设。三是农村基层社会治理问题。封建思想、迷信活动、不正确的金钱价值等都会影响农村社会良好的社会风俗，在加强物质文明建设的同时不容放松精神文明建设。四是农村基层政治治理问题。农民无法实现自己的主体地位，基层干部滥用职权，发生人民争利的情况，农民的文化水平限制了他们投诉维权的力度，导致了一些歪风邪气在农村地区增长。缺乏民主管理意识和民主监督机制，使农民的监督权无法落实，农民的民主权益受到损害。

四 乡村振兴战略背景下农村精准扶贫创新生态系统的构建

精准扶贫工作具有重要的伟大意义，是实现乡村振兴的有效途径。但在具体的落实过程中，依然存在一些问题，需要逐步完善。针对"贫困农村留守家庭、农村基层利益冲突、农村社会全面发展、农村可持续扶贫"等问题，探讨如何通过创新生态系统构建农村精准扶贫的可持续发展道路，激发农村潜在的经济活力，实现当地就业，减少贫困。从而使留守家庭问题较少，拓宽农村扶贫渠道，构建利益共享平台，减少农村基层利益矛盾，建设宜居美丽乡村，重视农民个人发展，解决农村社会全面发展问题，建设农村田园综合体，实施村民生产性就业，实现农村可持续应对措施的目标。因此，农村精准扶贫的创新生态系统是一种战略性和系统性的概念，它利用经济学的创新观点，为农村精准扶贫的进一步发展提供了全面的理论参考。

创新生态系统是"运用类比生物生态系统研究方法而提出的社会经济主体保持创新活力的复杂系统"，由美国竞争力委员会于2004年提出。它强调社会和经济运行系统的可持续发展，需要准确找到其产生动力的基本要素及其合理的结构关系。这将使整个系统像自然生态系统一样运行，形成一个动态均衡的可持续发展模式。这种模式对于深化农村精准扶贫,扶持乡村振兴繁荣,构建农村精准扶贫创新生态系统,激发贫困农村主体经济活力,形成经济社会可持续发展具有重要的积极意义。

(一) 构建知识资本保障子系统的精准教育体系

构建知识资本保障子系统的精准教育体系是极其复杂的过程,会受到政府、社会与居民等多方主体的影响。

1. 政府因素

政府应作为精准教育机制构建的主导者,采取以下举措。第一,建立按需培训机制,并根据村民的实际能力和需要设计教学计划。应该综合考虑村民的愿望、发展需要和客观现实情况,组织开展培训,细分教育内容,做好教育资源的整体整合和教学体系的基础规划,积极培养新型职业农民队伍。第二,创新农民教育培训的精准教育服务机制。要尽快改善贫困地区无线网络和宽带的建设,顺应移动互联时代的要求,积极利用农民手机的普及教学内容,现在手机已经成为培养贫困农民最重要的网上工具。通过基本的手机技能和互联网基础知识,加快"互联网+"新型职业农民培训计划,整合移动互联网、云计算、大数据、物联网等新一代信息技术,实现全方位、多元化、立体式培训模式。第三,教育运作模式的创新机制。制定合理科学的评估体系,准确分析各种模式的优缺点,扬长避短,综合运用。

2. 社会因素

社会资源和社会组织将对帮扶技能培训产生重要的支持作用。第一,社会支持产业发展教育模式。贫困地区缺乏技能支持是该地区贫困的主要原因之一。贫困地区完全依赖传统手工业和农业产业,以传统的零售方式在市场上经营,故而无法满足其生活需求。企业应该根据当地实际情况,给予贫困群体产业技能培训,促进产业发展和转型，更加紧密地适应市场需求，从而提高产品综合实力，实现区域扶贫。第二，社会就业技能教育模式。企业入驻乡村可以帮助解决农村剩余劳动力转移问题，增加就业机会。企业实施贫困群体就业培训计划使他们能够获得就业技能，提高劳动生产率和经济收入。此外，培训机构还可以通过帮扶职业技能培训大大地提高贫困居民的就业能力。第三，社会提供技能培训的实用平台。企业投资村庄，兴办产业，提供就业机会，这些都是测试技能培训结果的平台，同时也是实践技能的教学平台，真正达成"学以致用"的目标。第四，教育资源的合理配置，形成教育扶贫对口学校的长期合作。贫困地区和非贫困地区的教育资源不均衡，贫困地区的教育水平远远落后于发达地区。这种长期的不平衡导致贫困地区年轻人产生自卑的负面情绪。用一对一的地区帮扶形式，向贫困地区提供更好更优质的教育资源，使贫困地区的年轻人能够接受更好的教育，能够培养他们更加积极的社会心态。

3. 贫困居民因素

贫困居民是培训的对象，需要他们作为接收方积极主动地参与教育培训。第一，贫困基民需要改变贫困家庭的传统观念，紧跟政府扶贫，积极参与教育扶贫模式，积极接受教育和培训。为了促进贫困群体积极参与教育和培训，帮扶主体应该是高度一致的，并大力引导贫困群体改变他们的传统观念。第二，转变贫困户青少年受教育态度，积极主动接受。贫困地区的大多数青少年受到家庭因素的影响，学习能力和学习状况不够理想，甚至经常出现辍学现象。这种现象受当地社会环境的影响，因而要改变社会文化的大环境，大力宣传教育的重要性，转变思想观念，为贫困家庭做好基础工作，鼓励年轻人积极接受教育培训，让他们成为后期扶贫的中坚力量。第三，要积极培养现代社会新型职业化农民。要利用农业或服务业的相关技能,提高贫困群体的自力更生的脱贫能力,促进农民工的职业化,形成专业的技术领域,让农民掌握"一技之长",通过技能获得终生可持续的效益。

(二)构建产业经济支持子系统的精准发展体系

1. 根据当地情况规划布局,发展特色产业

行业发展首先需要实事求是、因地制宜地分析当地条件,开展科学的产业规划和布局工作,这是实现产业精准扶贫的基础。只有根据当地条件发展特色产业,使产品满足市场需求,形成良好的市场潜力才能实现扶贫的最终目标。第一,需要对贫困地区的自然条件和人文环境进行详细调查研究,包括地理区位、社会人才、自然资源等因素,全方位综合设计,解决"选择何种特色产业,如何发展特色"的问题;第二,要尊重市场运行规律,综合运用市场营销、企业管理等专业知识,对产品需求的市场潜力进行研究和预判,为特色产业打造良好的营销环境;第三,产业发展需要树立品牌意识。需要进行适应当地特色产业的科学规划,这样才能做到"人无我有,人有我奇"的独特性,有利于树立品牌特色,增强市场竞争力,实现贫困地区产业发展和销售的可持续性,达到精准扶贫的目标。

2. 创新产业发展模式,注重生态保护

要发展经济贫困地区的产业,必须以保护生态为前提,创新产业发展模式,发展生态产业。第一,可以发展生态农业和生态养殖业。贫困地区的土地和劳动力往往是贫困家庭最基本的资本。实现"基地+合作社+贫困户+生态养殖""企业+基地+贫困户+环境"等协同式生态产业发展模式,使生态养殖和生态种植成为经济的新引擎,促进贫困地区的增长。第二,可以大力发展全域旅游生态产业。大部分贫困地区自然资源独特,文化资源丰富,可以大

力发展全域旅游，实现旅游和其他产业的高度一体化，建立"旅游＋贫困人口＋服务＋产品"的生态发展模式。通过这种方式，将发展贫困地区的文化、服务和产品。旅游元素相互联系，能够发挥旅游业在精准扶贫中的"金钥匙"功能。第三，顺应大数据时代的社会特征，发展大数据产业。以大数据为基础的网络信息时代能够克服空间距离的限制，为贫困地区的发展打开更为广阔的网络平台，使贫困地区融入全球经济发展的大潮。因此，贫困地区可以建立"产业平台＋互联网"发展模式，大数据行业将无缝地链接生产和营销，降低成本并实现行业的在线发展。

3. 运用现代科学技术，加强基础设施建设

贫困地区基础设施薄弱是限制产业发展的普遍现象。大多数贫困地区的农村道路设施平稳度低，交通安全水平低，特别是在山区，交通条件差，限制了产品的运输。而一些交通条件相对较好的贫困地区，由于其产业生产、加工等基础设施落后，主要依靠密集型劳动力生产方式，缺乏先进的科学技术来建设产业，导致产业发展的不可持续。因此，必须加强基础设施建设，发展科技扶贫产业。一方面有利于提高工业产品质量，提高产业效率，扩大产品的市场占有率；另一方面有利于产品的深度加工，形成完整的产业发展链，增加产业附加价值，增加产品的科技含量，实现贫困地区产业经济的全面发展。

4. 防范风险，实现产业的可持续发展

第一，要建立产业发展保险机制。提高贫困地区产业发展人员的风险防范和产业保险意识，引导产业人员自觉抵御生产风险和突发情况风险，确保产业在灾后及生产过程中及时获得保险补偿，可以及时恢复到正常的生产状态。第二，增加资金投入，建立专项资金促进产业发展。贫困地区的产业发展离不开大量的资金投入，这

将为产业的发展提供动力。因此,国家财政或金融部门应率先在贫困地区的产业发展中投入资金,起到积极的牵引作用,从而筹集一定的资金规模,吸收社会和市场资本,建立精准扶贫产业发展基金,将之重点用于发展生产效率高、潜力大、创造就业机会多、创造力强、市场前景好的行业领域。第三,加强产业风险防范的信息化建设。贫困地区的产业风险预防必须与信息技术相结合。信息应该贯穿在产业生产、加工、销售等各重要环节,将之纳入产业发展,实现产业发展的大规模数据,促进产业风险的科学预防。因此,有必要建立产业发展信息平台,及时发布市场信息、技术信息,提升产业风险的预警机制。

5. 建立扶贫联动机制,优化资源配置

联动机制是指在一定的区域内资源、人口和产业的协调配合,互动协作,提高扶贫的效率。第一,鼓励产业链的扩展。发展优势产业深度推广体系,鼓励科技产业、大型加工业、经贸企业、大型超市在贫困地区建立发展基地,与贫困产业形成良好的产业联系。第二,整合贫困地区的优势资源。整合工作应该全面系统地展开,包括文化资源、自然资源和区域资源的整合,以促进行业健康快速地发展。第三,建立产品畅通营销体制。行业的发展需要良好的社会大环境,因此,政府可以为扶贫产业建立绿色通道,协调运输、城市管理、卫生等部门,减少产品贸易环节,实现产品从原材料到客户的直接使用,降低成本,提高流通效率。第四,构建产业利益共享机制。贫困地区产业发展的目标最终要实现以人为本的价值目标,需要通过成果共享,全面带动产业的全方位发展,维护广大贫困群体的既得利益,形成良好的利益共同体,实现互惠互利、共同发展。

（三）构建社会共建共享子系统的精准参与体系

1. 政府发挥主导作用，做好政策支撑体系的宏观设计

要取得乡村振兴和精准扶贫的理想成效，首先要有良好的领导和相应的扶持政策。这要求政府正确发挥指导作用，引导社会各方积极参与扶贫，努力提高各项扶贫政策的精准性。一方面，政府从宏观角度给予贫困群体正确的方向和理性的指导，积极制定各种政策和战略，推动国家对贫困地区的政策和民生倾斜。实施有针对性的定点扶贫、东西部合作，支持社会力量参与脱贫攻坚。另一方面，政府提供财政支持，加强惠民政策的普及范畴和支出力度，特别是针对中西部贫困地区，通过惠民的资金和项目，将党和国家的惠民政策和人民的切身利益密切地联系在一起。

2. 企业积极参与，做好精准扶贫的经济带动工作

企业积极发挥各自优势，带动县乡地区实现脱贫，使企业在发展自身的同时，更能体现企业的社会价值，促进县域经济的发展。企业在精准扶贫方面可以开展以下四方面的工作：一是产业扶贫，帮助贫困群体销售农产品，增加农民对农业生产的积极性，保障农村贫困人口的基本生活。二是通过就业扶贫，准确安排贫困群体进入相应的工作岗位，避免农村劳动力的闲置与外流，促进农村产业链的发展。三是通过慈善扶贫，向贫困群体捐献资金和物资，对一些基本温饱问题都无法解决的特别贫困地区，企业主动承担社会责任，率先捐献资金和物质，为其提供基本生活保障。四是加强精神文明建设，加强文化教育，传递企业精神，开展扶贫工作，使农村青年勇于创业，引领本土产业发展。

3. 社会组织积极参与，助力精准扶贫工作

社会组织指的是除政党和政府之外，还指各种非政府性质的民间组织，如学校、医院和联合会等。由于"市场失灵"和"政府

失灵"现象的存在，在政府和市场都不擅长的"失败"领域，社会组织扮演着不可或缺的"弥补"角色，发挥提高扶贫效率和效益的作用。一方面，各类社会组织能够及时、有效地整合社会中的人力、财力和物力资源，鼓励社会力量参与扶贫。它们可以满足各方不同扶贫目标的需要，有效降低政府的扶贫成本，帮助政府实现精准扶贫。另一方面，社会组织可以发挥监督作用，在实施精准扶贫的具体过程中，社会组织在确保公平的前提下负责项目的实施和资金的运作，社会组织可以客观地评估各地精准扶贫工作的进展状况以及采取措施的力度，确保扶贫工作顺利进行。

4. 贫困群体的积极参与，主动摆脱贫困

贫困地区的农民是精准扶贫的对象，也是脱贫致富的主体，是精准扶贫工作的根本之所在，也是乡村振兴的重要参与者之一。因此，要从根本上解决贫困人口的生存问题，必须培育贫困地区的可持续发展产业，使村民自己掌握"造血"技能。农民可以通过多种方式参与精确的扶贫工作。一是劳动力参与。农村地区是劳动力最丰富的区域，也是农村和农民的优势之所在。为了充分挖掘农村劳动力的价值，发展农村产业，就需要为他们创造更多的就业机会，提供广阔的就业平台，高学历的农村居民甚至可以选择自主创业。二是土地参与。农村土地资源丰富，种植业、养殖业都可以得到充分发展。可以依靠自身优势，通过土地承包、土地流转等方式整合土地资源，发展大规模养殖业和种植业等，而农民也可以通过土地承包、土地流转等手段来实现收入的增长。三是宅基地参与。如今，乡村旅游正变得越来越流行，农民可以重新装修房屋，建造民宿、餐馆等，通过独立自主经营获取经济回报。四是资本参与。农民依靠自己的资源，通过入股分红的方式从实体产业发展中获利，当然农民入股的方式可以多样化，鼓励农民在主要经营实体中投入个人资金、资产和资源，发展和加强农村集体经济。同时，也改善自身的生活水平和生活质量。

（四）构建全域平衡机制子系统的精准协调体系

构建全域平衡机制子系统的精准协调体系主要包括产业扶贫精准协调、扶贫参与精准协调、区域发展精准协调和生态环境精准协调。

1. 产业扶贫精准协调

做好产业扶贫精准协调需要做好以下几方面的工作：第一，重视整体规划和协调。围绕产业结构调整，选择适合当地发展的产业，开展扶贫工作，如山区种植茶叶、树木和食用菌等；总体设计应结合当地实际情况，采取相关政策，突出地区政策创新和技术支持等地方政策红利，例如产业技术支持和模式创新，可以大力改善产业的扶贫效果。第二，必须重视产业融合。重视创新的价值，让新思路、新技术、新方法促进产业立体化发展，大力发展农产品深加工，构建简单到系统的产业链，促进农村产业与乡村旅游的一体化发展。第三，要精确协调贫困群体的产业培训。为了帮助贫困群体获得稳定的经济收入，有必要在产业发展过程中结合技术培训、能力培养和产业发展，将企业、农业科技部门和后续产业链整合到精准贫困的过程中，提升精准扶贫的持续性。

2. 扶贫参与精准协调

在现有制度的基础上，精确扶贫的参与者也需要与利益相关者进行协调。政府应该减少单纯以扶贫开发项目为依托的扶贫模式，实施行之有效的扶贫工作。对于政府的精准识别和协助过程出现的过失和错误应该实施追责机制，提高扶贫工作的精准性。对企业参与扶贫应加以大力监督，建立公共监督和报告制度，使精准扶贫工作的过程公开，利益平衡。在精准扶贫过程中协调贫困家庭的福利分配，避免因地方利益争议而失去扶贫的良好机会。对于农村贫困户，我们可以将农村信用体系建设与扶贫工作结合起来，确保扶贫资金无缝对接，准确到位。同时，要增强扶贫家庭的承诺意识，确保扶贫资金用于扶贫工作。贫困管理体制不仅要有"自上而下"的管理体制，也要有"自下而上"的贫困群体参与机制，还要加入非关键利益相关者的社会服务，帮助开展有效的援助和监督，如民间援助机构、地方高校和研究机构等，这样可以减少贫困家庭在帮扶过程中的排斥现象。精准扶贫工作必须发动社会多方参与，同时也要实现参与者之间的精确协调，才能取得持续、广泛、深入的实施成效。

3. 区域发展精准协调

站在国家区域发展的战略高度，协调贫困地区的区域发展精准协调尤为重要，通过"点—线—面"的发展路径实现整个区域的繁荣兴旺。在这个过程中，准确识别贫困地区是至关重要的基础行为，只有识别精准，才能以此为基础，为不同的贫困地区实施差别化扶贫，将有限的资源配置到最需要、最合理的地区，为最迫切需要的贫困群体提供帮扶。这样，连片贫困和重点贫困地区需要加强区域综合减贫的协调工作。例如，制定贫困地区扶贫规划，推进区域扶贫工作，提升持续发展的整体规模效应。在区域扶贫协调过程中，处理好区域内的贫困户或非贫困户的关系，资源配置应该重点地倾斜。

4. 生态环境精准协调

生态环境对贫困地区的影响可分为两大类。一个是生态脆弱的地区，缺乏自然资源，不能依靠自然环境来解决当地的贫困问题。对于这样的贫困地区，贫困户无法从当地生态环境中获取利益促进发展，应优先考虑国家的财政支持，通过教育移民或发展移民等手段解决贫困问题。另一方面,贫困地区在生态资源方面具有先天优势,例如原生态的中草药、瓜果、蔬菜等,可以利用独特的生态环境优势来促进和扶持贫困,促进贫困家庭的发展,增加他们的收入。也可以建立无公害生态食品企业,打造当地农业品牌,实现绿色农产品认证和地方农产品认证。它还可以结合生态环境特征来发展生态旅游,鼓励地方龙头企业参与经营,建立合理的农民利益挂钩机制,鼓励和扶持贫困农民发展生产,通过特色生态产业增加贫困人口的收入。

(五)构建运行落实激励子系统的精准保障体系

1. 政府协调领导,以确保系统的稳定性

作为精准扶贫工作和乡村振兴战略的主导,政府必须协调相关工作的实施,鼓励多方主体积极参与,动员更多的社会资源投入农村建设。同时,要进行科学全面的宏观规划,优化顶层设计,明确各级政府的义务与职责,坚持中央和地方共担分享的原则,加大财政投入,制定一系列惠农政策,确保实现精准扶贫,保障乡村振兴战略的实现。

2. 加强支持系统,确保系统的活力

阻碍农村发展的关键因素是人力、财力和物力资源的缺乏,因此我们需要做好"补短板"工作,以弥补资源不足为突破口,以解决突出的制约因素为重点,发挥政府投资的主导作用,鼓励专业技术人员和管理人员到农村基层工作,以确保基层扶贫工作的有效实施。基层政府应与多方社会组织协调,整合农业金融资金,确保重大扶贫项目顺利推进,加大农业机械和基础设施投入,确保农民生活质量的提高和农业发展规模的扩大。

3. 引导资本参与,确保系统发展的动力

通过资本引导激发农村内生发展能力是确保精准扶贫和乡村振

兴创新生态系统发展的关键。具体举措包括：第一，可以采取生产补贴、劳动力补贴等激励机制来引导贫困家庭贡献劳动力资本；第二，鼓励工商业资金下乡，争取农民土地出让收入，引导贫困群体以土地资本参与；第三，积极推进乡村旅游发展，增加贫困户多渠道经济，引导贫困家庭以宅基地资本参与乡村旅游发展事业。

4. 汇集社会资源以确保系统的共建

积极引导社会力量广泛参与，共同努力，形成共享共建的动力。这需要制定合理科学的体制，吸纳社会各界的参与和支持，主要举措包括：第一，以互惠互利为前提，引导企业技术、创新思想等社会资源进入农村，确保农业产业现代化发展；第二，聚集扶贫社会组织中的优秀人才，对农村治理模式提出富有建设性的意见，确保农村和谐发展；第三，整合农村自然资源进行宣传，营造浓厚的社会力量氛围，参与农村田园综合体的建设，确保乡村旅游产业的发展。

5. 统筹城乡发展，确保系统的拉动力

协调城乡发展，解决"三农"问题，进一步增强城乡互动，形成良好的发展生态。主要举措包括：第一，工业反哺农业，农业与工业紧密结合，增加城市高科技资源投入农村的力度，扩大农产品生产规模，保障农民的商品正常供给；第二，充分考虑城乡购买力分配，以及产业结构和市场需求的动态发展，引入新的修正系数，及时掌握城乡关系现状及前进方向，让城乡经济社会处于协调发展的轨道上；第三，要转变城乡二元机制，纠正重城市轻农村的态度，调整国家财政支出结构和基础设施投入农村，大力支持乡村振兴战略的实施。

困难群众是习近平总书记最牵挂的人群，解决有困难群众的生存需要是精确扶贫和乡村振兴的共同目标。在乡村振兴的战略背景下,要深化农村精准扶贫工作,解决农村中的贫困问题,帮助农村贫困人口拥有"恒久资产",让农村居民能够安居乐业,获得感与幸福感提升,形成社会主义新农村基层人民热爱国家的"恒久之心"。精准扶贫创新生态系统路径包括构建知识资本保障子系统的精准教育体系、构建产业经济支持子系统的精准发展体系、构建社会共建共享子系统的精准参与体系、构建全域平衡机制子系统的精准协调体系和构建运行落实激励子系统的精准保障体系,通过精准扶贫工作的进展,为乡村振兴战略的全面顺利实施奠定基础,建成"产业兴旺、生态宜居、乡风文明、治理有效、生活富裕"的新乡村,实现"农业强、农村美、农民富"的伟大目标。

参考文献

［1］刘钧：《我国社保制度改革两难困境和选择》，《则经问题研究》2005年第1期。

［2］曹坟：《试论收入分配制度改革的系统性、整体性与协同性》，《理论界》2014年第6期。

［3］赵曦、赵朋飞：《我国农村精准扶贫机制构建研究》，《经济纵横》2016年第7期。

［4］彭春凝：《当前我国农村精准扶贫的路径选择研究》，《农村经济》2016年第5期。

［5］边恕、黎蔺娴、孙雅娜：《中国农村精准扶贫的动态测度》，《统计与决策》2017年第22期。

［6］杨帆、庄天慧：《精准扶贫的理论框架与实践逻辑解析——基于社会发展模型》，《四川师范大学学报》（社会科学版）2017年第3期。

［7］殷浩栋、汪三贵、郭子豪：《精准扶贫与基层治理理性——对于A省D县扶贫项目库建设的解构》，《社会学研究》2017年第6期。

［8］王超：《精准帮扶与社会治理路径研究——基于贵州肇兴侗寨旅游产业帮扶的扎根分析》，《中国农业大学学报》（社会科学版）2017年第5期。

［9］吴晓燕、赵普兵：《农村精准扶贫中的协商：内容与机制——基于四川省南部县 A 村的观察》，《社会主义研究》2015 年第 6 期。

［10］李月一、李鹏、杨璐：《民族地区精准扶贫与农村低保制度联动研究》，《农村经济》2017 年第 12 期。

［11］陈成文、李春根：《论精准扶贫政策与农村贫困人口需求的契合度》，《山东社会科学》2017 年第 3 期。

［12］王超、罗兰：《贵州少数民族地区特色旅游产业精准扶贫路径研究》，《贵州师范大学学报》（自然科学版）2018 年第 1 期。

［13］斯晓夫、钟筱彤、罗慧颖等：《如何通过创业来减少贫穷：理论与实践模式》，《研究与发展管理》2017 年第 6 期。

［14］蒋巧慧、周巾裕、傅丽萍：《农村留守初中生心理安全感特点调查研究》，《贵州师范大学学报》（自然科学版）2015 年第 1 期。

［15］张昭：《中国农村贫困人口多维特征分析》，《西北农林科技大学学报》（社会科学版）2017 年第 3 期。

［16］陆汉文、李文君：《"有用无效"：贫困人口能力建设的结构性困境——以豫西 Y 县农村实用技术培训为例》，《贵州社会科学》2017 年第 4 期。

［17］向运华、刘欢：《农村人口外出流动与家庭多维贫困动态演进》，《吉林大学社会科学学报》2016 年第 6 期。

［18］王超、王志章：《我国旅游社区的社会治理模式研究——基于创新生态系统的视角》，《四川理工学院学报》（社会科学版）2015 年第 1 期。

［19］刘延东：《让农村孩子接受更好的义务教育》，《求是》

2013年第12期。

［20］胡小平、李伟：《农村人口老龄化背景下新型职业农民培育问题研究》，《四川师范大学学报》（社会科学版）2017年第3期。

［21］李昌平：《新村建设：农村现代化的重要路径》，《求是》2013年第11期。

［22］戴小文、曾维忠、庄天慧：《循证实践：一种新的精准扶贫机制与方法学探讨》，《四川师范大学学报》（社会科学版）2016年第3期。

［23］韩长赋：《科学把握农业农村发展新形势》，《求是》2013年第7期。

［24］蒋卓晔：《乡村振兴，人才是关键》，《人民论坛》2018年第19期。

［25］程娟：《新型农村社会保障体系的目标及构建路径分析》，《农业经济》2018年第4期。

［26］蒲实、袁威：《政府信任对农地流转意愿影响及其机制研究——以乡村振兴为背景》，《北京行政学院学报》2018年第4期。

［27］肖建华、刘学之：《有限政府与财政服务均等化》，《中央财经大学学报》2005年第6期。

［28］刘祖云、王丹：《"乡村振兴"战略落地的技术支持》，《南京农业大学学报》（社会科学版）2018年第4期。

［29］涂玉华：《不同群体社保权益公平性问题研究》，《经济问题探索》2009年第2期。

［30］张艺颉：《乡村振兴背景下村民自治制度建设与转型路径研究》，《南京农业大学学报》（社会科学版）2018年第4期。

[31] 王成艳、薛兴利：《新型农村合作医疗的筹资机制》，《中国卫生资源》2005 年第 8 期。

[32] 夏杰长：《提高基本公共服务供给水平的政策思路：基于公共财政视角下的分析》，《经济与管理》2007 年第 1 期。

[33] 洪铱：《人口老龄化背景下农村老年贫困的原因分析》，《农村经济与科技》2018 年第 15 期。

[34] 卿定文、何爱爱：《提升农村贫困人口获得感的实现理路——基于共享发展理念视角》，《长沙理工大学学报》（社会科学版）2018 年第 3 期。

[35] 陈成文、陈建平：《农村贫困人口退出标准："契合度"偏差及其测度转向》，《江苏社会科学》2018 年第 3 期。

[36] 项继权：《基本公共服务均等化：政策目标与制度保障》，《华中师范大学学报》（人文社会科学版）2008 年第 1 期。

[37] 李雪萍、刘志昌：《基本公共服务均等化的区域对比与城乡比较——以社会保障为例》，《华中师范大学学报》（人文社会科学版）2008 年第 3 期。

[38] 姜长云：《关于编制和实施乡村振兴战略规划的思考》，《中州学刊》2018 年第 7 期。

[39] 唐钧：《改善低收入群体收入的社会政策》，《中国劳动》2006 年第 9 期。

[40] 李昌平：《乡村振兴最核心的任务是增加农民收入》，《人民论坛》2018 年第 21 期。

[41] 丁元竹：《促进我国基本公共服务均等化的战略思路和基本对策》，《经济研究参考》2008 年第 48 期。

[42] 江维国、李立清：《顶层设计与基层实践响应：乡村振兴下的乡村治理创新研究》，《马克思主义与现实》2018 年第

4期。

［43］刘丽萍：《金融危机形势下安徽农村剩余劳动力转移问题探析》，《农村经济与科技》2009年第7期。

［44］卜玉梅：《风险的社会放大：框架与经验研究启示》，《南方人口》2008年第3期。

［45］陈涛、徐其龙：《社会工作介入乡村振兴模式研究——以北京市Z村为例》，《国家行政学院学报》2018年第4期。

［46］丛志杰、吴松化：《基本公共服务均等化视野下的新生代农民工问题研究》，《内蒙古大学学报》（哲学社会科学版）2012年第3期。

［47］李楠、覃志威：《乡村振兴视野下完善我国农村社会保障体系探析》，《学校党建与思想教育》2018年第15期。

［48］邢成举、罗重谱：《乡村振兴：历史源流、当下讨论与实施路径——基于相关文献的综述》，《北京工业大学学报》（社会科学版）2018年第5期。

［49］刘艳：《财政助力乡村振兴战略的路径研究》，《现代管理科学》2018年第9期。

［50］陈海威：《中国基本公共服务体系研究》，《科学社会主义》2007年第3期。

［51］贺雪峰：《城乡二元结构视野下的乡村振兴》，《北京工业大学学报》（社会科学版）2018年第5期。

［52］夏龙龙：《贵州省农村贫困人口状况与脱贫路径分析》，《价值工程》2018年第33期。

［53］罗鸣、胡锦梁、张媚：《四川省建档立卡农村贫困人口健康相关特征分析》，《中国卫生事业管理》2018年第3期。

［54］陈雪梅：《精准扶贫背景下农村贫困人口职业教育脱贫

探索》,《中国成人教育》2018年第3期。

[55] 崔霞:《共享发展理念视域下中国农村贫困人口脱贫问题研究》,《学校党建与思想教育》2018年第4期。

[56] 仇叶:《从配额走向认证:农村贫困人口瞄准偏差及其制度矫正》,《公共管理学报》2018年第1期。

[57] 黄俊:《农村贫困人口外出流动行为、意愿、就业地差异的比较研究——以湖北省襄阳市为例》,《湖北社会科学》2017年第10期。

[58] 高圆圆、范绍丰:《西部民族地区农村贫困人口精神贫困探析》,《中南民族大学学报》(人文社会科学版)2017年第6期。

[59] 韩华为、高琴、徐月宾:《农村老年人口绝对贫困及其影响因素——物质剥夺视角下的实证研究》,《人口与经济》2017年第5期。

[60] 朱梦冰、李实:《精准扶贫重在精准识别贫困人口——农村低保政策的瞄准效果分析》,《中国社会科学》2017年第9期。

[61] 王世明:《农村贫困人口脱贫致富的基本路径》,《学习月刊》2017年第8期。

[62] 王国珍:《人口流动背景下农村老年贫困问题的成因及对策分析》,《劳动保障世界》2017年第17期。

[63] 张昭:《中国农村贫困人口多维特征分析》,《西北农林科技大学学报》(社会科学版)2017年第3期。

[64] 陆汉文、李文君:《"有用无效":贫困人口能力建设的结构性困境——以豫西Y县农村实用技术培训为例》,《贵州社会科学》2017年第4期。

［65］向运华、刘欢：《农村人口外出流动与家庭多维贫困动态演进》，《吉林大学社会科学学报》2016年第6期。

［66］王瑜、汪三贵：《农村贫困人口的聚类与减贫对策分析》，《中国农业大学学报》（社会科学版）2015年第2期。

［67］高帅、毕洁颖：《农村人口动态多维贫困：状态持续与转变》，《中国人口·资源与环境》2016年第2期。

［68］孙林、王艳慧、柯文俊等：《内蒙古自治区农村人口多维贫困特征测算与分析》，《人文地理》2016年第1期。

［69］李楠、陈晨：《以共享发展理念引领农村贫困人口实现脱贫》，《思想理论教育导刊》2016年第3期。

［70］江维国：《我国农业供给侧结构性改革研究》，《现代经济探讨》2016年第4期。

［71］邱小平：《积极促进农村贫困人口转移就业》，《行政管理改革》2016年第7期。

［72］汪磊、伍国勇：《精准扶贫视域下我国农村地区贫困人口识别机制研究》，《农村经济》2016年第7期。

［73］江维国：《新型农村合作医疗可持续发展的运行体系研究》，《卫生经济研究》2016年第5期。

后 记

全面建成小康社会、加快推进现代化，农业和农村始终是难点和重点。在全面建成小康社会进程中，重点在新农村建设，在乡村振兴，难点在农村贫困人口，尤其是农村因病因残和其他丧失劳动能力的特殊群体。强化农村扶贫和农村贫困人口社会保障体系建设既是全面建成小康社会的重要手段，也是构建社会主义和谐新农村，促进乡村振兴，使农民得到实惠的具体体现。

湖南农业大学以"农"为特色，立足乡村，建设农业，关注农民。湖南农业大学公共管理与法学学院拥有公共管理一级学科博士点，社会保障专业是学院重点建设的学科之一。贫困人口社会保障是农村重要的民生问题，为其发展献计献策是我们责无旁贷的任务。在写作过程中，我们深深感受到神圣的使命感和强烈的责任感，希望能够为贫困人口的幸福生活、为新农村建设以及乡村振兴与繁荣奉献绵薄之力。

感谢国家社科基金《基于双层效率评价的农村公共产品与服务供给模式研究》（13CGL084）、国家社科基金《社会主要矛盾转变背景下被征地农民社会保障供给优化研究》（18BGL196）、湖南农业大学公共管理学科博士点建设专项（HNNDbx2018001）的资助。全书的完成要感谢湖南农业大学公共管理与法学学院院长李燕凌教授，他为本书提出了诸多宝贵的建议，为本书的成稿付出大量心血，离开他的大力支持本书也就难以顺利出版。他多次对文章的结构进行深入细致的指导分析，对文章内容进行了全面详细的设计。感谢湖南农业大学于勇、李晚莲、贺林波、吴松江、王薇、刘远风、刘玮、刘冰等各位教授、老师，他们给予本书许多真知灼见，提升了本书的撰写质量。最后对中国社会科学出版社的大力支持和编辑的热情帮助，在此一并致谢。

李立清、胡扬名、江维国

2018 年 10 月